Jakob Schwerdtfeger

Ich sehe was, was du nicht siehst, und das ist Kunst

Kunst ist langweilig, spießig und elitär? Nicht mit Jakob Schwerdtfeger. Der Kunstexperte und Comedian weiß viele spannende Anekdoten hinter der Entstehung großer Werke zu erzählen. Er hat die historischen Hintergründe parat, kennt die Biografien der Kunstschaffenden und die oftmals abstrusen Storys, die schon immer zur Kunst gehört haben. In seinem Buch entsteht so eine einzigartig unterhaltsame Mischung – ein Blick hinter die Kulissen, der Kunstnerds wie Kunstbanausen gleichermaßen begeistert.

JAKOB SCHWERDTFEGER

ICH SEHE WAS, WAS DU NICHT SIEHST, UND DAS IST KUNST.

dtv

MIX
Papier aus verantwortungsvollen Quellen
FSC® C043106

6. Auflage 2025
Originalausgabe 2023

Tumblingerstraße 21, 80337 München
produktsicherheit@dtv.de
Umschlaggestaltung, Layout und Illustrationen: Dani Muno & Dirk von Manteuffel
Redaktion: Dr. Michael Gries
Satz: www.zweiband.de
Druck und Bindung: Grafisches Centrum Cuno GmbH & Co. KG, Calbe
Printed in Germany · ISBN 978-3-423-28375-5

Für Stefan

INHALT/

WILLKOMMEN IN MEINER AUSSTELLUNG!

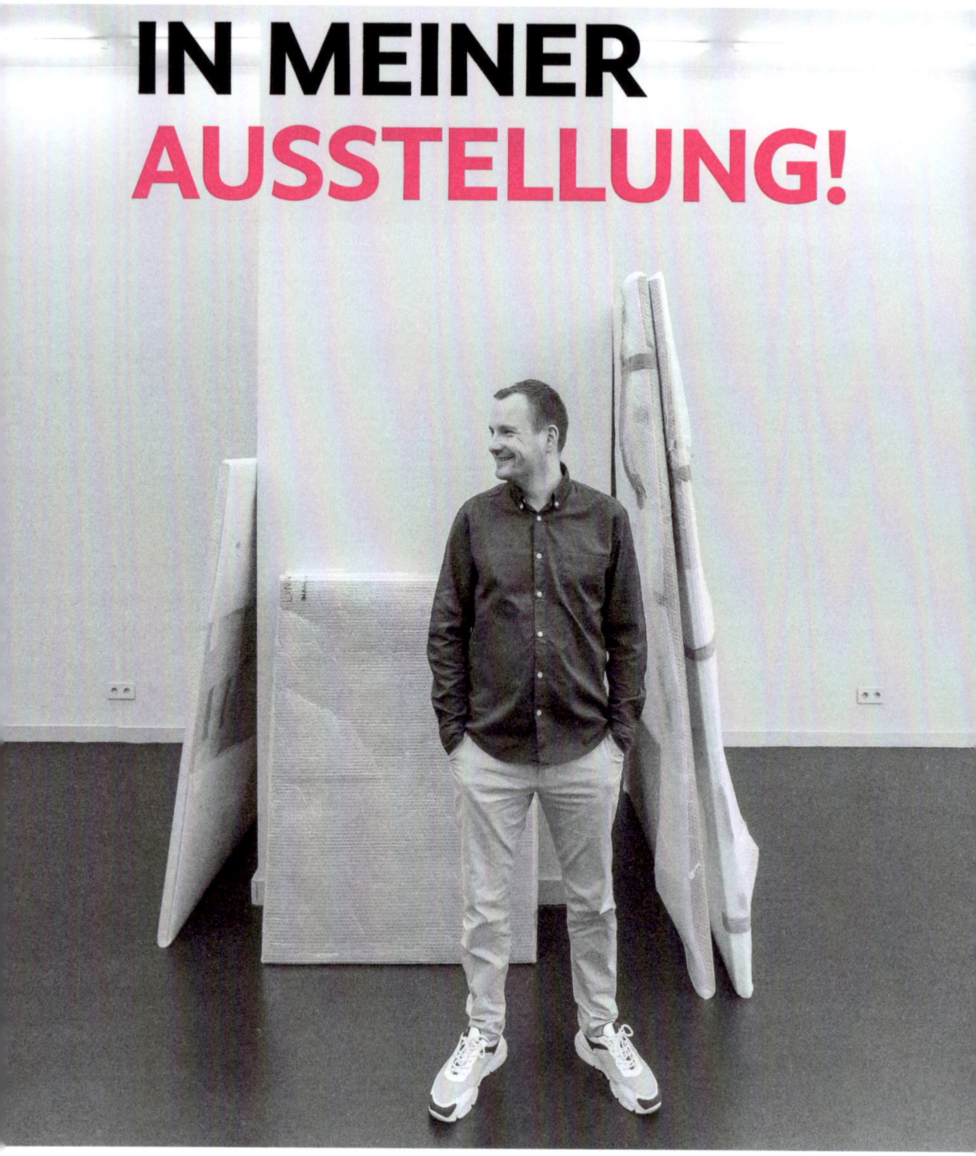

Eines der besten Kunstwerke, das ich je gesehen habe, war ein leerer Raum. Alles war dunkel, das einzige Licht kam aus einem halbrunden Mauseloch in der Fußleiste. Wie der letzte Trottel habe ich mich sofort davor auf den Boden gelegt und wenig überraschend auf eine Glühbirne geglotzt. Ehrlich gesagt, fand ich das Ganze ziemlich enttäuschend, aber dann ertönte diese überragende Musik: der Soundtrack der Cartoonserie *Tom und Jerry*. Plötzlich ergab das Mauseloch so viel Sinn! Der leere Raum erwachte zum Leben, es war Kopfkino vom Feinsten. Ich sah den Kater Tom, der hinter der Maus Jerry herjagt, wie er gegen Wände knallt und konstant auf die Schnauze kriegt – alles vor meinem inneren Auge, alles nur in meiner Fantasie. Wie kann man besser auf den Punkt bringen, was Kunst kann? Aus dem Nichts etwas erschaffen.

Die Arbeit *Waiting for Jerry* stammt von dem spanischen Künstler Juan Muñoz und sie zeigt anschaulich, dass Kunst mehr ist als nur alte Schinken in goldenen Rahmen und Skulpturen aus Marmor – genau wie Literatur zum Glück viel mehr zu bieten hat als Theodor Fontanes *Effi Briest*. Kunst kann lustig sein oder nachdenklich, eklig oder schön, faszinierend oder furchtbar. Kunst kennt tausend Materialien, sie kann aus Schimmel, Schokolade oder Staubsaugrobotern bestehen. Museen sind wie ein riesiges Ideen-Buffet, an dem wir uns mit Kreativität vollstopfen können.

Ich selbst bin Kunsthistoriker und Stand-up-Comedian, auf der Bühne bringe ich Kunst und Entertainment zusammen. Ebenso ungewöhnlich wie diese Kombination ist auch dieses Buch. Es vereint umfassendes Wissen und verrückte Funfacts. Wusstet ihr zum Beispiel, dass sich Salvador Dalí für *Die Beständigkeit der Erinnerung*, sein berühmtes Bild mit den fließenden Uhren, von zerlaufendem Camembert inspirieren ließ? Oder dass Kim Kardashian aus Versehen einen Kunstraub aufgeklärt hat?

Seit 20 Jahren beschäftige ich mich intensiv mit Kunst und habe lange im Museum gearbeitet. In dieser Zeit sind mir jede Menge kurioser Geschichten passiert. Ich erzähle euch, wie es sich anfühlt, ein millionenschweres Meisterwerk durch die Gegend zu tragen. Außerdem berichte ich euch von den absurdesten Outfits auf Kunstmessen und erkläre, was Bilder mit Fischstäbchen zu tun haben. Kunst hat mein Leben unglaublich bereichert und das möchte ich teilen. Also warum solltet ihr dieses Buch lesen? Weil ihr meiner Meinung nach wirklich viel verpasst, wenn ihr euch nicht mit Kunst befasst. Oder umgekehrt: weil ihr nach diesem Kurztrip in die Welt der Kunst ganz schön was zu erzählen habt.

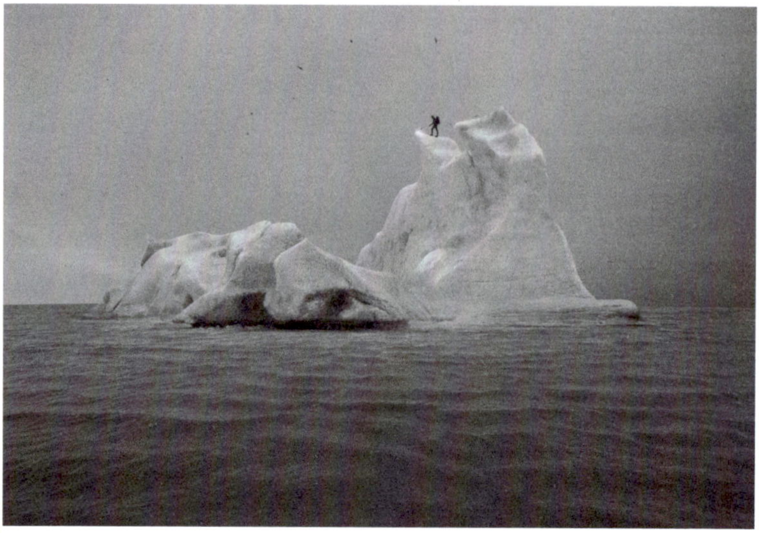

Julian Charrière: *The Blue Fossil Entropic Stories III*, 2013

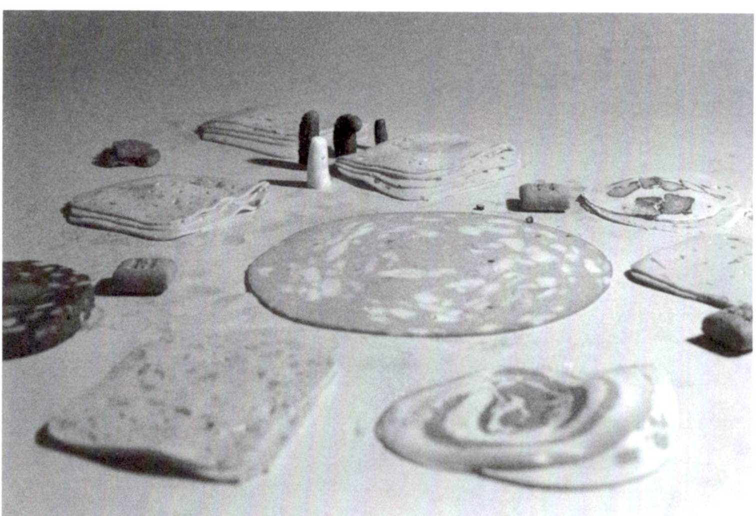

Peter Fischli und David Weiss: *Wurstserie, Im Teppichladen*, 1980

KUNST VERÄNDERT UNSEREN BLICK

Kunst ist kein Ponyhof und sie macht auch vor den Problemen dieser Welt nicht halt. Die aktuellen Nachrichten sind belastend: Kriege, Klimakrise, es wimmelt nur so vor Katastrophen. Doch Kunst schafft neue Zugänge zu diesen schwierigen Themen, sie ist wie ein Um-die-Ecke-Gucker, der uns andere Perspektiven eröffnet. Der Künstler Julian Charrière beispielsweise hat ein eindrucksvolles Foto über unseren Umgang mit der Natur gemacht. Darauf steht er mitten im Ozean allein auf einem Eisberg und lässt ihn mit einem Gasbrenner schmelzen wie ein Calippo. Die Aktion ist maximal sinnlos, aber es ist so ein starkes Bild – diese gigantische Natur, die ein winziger Mensch nur mithilfe seiner Technik zu zerstören droht. Kunst ist ein Spiegel unserer Zeit, sie reflektiert und hinterfragt. Aber nicht alle Werke konfrontieren uns mit der knallharten Realität, andere holen uns genau aus diesem Alltag heraus und bieten eine kreative Zuflucht.

Nehmen wir ein unscheinbares Foto des Schweizer Künstlerduos Peter Fischli und David Weiss. Es ist einfach nur eine Aufnahme von Wurstscheiben und ein paar Gürkchen. Doch der Titel gibt der Arbeit eine völlig neue Bedeutung: *Im Teppichladen*. Mit einem Mal werden die gestapelten Wurstscheiben zu Teppichhaufen. Großartig! Ich hätte nicht gedacht, dass ich das schreibe, aber das Muster der Mortadella ist erstaunlich dekorativ. Die Cornichons auf dem Foto verwandeln sich in neugierige Kunden, vielleicht eine Familie. Das abgeknickte Gürkchen wirkt besonders interessiert, es beugt sich über den Teppich und inspiziert ihn eingehend – ein echter Cornichon-Connaisseur.

Wie viel in ein paar Gürkchen und Wurstscheiben stecken kann. Es ist komplett bescheuert und absolut genial. Die Künstler zeigen uns hier Dinge, die wir in- und auswendig kennen und doch haben wir sie so noch nie betrachtet. Genau dieser fantasievolle Blick auf die Welt macht mich so glücklich. Es ist wie Spielen für Erwachsene.

Kunstschaffende öffnen uns die Augen für die Schönheit der Welt und lassen uns in dunkle Abgründe schauen. Beides ist bereichernd, doch leider hat Kunst ein massives Imageproblem. Sie kommt oft ziemlich elitär, verkopft und langweilig daher. Viele kunsthistorische Texte wirken wie ein Wettbewerb, wer mehr Fremdwörter kennt. Außer beim Scrabble kann man mit dieser Fähigkeit allerdings nirgends punkten. Und ihr müsst auch keinen Rollkragenpullover oder asymmetrische Jacken tragen, um Gemälde zu genießen, ihr müsst dazu nicht mal ins Museum gehen.

Kunst ist überall: in Wartezimmern, Hotels, Restaurants und in den Schlagzeilen, wenn Banksy wieder irgendwo eine Wand besprüht oder jemand im Museum Tomatensuppe auf Bilder kippt.

Dieses Buch ist eine Ausstellung zwischen zwei Buchdeckeln. Hier sind jede Menge Meisterwerke versammelt, die wahrscheinlich niemals in einem Museum oder einer Galerie nebeneinanderhängen würden. Jedes der zehn Kapitel bildet einen eigenen Ausstellungsraum zu einem bestimmten Thema. Es geht um die großen Fragen: Warum ist abstrakte Kunst mehr als nur Gekritzel? Wieso kostet ein Pissoir Millionen? Woher kommt der Hype um die *Mona Lisa*? Und wie greife ich bei Ausstellungseröffnungen umsonst Wein und Schnittchen ab?

Hier ist mein persönliches Best-of der Kunstgeschichte, mit dem ich zeigen möchte: So spannend kann Kunst sein. In meiner ganz eigenen Führung durch die Welt der Kunst stelle ich euch provozierende, witzige und extravagante Werke, aber natürlich auch etliche Klassiker vor – die gesamte Bandbreite von himmlisch bis hässlich, alle Backgrounds verständlich und humorvoll erklärt. Dieses Buch ist eine Liebeserklärung an die Kunst. Und nun: Willkommen in meiner Ausstellung!

HOLE
sweet
HOLE

1/ OHNE HYPE KEIN MEISTER-WERK

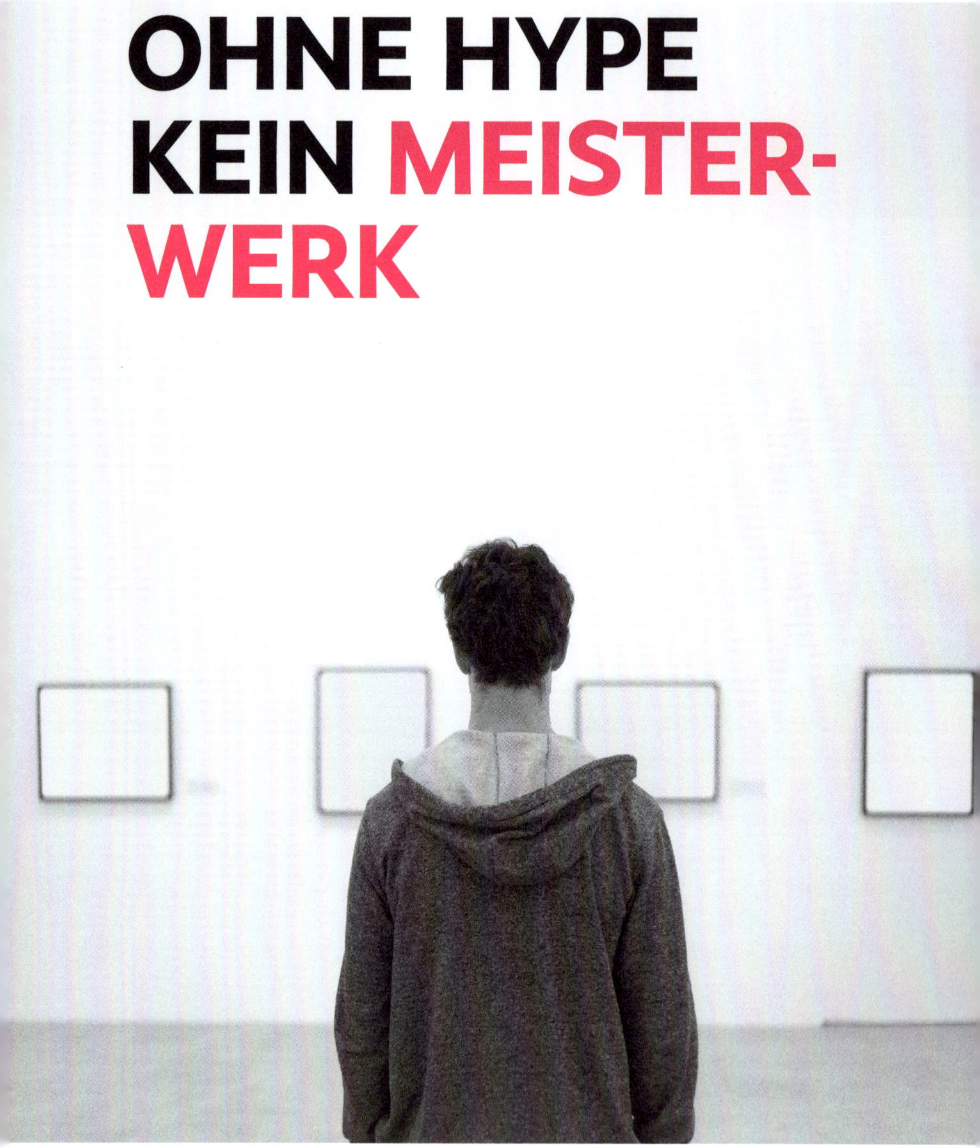

Als Kunsthistoriker sollte ich die *Mona Lisa* wahrscheinlich anbeten. Das tue ich aber nicht. Und trotzdem widme ich ihr meinen ersten »Ausstellungsraum«, denn ich will der Frage nachgehen: Warum ist gerade dieses Bild das berühmteste der Welt? Wenn eines Tages Aliens auf der Erde landen, wird es sehr schwierig, ihnen zu erklären, warum wir die *Mona Lisa* so extrem abfeiern. Allerdings gibt es für ihren heutigen Status gute Gründe, denen wir nun nachgehen. Nach diesem Kapitel wisst ihr mehr und seid gewappnet, falls ihr Aliens begegnet.

SO WIRD MAN WELTBERÜHMT! DIE *MONA LISA*

Sie gilt als das bekannteste Werk der Kunstgeschichte, aber am Ende ist die *Mona Lisa* wie Portionen in teuren Restaurants – erstaunlich klein. Als ich vor einigen Jahren im Louvre in Paris war, kam ich an das Gemälde kaum heran. Es war brechend voll, erst nach einer halben Stunde hatte ich es endlich ganz nach vorne geschafft. Wenn ihr euch wie ein Star fühlen wollt, dreht euch dort einmal um und schaut in die Menge. So viele Kameras werden nie wieder auf euch gerichtet sein.

Vor mir hing also die *Mona Lisa*, in einem Glaskasten, mit einer halbrunden Absperrung drum herum, zwei Sicherheitsmännern daneben und drängelnden Menschenmassen in meinem Rücken. Ein ergreifendes Erlebnis sieht anders aus, dennoch pilgern jedes Jahr Millionen Leute dafür in den Louvre. Warum gibt man sich diesen ganzen Stress? Und woher kommt überhaupt dieser heftige Hype um die *Mona Lisa*? Nachdem Leonardo da Vinci sie in den Jahren 1503 bis 1506 gemalt hatte, war es zwar kein unbekanntes Kunstwerk, hatte aber eher C-Promi-Status. Immerhin beeinflusste die *Mona Lisa* etliche Bilder, sie gelangte in die Sammlung des französischen Königshauses und später in den Louvre. Aber der große, internationale Durchbruch kam erst, nachdem das Gemälde geklaut wurde.

DER LANGWEILIGSTE KUNSTRAUB DER WELT

Der Dieb der *Mona Lisa* war kein Gentleman-Gauner und kein gerissener Gangster, sondern Glaser. Vincenzo Peruggia hatte des Öfteren Schutzscheiben für Kunstwerke im Louvre angefertigt und kannte sich dort aus. Am Montag, den 21. August 1911, beging er den Raub. Wie auch heute noch allgemein üblich, waren im 20. Jahrhundert Museen montags geschlossen. Anscheinend gab es irgendwann mal ein Geheimtreffen zwischen Museen und Friseursalons, um entspannter in die Woche zu starten. Vermutlich ist das der wahre Grund, warum die ganze Welt Montage hasst, weil alle schlechte Frisuren haben und es nichts Schönes zu sehen gibt.

Vincenzo Peruggia spazierte an diesem Montag frühmorgens wie selbstverständlich durch den Personaleingang in den Louvre, getarnt mit einem weißen Kittel. Was dann folgte, ist der womöglich langweiligste Kunstraub der Geschichte: Der Dieb nahm die *Mona Lisa* einfach von der Wand und ging mit ihr wieder raus. Kein Alarm, keine Museumsaufsichten, die ihn auf den Boden boxten, gar nichts. Es dürfte schwieriger sein, einen billigen Nachdruck der *Mona Lisa* bei Ikea zu klauen. Angeblich hat ein anderer Handwerker im Louvre dem Kunstdieb sogar noch höflich die Tür aufgehalten, als dieser mit der *Mona Lisa* unter dem Arm ankam. Warum sollte man auch skeptisch werden, wenn jemand völlig entspannt ein Bild aus dem Museum trägt?

Für den Louvre war das Ganze eine riesige Blamage. Es dauerte länger als 24 Stunden, bis überhaupt auffiel, dass die *Mona Lisa* fehlte. Man hätte den Täter sogar schnell fassen können. Vincenzo Peruggia trug nämlich keine Handschuhe, daher fand man seine Fingerabdrücke auf der zurückgelassenen Schutzscheibe des Bildes. Ironisch, dass gerade Glas den Glaser fast zu Fall gebracht hätte. Die Polizei hätte die Fingerabdrücke nur mit ihrer Verbrecherkartei abgleichen müssen, denn dort war Vincenzo Peruggia als Gelegenheitsdieb bereits bekannt. Doch das passierte nicht, die Ermittler wollten es sich offenbar nicht zu leicht machen. So kam der Täter mit seiner amateurhaften Aktion davon. Stattdessen wurde kurzzeitig Pablo Picasso verdächtigt, mit dem Raub etwas zu tun zu haben.

Über zwei Jahre lagerte das geklaute Gemälde anschließend ganz in der Nähe des Louvre in der Wohnung von Vincenzo Peruggia. Für die *Mona Lisa* war eine private Unterbringung nicht ganz neu, schon vorher hing sie eine Zeit lang im Schlafzimmer von Napoleon. Was sie dort wohl gesehen hat? Vielleicht hat sie daher ihren verschmitzten Gesichtsausdruck. Während das Bild weg war, entwickelte sich im Louvre eine Art Kunst-Katastrophentourismus: Etliche Leute kamen ins Museum, um die leere Stelle an der Wand zu sehen. Manche Menschen legten vor der

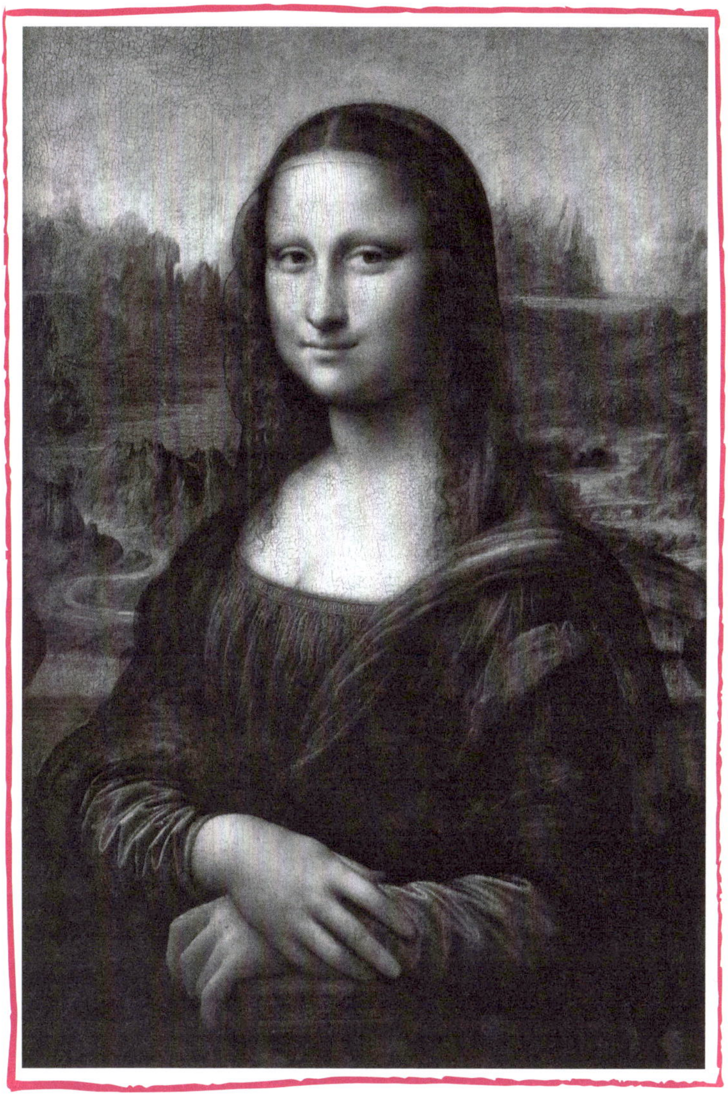

Leonardo da Vinci: *Mona Lisa*, 1503–1506

fehlenden *Mona Lisa* sogar Blumen nieder. Nicht mehr lang und das Werk hätte wahrscheinlich eine eigene Trauerfeier bekommen. Dazu kam es aber nicht, weil das Gemälde 1913 wieder auftauchte.

DAS COMEBACK

Die Rückkehr der *Mona Lisa* verlief ähnlich schräg wie ihr Raub. Der Kunstdieb Peruggia hatte nämlich einen sehr eigensinnigen Plan ausgeheckt: Er wollte das Bild nach Italien bringen, das Heimatland der *Mona Lisa* und auch sein eigenes. Doch Peruggia war nicht nur als Räuber, sondern auch als Hehler reichlich unbedarft. Er fuhr mit der *Mona Lisa* nach Florenz und präsentierte sie dort in einem Hotelzimmer einem Kunsthändler und einem Museumsdirektor. Was hätten die beiden tun sollen, die international gesuchte *Mona Lisa* einfach ins Museum hängen und als ihre Zwillingsschwester ausgeben? Der Direktor und der Händler baten Peruggia kurz auf sie zu warten, während sie angeblich das Geld holten. Stattdessen riefen sie die Polizei. Der Glaser landete hinter Gittern und die *Mona Lisa* wieder an ihrem angestammten Platz. Die Rückkehr nach Paris wurde groß gefeiert, inklusive Staatszeremonie. Der Hype um die *Mona Lisa* war perfekt.

EIN MASSENKOMPATIBLES MEISTERWERK

Es gibt noch mehr Gründe, warum die *Mona Lisa* so bekannt ist. Einer ist, dass dieses Bild stark auf das Wesentliche reduziert ist. Eine Frau sitzt vor einer Landschaft. That's it. Man kann alles auf einen Blick erfassen, es ist keine komplexe Komposition mit vielen Figuren. Die *Mona Lisa* könnte man locker auf das Titelblatt einer Fernsehzeitschrift drucken. Ihr leicht abwesender Blick passt optimal zur *TV Movie*. Dass die Porträtierte nicht

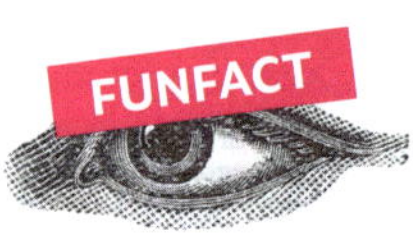

Eigentlich hätte ein ganz anderes Kunstwerk als die *Mona Lisa* Leonardos größtes Vermächtnis werden können, aber es endete als Zielscheibe: Das Reiterstandbild für Francesco Sforza, Regent und später Herzog von Mailand. Es sollte ein echtes Monument werden, also fertigte Leonardo ein riesiges Tonmodell des Pferdes an, insgesamt sieben Meter hoch. Vor der Finalisierung des Reiterstandbilds wurde Mailand jedoch von französischen Truppen erobert. Sie benutzten das Ton-Pferd als Übungsziel zum Bogenschießen und zerstörten es komplett. Zum Glück hat die *Mona Lisa* bisher alle Attacken überstanden. Säure, Stein, Teetasse, Torte – auf sie wurde schon alles Mögliche geworfen. Hoffentlich haben Bogenschützen im Louvre Hausverbot.

nackt ist, dürfte zusätzlich von Vorteil sein, denn das könnte in manchen Kulturen als anstößig empfunden werden. Auf die *Mona Lisa* können sich alle einigen. Das ist bei Werken wie der Darstellung von Sandro Botticellis *Die Geburt der Venus* nicht der Fall.

Die *Mona Lisa* hat einen hohen Wiedererkennungswert. Es gibt verschiedene Lego-Nachbauten von ihr. Alle wurden aus vielen kleinen Steinen gebaut, es sind sehr pixelige Bilder. Dagegen wirkt die Pacman-Grafik aus den 1980er-Jahren hoch aufgelöst. Und trotzdem erkennt man die *Mona Lisa* jedes Mal sofort. Dieses Bild kann man überall draufdrucken, es ist wunderbar simpel und extrem gut geeignet für Merchandise. Es gab sogar vor einiger Zeit Mona-Lisa-Kondome – für alle, die den Kunstgenuss mal so richtig gefühlsecht erleben wollten.

Wie Leonardo da Vinci die *Mona Lisa* dargestellt hat, war um 1500 sehr ungewöhnlich und neuartig. Das Porträt füllt fast das ganze Format aus. Die Figur rückt erstaunlich nah an uns heran, das Bild konzentriert sich völlig auf sie. Vorher waren eher Ganzkörperporträts üblich, mit Platz an der Seite und der Person in der Mitte. Oder man malte Bildnisse im Profil. Da Vincis innovative Pose seiner *Mona Lisa* wurde für lange Zeit sehr beliebt und von vielen Kunstschaffenden übernommen.

EIN GEHEIMNISVOLLES GEMÄLDE

Die *Mona Lisa* zu betrachten, ist unkompliziert. Man braucht kein Vorwissen, hier wird keine Bibelgeschichte oder antiker Mythos dargestellt. Trotzdem ist es kein langweiliges Bild. Einiges an diesem Werk ist sogar ziemlich geheimnisvoll und genau das macht den Reiz aus. Bekannt ist zum Beispiel der sogenannte »Mona-Lisa-Effekt«: Das Gemälde gibt uns das Gefühl, dass uns die Dargestellte immer direkt anschaut, egal wo wir stehen. Sie folgt uns mit den Augen wie die Gemälde in Hogwarts. Dieser Effekt ist aber keine Zauberei, da Vinci hat der *Mona Lisa* lediglich einen Silberblick gemalt. Sie guckt nicht magisch überall gleichzeitig hin, sie guckt einfach schief.

Viele Menschen fasziniert außerdem ihr »unergründliches Lächeln«. Das teile ich nicht. Ich finde, die *Mona Lisa* sieht eher aus, als stünde sie in einem Pool, guckt dich ganz entspannt an und lässt einfach laufen. Schaut euch das Bild noch mal an und ihr wisst, was ich meine. Tatsächlich hat das Lächeln etwas Mysteriöses, weil da Vinci hier eine neue Maltechnik benutzt hat. Die Mundwinkel der *Mona Lisa* sind leicht verschwommen wie die Sicht nach einer geexten Flasche Wein. Der Künstler

ES MUSS NICHT IMMER DER LOUVRE SEIN

Mega-Museen wie der Louvre sind beeindruckend, aber die überraschenderen Besuche hat man oft in den kleineren Ausstellungshäusern. Hier sind fünf Geheimtipps:

Herford: Marta Herford.
Spannende Architektur und vor dem Museum steht ein riesiger Helikopter. Bei Eröffnungen drehen sich die Rotorblätter. Guter Move!

Sindelfingen: Schauwerk.
Eine großartige Sammlung zeitgenössischer Kunst und das mitten zwischen spießig-schwäbischen Mehrfamilienhäusern.

Duisburg: Museum Küppersmühle.
In dem ehemaligen Getreidesilo ist Platz für gigantische Bilder, eine Einladung zum Größenwahn.

Neuss: Langen Foundation.
Dieses Museum geht richtig nach vorne, nicht nur weil es neben einer stillgelegten Raketenstation liegt.

Saarbrücken: Moderne Galerie.
Tolle Sammlung im Museum, toller Kuchen im Café, was will man mehr?

hat diese unscharfe Maltechnik erfunden, die man nach dem italienischen Wort für Rauch oder Dunst »Sfumato« nennt.

Wenn man sich eingehender mit der *Mona Lisa* beschäftigt, kann man spannende Entdeckungen machen. Ist euch aufgefallen, dass sie keine Augenbrauen hat? Es ist erstaunlich, dass dieses Detail in der Regel übersehen wird. Zur Entstehungszeit des Bildes war es nämlich Mode, sich die Augenbrauen zu rasieren. Allerdings hatte da Vinci der *Mona Lisa* welche gemalt, nur ist die Farbe der Augenbrauen wohl einfach verblasst. Damit läge sie heute voll im Trend, denn in der Raver-Szene bleicht man sich gerne die Augenbrauen. Die *Mona Lisa* wirkt deswegen ein bisschen wie eine 17-Jährige auf Klassenfahrt in Berlin, die verzweifelt versucht, sich in einen Technoclub zu mogeln.

Die Leute mögen das Rätselhafte an der *Mona Lisa*. Bis heute wissen wir nicht genau, wer da überhaupt abgebildet ist: eine Markgräfin, eine Geliebte eines Angehörigen der mächtigen Familie Medici oder aber Salaí, Modell, Schüler und mutmaßlicher Lover von da Vinci? Ich persönlich glaube an die meistverbreitete Theorie, dass es sich um Lisa del Giocondo handelt. Sie lebte in Florenz und war die Frau eines Seidenhändlers. Der Anlass, das Bild in Auftrag zu geben, war möglicherweise der Kauf eines neuen Hauses und ein Kind, das Lisa del Giocondo zur Welt gebracht hatte. Ich mag die Vorstellung, dass es sich bei der *Mona Lisa* um die berühmteste Kinderzimmer-Deko der Welt handeln könnte.

Meine persönliche Lieblingstheorie zur *Mona Lisa* habe ich dort gefunden, wo man stets die seriösesten Abhandlungen findet: auf YouTube. Dort gibt es Videos, die beweisen wollen, dass sich in dem Gemälde ein außerirdischer Priester verbirgt. Wenn man nämlich die *Mona Lisa* am Computer spiegelt, die beiden Bildteile anschließend digital ineinanderschiebt und die Farbwerte verändert, sieht man mit ganz viel Fantasie einen filmreifen Außerirdischen. Erfindungen wie Photoshop konnte da Vinci demnach locker vorhersehen und seine Begegnung mit einem Alien so verstecken, dass sie erst fünfhundert Jahre später entdeckt wird. Ein wahres Genie!

All die Mysterien und Theorien haben die Bekanntheit der *Mona Lisa* nur gesteigert. Bei meinem Besuch im Louvre musste ich in dem ganzen Trubel an den zeitgenössischen Künstler Florian Slotawa denken. Er überspitzt mit lustigen Performances den hektischen Kunsttourismus, der daraus besteht, schnell Fotos von Meisterwerken zu machen und sofort weiterzuziehen. *Museums-Sprints* heißen seine Videos. In denen trägt der Künstler Sportklamotten mit zu kurzen Hosen und rennt in Rekordzeit durch Museen. Nach dem Motto: Hab ich gesehen, abgehakt. Aus meiner Erfahrung kann ich sagen, dass Busreisegruppen besonders dann richtig sportlich werden, wenn es darum geht, sich um die Audioguides zu prügeln. Ich habe lange als Museumsguide gejobbt und viele solche Gruppen erlebt. Einmal hat eine Frau jemanden vor einem Gemälde, das ich besprechen wollte, weggeschubst mit den Worten: »Das hier ist jetzt unser Bild! Wir haben dafür bezahlt.« Am liebsten hätte sie vermutlich schon um 7 Uhr morgens ihr Handtuch über das Bild gelegt.

Der Aktionskünstler Slotawa macht mit seinen Sprints klar, für Highlights wie die *Mona Lisa* nehmen wir uns viel zu wenig Zeit. Das Buchungsportal Airbnb hatte eine gute Idee, wie man das ändern könnte. 2019 verloste das Unternehmen eine Nacht im Louvre, inklusive Privat-Dinner vor der *Mona Lisa*. Ich war zwar nie ein Riesenfan des Gemäldes, fand die Aktion aber cool, denn ich liebe Exklusivität. Mit einem Uni-Seminar konnten wir auf einer Exkursion mal nach der Schließung in die Sixtinische Kapelle in Rom. Die Malerei war gleich zehn Mal schöner, einfach nur, weil andere das nicht sehen durften. Das Airbnb-Gewinnspiel war also ganz nach meinem Geschmack. Um teilzunehmen, musste ich eine Begründung schreiben, wieso ich die Nacht im Museum verdienen würde. Meine Bewerbung war emotionaler als jeder Liebesbrief, den ich in meinem Leben geschrieben habe. Gewonnen habe ich leider nicht. Das kann auch daran gelegen haben, dass sich noch 182 000 andere Leute beworben haben. Schade, zu diesem Anlass hätte sogar ich der *Mona Lisa* Blumen hingelegt.

DAS GESICHT DER RENAISSANCE

Zum Ruhm der *Mona Lisa* hat natürlich beigetragen, dass sie vom großen Leonardo da Vinci gemalt wurde. Er genießt den Ruf eines sagenumwobenen Strebers. Egal ob Flugmaschinen, Boote, Bewässerungsanlagen, Kriegsgerät oder Gebäude – er hat wirklich alles Mögliche entworfen. Seine beste Erfindung jedoch ist weitestgehend unbekannt: Er soll einer Eidechse Flügel, Hörner und einen Bart angeklebt und damit seine Freunde erschreckt haben. Wenn Leonardo nicht gerade an seinem privaten Gruselkabinett arbeitete, widmete er sich seiner Kunst. Dabei war ihm ein Werk besonders wichtig, die *Mona Lisa*. Von ihr konnte er sich sein Leben lang nicht trennen, sodass er sie erst kurz vor seinem Tod verkaufte.

Die *Mona Lisa* entstand außerdem in einer besonderen Zeit, nämlich während der sogenannten Renaissance. Neben Leonardo gelten das Multitalent Michelangelo, der Bildhauer Donatello und der Maler Raffael als einflussreiche Vertreter dieser Kunstepoche. Viele denken bei den vier Namen jedoch eher an Zeichentrick-Schildkröten mit Aggressionsproblemen, die *Teenage Mutant Ninja Turtles*. Vielleicht sollte man einfach mehr Cartoon-Charaktere nach Kunstschaffenden benennen, fürs Kunstabitur gibt es kaum eine bessere Eselsbrücke. Die Renaissance breitete sich um 1400 von Italien her aus und brachte viele Neuerungen hervor, auch in der Kunst. Porträts wurden jetzt lebensechter und individueller –

die *Mona Lisa* ist ein gutes Beispiel dafür. Zuvor, im Mittelalter, sahen die Gesichter auf den Bildern oft alle gleich aus, wie bei den *Teletubbies*.

»Ich möchte Wunder erschaffen.«

Leonardo da Vinci

Die Renaissance war von dem Wunsch getrieben, den Menschen sehr genau zu studieren. Manche Künstler wie da Vinci sezierten sogar Leichen, um das Muskelspiel des Körpers zu verstehen. Es ist Kunst, die im wahrsten Sinne unter die Haut geht. Der Begriff »Renaissance« heißt Wiedergeburt. Was dabei wiedergeboren wird, ist die antike Gedankenfreiheit in Wissenschaft und Kultur. Künstlerinnen und Künstler ließen z. B. die Zentralperspektive aufleben. Das heißt, dass Objekte kleiner werden, wenn sie weiter weg sind. Ist doch logisch, würde man denken. Aber im Mittelalter war dieses Basiswissen in Vergessenheit geraten. Stattdessen wählte man für Bilder die »Bedeutungsperspektive«. Wichtige Personen wurden groß gemalt, unwichtige klein. Wir kennen das von Kinderbildern, auf denen Menschen gerne mal Häuser überragen. Wenn ein Kind dich kleiner malt als einen Hund, kennst du deinen Platz in der Bedeutungshierarchie. Die Renaissance hat der Kunst insgesamt einen enormen Push gegeben, viele der Innovationen kommen in der *Mona Lisa* zusammen. Im Laufe der Zeit ist sie so zum Gesicht dieser Kunstepoche geworden.

SCHNURRBART UND SCHÖNHEITS-OP: DIE *MONA LISA* ALS INFLUENCERIN

Was haben die Fluggesellschaft Air India und die Modemarke Chanel gemeinsam? Beide haben schon mit der *Mona Lisa* geworben. Besonders kreativ war die Firma Miele. Ihr neuer Staubsauger wurde als so stark präsentiert, dass er der *Mona Lisa* fast die Haare vom Kopf zog. Wer will nicht einen Staubsauger haben, der einem eine Glatze verpasst? Generell wird dieses Bild andauernd zitiert, ein Klassiker sind die *Mona Lisa*-Poster mit einem Joint in der Hand und einem bekifften Lächeln. Mein persönlicher Favorit ist eine Wanduhr, auf der ihr linkes Auge als großer Zeiger fungiert. Ein wahrer Augenschmaus!

»Ich glaube, wenn man genügend übt, kann man die Mona Lisa auch mit einem groben Borstenpinsel malen.«

Bob Ross

Kaum ein Gemälde hat so viele Kunstwerke beeinflusst wie die *Mona Lisa* und auch das macht ihren Ruhm aus. Die US-amerikanische Künstlerin Sophie Matisse, eine Urenkelin des angesehenen Malers Henri Matisse, hat die *Mona Lisa* 1997 in einem Gemälde aufgegriffen. Jedoch ließ sie die Figur weg und malte nur die hügelige Landschaft im Hintergrund, dazu kam der Titel *Die Monna Lisa (Bin gleich zurück)*. Ein hervorragender Joke! Der rebellische Künstler Marcel Duchamp, von dem später noch ausführlich die Rede sein wird, nahm 1919 eine Reproduktion und malte der *Mona Lisa* einen Schnurrbart – das heutige Standardverfahren bei jedem zweiten Wahlplakat. Knapp 50 Jahre später stellte er dann eine normale, unveränderte Reproduktion der *Mona Lisa* ohne Schnurrbart aus und wählte den Titelzusatz »rasiert«. Seitdem kann ich die *Mona Lisa* nicht mehr angucken, ohne sie mir in einer Gillette-Werbung vorzustellen.

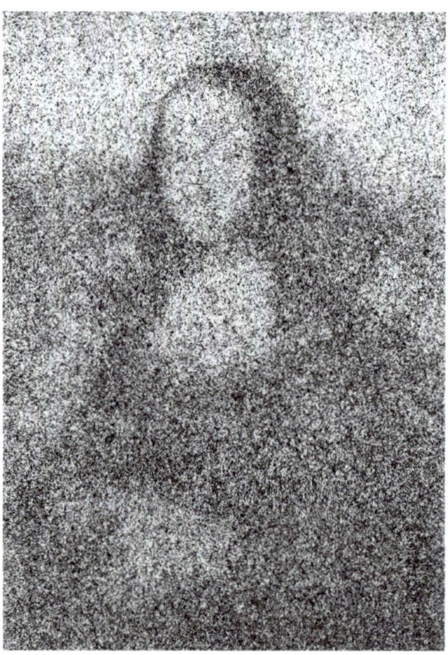

Maximilian Prüfer:
Mona Lisa (La Gioconda) 2, 2019

Da Vincis Meisterwerk ist wie ein Lied, das immer gesampelt wird und von dem es die unterschiedlichsten Remixes gibt. Der Insekten-Künstler Maximilian Prüfer hat die *Mona Lisa* neu interpretieren lassen, und zwar von Fliegen. Prüfer sperrte die Insekten in eine Box, die er auf einer Seite mit einem weißen Blatt und den Umrissen der *Mona Lisa* versah. Im Tageslicht wurden die dunklen Stellen mit den Umrissen stärker aufgewärmt. Die Fliegen fühlten sich davon angezogen und hinterließen dort auf Dauer ihre Spuren. Das Ergebnis ist eine *Mona Lisa*, die aus ganz vielen dunklen Punkten besteht. Die Fliegen haben sie besser »gemalt«, als ich es je könnte. Wer hier wohl die Urheberrechte besitzt?

Eine sehr spezielle Auseinandersetzung mit der *Mona Lisa* kommt von der feministischen Künstlerin Orlan. Ihr künstlerisches Material ist ihr eigener Körper, sie hinterfragt das Frauenbild in der Kunstgeschichte und im Alltag. Dafür gleicht Orlan ihren Körper den Schönheitsidealen von berühmten Malern an, und so hat sie sich ihre Stirn zu der von *Mona Lisa* umoperieren lassen. Das ist Kunst mit vollem Körpereinsatz! Immerhin hat Orlan aus ihrem Auge keinen Uhrzeiger gemacht.

WENN SCHON KLAUEN, DANN RICHTIG

Leider war der Raub der *Mona Lisa* ziemlich unspektakulär, ich hätte mir da deutlich mehr Action gewünscht. Daher ist hier meine Liste der krassesten Kunstdiebstähle.

ANGEL-ATTACKE

1997 wurde in einem italienischen Museum in Piacenza ein Gemälde des Wiener Malers Gustav Klimt geklaut, und zwar vermutlich mit einer Angel. Es wird angenommen, dass die Diebe eine Dachluke geöffnet und das Bild dann hochgeangelt haben. Das klingt wie die Mischung aus *Ocean's Eleven* und *Findet Nemo*. Das geklaute Bild von Klimt zeigt eine junge Frau. Allerdings ist es eine Übermalung, darunter befindet sich ein anderes Frauenporträt mit dem Titel *Backfisch*. So wurden früher junge Frauen bezeichnet, wobei »Backfisch« auch gut zu der Angel-Aktion passt. 22 Jahre lang blieb das Bild verschwunden, bis es 2019 wieder auftauchte. Auch in diesem Fall war es am Ende der Gärtner. Allerdings war er nicht am Diebstahl beteiligt, sondern an dessen Aufklärung. Als der Efeu an der Museumswand beschnitten war, fand man dahinter eine kleine Luke und dort war das vermisste Bild in einer Plastiktüte. Wahrscheinlich hatten die Diebe das Bild in dem kleinen Hohlraum gelagert und wollten wortwörtlich Gras über die Sache wachsen lassen. Kurz nach der Entdeckung des Bildes stellten sich die beiden Täter.

WIE EIN SALZFASS ZUR GEISEL WURDE

Dieser Kunstgegenstand sieht aus, als könnte es auch ein Fund bei *Bares für Rares* sein, aber es ist das teuerste Salzfass der Welt: Die goldene *Saliera* des Renaissance-Bildhauers Benvenuto Cellini ist ca. 50 Millionen Euro wert. 2003 wurde diese Kostbarkeit aus dem Kunsthistorischen Museum in Wien gestohlen. Der Dieb kletterte an einem Baugerüst hoch, stieg durch ein Fenster und löste dabei den Alarm aus. Das hätte sein Ende sein müssen. Jedoch gab es im Museum andauernd falschen Alarm, also wurde das Bimmeln ignoriert, als wäre es die Snooze-Funktion vom Handy-Wecker. Erst am nächsten Morgen entdeckte das Reinigungspersonal den Diebstahl.

Anschließend erpresste der Täter die Versicherung des Museums, so etwas nennt man Art-Napping. Für zehn Millionen Euro wollte er das Kunstwerk zurückgeben, das Salzfass wurde zur Geisel. Geschnappt wurde der Dieb nur, weil er einen Fehler machte. Beim Kauf eines Handys, das er für die Kommunikation mit der Polizei benutzte, war er gefilmt worden. Der Kunsträuber war übrigens selbst Inhaber einer Alarmanlagenfirma. Noch während in diesem Fall ermittelt wurde, saß er seelenruhig in einem Radiointerview und ließ sich als Sicherheitsexperte darüber aus, wie schlecht das Salzfass gesichert gewesen sei. Wie dreist kann man sein? Ein weiterer Funfact: Wegen dieses Diebstahls wurde zeitweise in Wien die »Kunstklappe« eingerichtet, wo man gestohlene Werke anonym zurückgeben konnte – wie eine Babyklappe, nur eben für Bilder und Skulpturen. Eigentlich war das eine Kunstaktion, aber Leute haben da wirklich Sachen zurückgegeben. Ist ja auch ärgerlich, wenn du ein Bild klaust und dann passt es nicht zum Sofa.

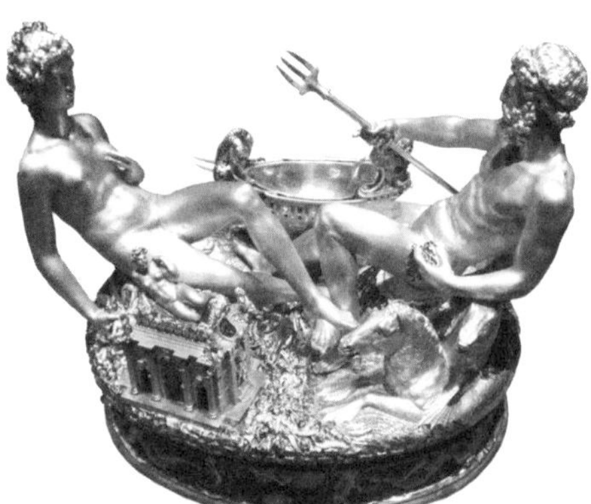

Benvenuto Cellini:
Salzfass, 1540–1543

DER KARDASHIAN COUP

Die Met-Gala in New York ist eines der exklusivsten Events der Welt und bekannt für die ausgefallenen Outfits der Promis. 2018 war natürlich auch Reality-TV-Star Kim Kardashian anwesend und hat aus Versehen dabei geholfen einen großen Kunstraub aufzuklären. Im Metropolitan Museum wurde ein ägyptischer Gold-Sarkophag ausgestellt, der wunderbar zu ihrem goldenen Versace-Kleid passte. Also posierte Kim Kardashian daneben für ein Foto, das klassische Sarg-Selfie.

Die Aufnahme ging um die Welt. Auch ein Mann im Nahen Osten sah das Foto und ärgerte sich maßlos, denn er kannte den Sarkophag gut. Schließlich hatte er ihn bei einer größeren Raubgrabung in Ägypten selbst geklaut. Nur hatte der Auftragsdieb nie den vereinbarten Lohn dafür bekommen. Seine Racheaktion war, dass er zum Informanten wurde. In der Folge flog ein ganzer Schmugglerring auf. Und auch das Metropolitan Museum bekleckerte sich nicht mit Ruhm, denn es hatte den Sarkophag gekauft, obwohl einige Details zur Herkunft unklar waren. Letztendlich wurde das Objekt an Ägypten zurückgegeben. Wann Kommissarin Kardashian wohl wieder zuschlägt?

DALÍ-DIEBSTAHL IM KNAST

In diesem Fall wurde eine Zeichnung des spanischen Künstlers Salvador Dalí aus einem Hochsicherheitsgefängnis geklaut. Da stellt sich sofort die Frage: Wie zur Hölle kommt so ein wertvolles Werk überhaupt in den Knast? Es gibt ja durchaus naheliegendere Orte für Kunst. 1965 wurde Dalí zu einem Besuch nach Rikers Island eingeladen, eine Gefängnisinsel im New Yorker East River. Der berühmte Maler sollte eine Kunsttherapie-Sitzung leiten, wurde jedoch krank. Also brachte er schnell eine gezeichnete Kreuzigung zu Papier und stiftete sie als Entschädigung. Spannende Geste: »Hey, liebe Gefangene, tut mir mega leid, dass ich nicht kommen kann. Nehmt als Entschuldigung bitte dieses Bild einer Todesstrafe und erfreut euch daran.«

Die Zeichnung bekam im Knast direkt einen echten Ehrenplatz – neben dem Mülleimer in der Cafeteria. Deshalb war auch bald ein Ketchup-Fleck auf dem Kunstwerk, farblich irgendwie passend zur Kreuzigung. Anschließend kam das Dalí-Werk in den Eingangsbereich. Dort wurde es wieder optimal gehängt, und zwar neben einen Pepsi-Automaten. 2003 gab es in dem Gefängnis einen Feueralarm. Danach fiel Leuten auf, dass mit der Zeichnung etwas nicht stimmte. Dort hing eine schlechte Fälschung. Jetzt könnte man denken: Klar, wenn man ein teures Kunstwerk mitten unter Kriminelle hängt, kein Wunder, dass da irgendeiner lange Finger bekommt. Falsch gedacht! Den Diebstahl hatten vier Wärter begangen und auch die Fälschung angefertigt. Allerdings war ihre Kopie so schlecht, dass die Sache einfach auffliegen musste. Das Original ist bis heute verschollen.

DER KÖNIG DER KUNSTDIEBE

Der Kunstdieb Stéphane Breitwieser schießt für mich den Vogel komplett ab: Er klaute 239 Kunstobjekte in nur sechs Jahren. 2001 wurde er gefasst und viele seiner Taten fielen erst auf, nachdem er sie gestanden hatte. Für die bestohlenen Museen war das extrem peinlich, vor allem weil Breitwieser nirgends eingebrochen ist, sondern sich stets während der Öffnungszeiten bedient hat. In der Regel hat er die Kunstwerke unter den Mantel oder in einen Rucksack gesteckt. Allerdings war eines Tages ein Wandbehang, auf den er es abgesehen hatte, zu groß dafür. Also machte er kurzerhand ein Fenster auf, warf den Wandbehang raus und packte ihn nachher unten ein. So bin ich in meiner Studienzeit auch mal mit meiner Matratze umgezogen.

Breitwieser war teilweise wirklich frech. Er klaute zum Beispiel bei der Vorbesichtigung einer Auktion, wo Hunderte Leute waren, ein Bild von Cranach dem Jüngeren aus dem 16. Jahrhundert. Das war quasi Diebstahl vor Publikum. Ähnlich war es bei einer Kunstmesse, dort ließ er eine Vase mitgehen, fand sie dann aber zu unbedeutend und brachte sie zurück. Stattdessen stahl er vom selben Stand einen Humpen. Ein Jahr vorher hatte er genau diese Galerie schon einmal beklaut – definitiv der nervigste Stammkunde der Welt. Breitwieser sammelte die ganzen Werke bei sich zu Hause. In seiner Wohnung baute er so ein stattliches, inoffizielles Museum auf. 2001 wurde er schließlich gefasst, als er an einen Tatort zurückkehrte, um Spuren zu vernichten. Über jedes seiner Beutestücke war Breitwieser bestens informiert, so soll er seine Gerichtsverhandlung einige Male unterbrochen haben, um Einzelheiten zu korrigieren.

All diese Kunstdiebstähle waren clevere Coups, doch keiner verschaffte den geklauten Werken jemals so viel Publicity wie der des glücklosen Glasers Peruggia, der die *Mona Lisa* einfach nur in ihre italienische Heimat zurückbringen wollte.

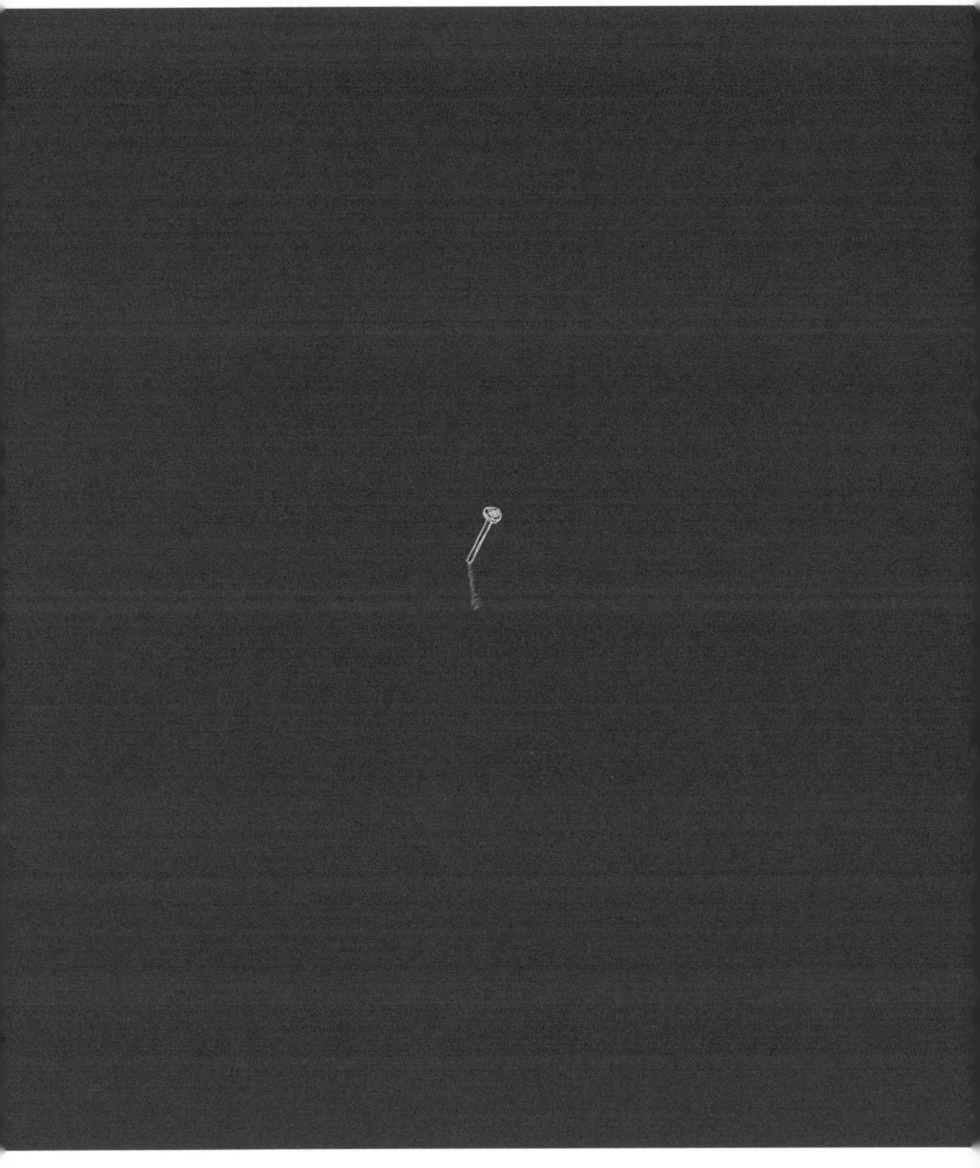

2/
KUNST MUSS PROVOZIEREN

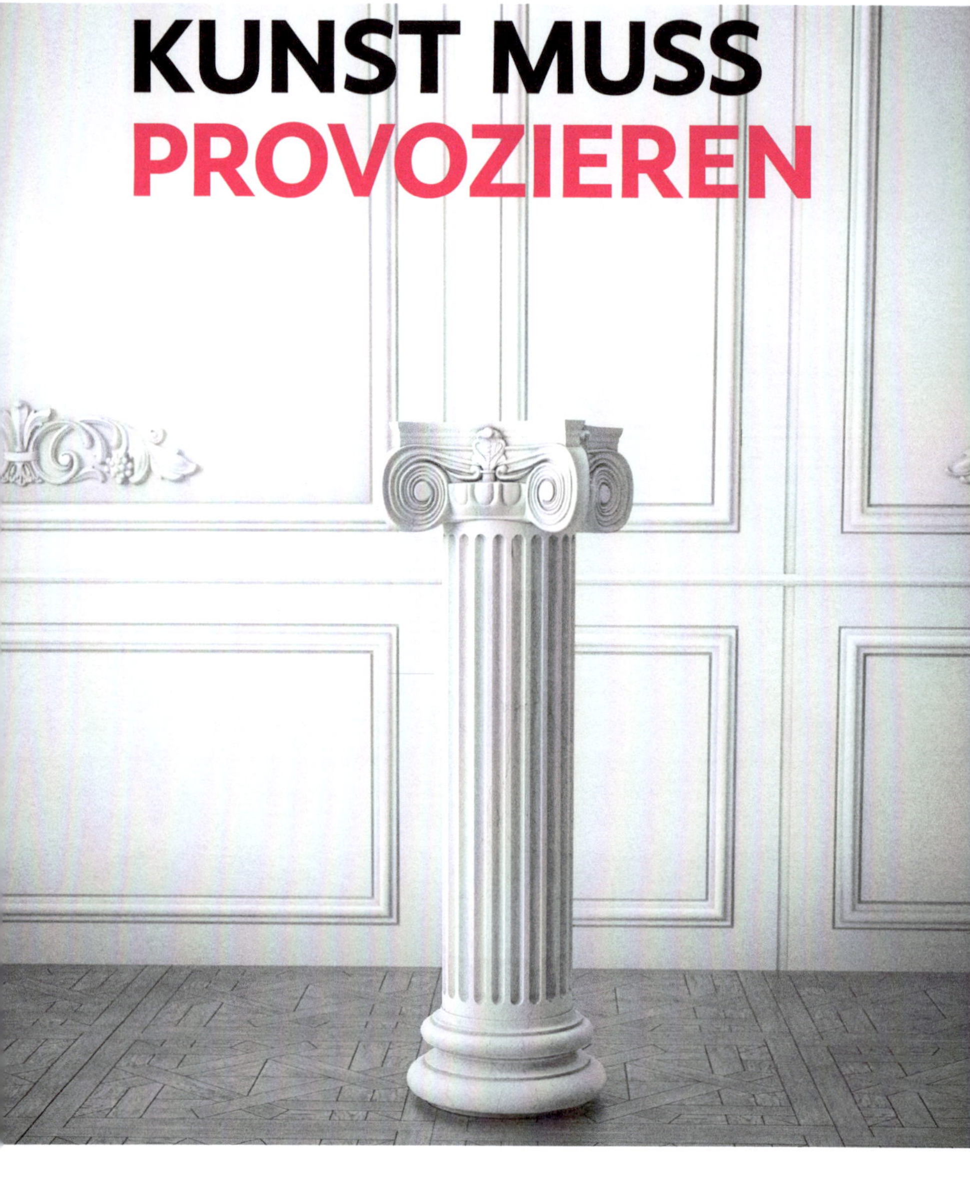

Als Nächstes geht es in die Sanitärabteilung. Wie kann es sein, dass ein normales Pissoir im Baumarkt 150 Euro kostet und auf dem Kunstmarkt 1,7 Millionen Euro wert ist? Und warum bin ich ernsthaft der Meinung, dass ein Stehklo das wichtigste Kunstwerk des 20. Jahrhunderts ist? In diesem Kapitel wird euer Verständnis von Kunst auf die Probe gestellt. Es geht um Werke aus Alltagsgegenständen, denn Kunst kann im Porsche sitzen oder in einer Schneekugel stehen. Alles ist möglich! Und ich erzähle euch, wie ich mich bei einem Künstlerinterview richtig blamiert habe.

GEGEN JEDE REGEL! MARCEL DUCHAMPS *FOUNTAIN*

1917 ereignete sich in den USA der vielleicht größte Skandal der Kunstgeschichte. Bis weit ins 20. Jahrhundert hinein waren Ausstellungen häufig exklusive Events, denn eine Jury entschied darüber, wer mitmachen durfte und wer nicht. Das wollte die Künstlervereinigung *Society of Independent Artists* ändern, als sie in New York ihre erste Ausstellung organisierte. Ihr Anliegen war es, der Kunst eine freie, unabhängige Plattform zu bieten, ohne Zensur, ohne Vorauswahl – im Prinzip wie das Internet ursprünglich gedacht war, bis Trolle und Kommentarspalten aufkamen.

Bei der *Society of Independent Artists* musste man nur eine kleine Summe bezahlen und schon konnte man bei der Ausstellung Kunst einreichen, sechs US-Dollar für zwei Werke. Die Devise war: Alles soll gezeigt werden. Eine so offene Kunstschau ohne Beschränkungen war eine schöne Idee, nur leider etwas blauäugig. Denn wie wir alle aus der Schulzeit wissen, gibt es immer diesen einen Typen, der andauernd die Grenzen austesten muss. Dieser Typ, der ständig am Prittstift schnüffelt und wenn Kaugummis im Unterricht verboten sind, demonstrativ Tesa-Powerstrips kaut. Genauso einer war der Künstler Marcel Duchamp. Er war getrieben von der Frage: Wie weit kann ich gehen? Und er ging sehr weit.

Duchamps Aktion war simpel, aber wirksam. Er besorgte sich ein Pissoir, legte es auf den Rücken und signierte es. Um nicht aufzufliegen, unterschrieb er mit »R. Mutt«. Anschließend reichte Marcel Duchamp dieses Pissoir bei der Ausstellung als Kunstwerk ein und sorgte direkt für Aufruhr. Zwar sollte die Schau offen für alle sein, aber so offen dann doch

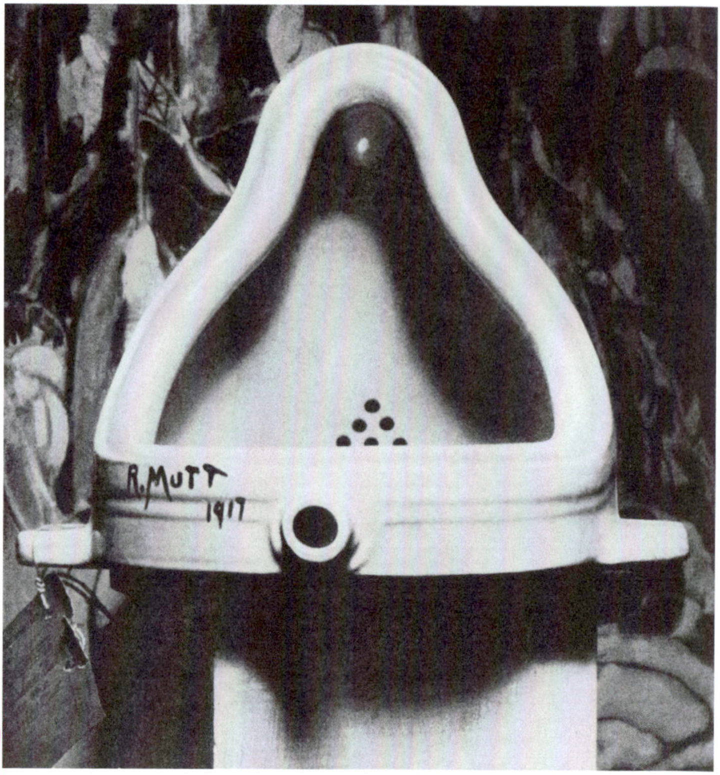

Marcel Duchamp: *Fountain*, 1917 (Foto von Alfred Stieglitz)

wieder nicht. Die *Society of Independent Artists* war der Meinung, dass das Pissoir keine Kunst sei, und wollte es nicht ausstellen. Sie benahm sich wie liberale Eltern, die ihr Kind so lange antiautoritär und locker erziehen, bis ihnen der kleine Sören-Fiete komplett besoffen auf den Wohnzimmerteppich kotzt. Marcel Duchamp trat wegen der Ablehnung seines Werks öffentlichkeitswirksam von seinem Vorstandsposten in der Society zurück. Der Skandal war in vollem Gange.

Insgesamt wurden bei der Ausstellung rund 2 500 Werke gezeigt, doch das interessierte kaum noch jemanden. Duchamp und sein Pissoir waren das Gesprächsthema Nummer eins. Für die anderen, die an der Ausstellung teilnahmen, muss das wahnsinnig frustrierend gewesen sein. Da malst du monatelang an einem Bild herum, gibst dir riesige Mühe, steckst dein ganzes Herzblut rein und dann stiehlt dir allen Ernstes eine billige Badkeramik die Show – und das, obwohl sie nicht einmal gezeigt wird!

Viele Menschen fühlten sich von diesem Pissoir enorm provoziert und das war durchaus beabsichtigt von Duchamp. Museen waren die »heiligen Hallen« mit edlen Gemälden in schweren Goldrahmen, ein vulgäres Pissoir stand deshalb in besonders krassem Kontrast zur traditionellen Auffassung von Kunst. Es weckte unappetitliche Assoziationen, etliche Frauen dürften zudem noch nie ein Pissoir gesehen haben. Hätte Duchamp eine Lampe oder einen Tisch für sein Werk genommen, hätte das sicher nicht den gleichen Effekt erzielt. Das Pissoir war ein Nackenklatscher für alle Kulturspießer. Es war, als würde man zum seriösen Businessmeeting mit einem Furzkissen kommen. Dazu gab Duchamp seinem Werk den Titel *Fountain* (deutsch: Brunnen, Quelle), eine pikante Anspielung auf Wasserspiele der etwas anderen Art.

Duchamp machte klar, dass jeder beliebige Gegenstand Kunst sein kann, wenn er im Museum oder in einem anderen Kunstkontext gezeigt wird. Allein durch die Art, wie die Dinge im Museum oder in einer Galerie inszeniert werden, nehmen wir sie ganz anders wahr. Eben noch war es ein Pissoir, das man benutzt, aber kaum beachtet. Und auf einmal steht derselbe Gegenstand auf einem weißen Sockel, inklusive Signatur – vom Halbdunkel ins Rampenlicht. Natürlich messen wir einer eleganten Präsentation gleich mehr Bedeutung bei. Wir kennen das aus dem Restaurant: Ein durchschnittlicher Burger erscheint uns viel edler, wenn er von einem Kellner im Frack serviert wird. Dazu noch ein paar sinnlose Balsamico-Spritzer auf dem Tellerrand und wir empfinden 34 Euro als völlig angemessen.

> »Wenn ich sage, es ist Kunst, dann ist es Kunst.«
>
> Marcel Duchamp

Für die Kunst war Duchamps Move revolutionär. Der Künstler musste das Werk jetzt nicht mehr selbst herstellen, es reichte, einen Gegenstand auszuwählen und zu signieren. Die Idee zählt mehr als das handwerkliche Können. Klingt nach dem entspanntesten Job der Welt. Diese Vorgehensweise, Alltagsobjekte zur Kunst zu machen, nennt man Readymade. Duchamp hatte schon vor dem Pissoir damit angefangen, er hatte zum Beispiel das Vorderrad eines Fahrrads auf einen Hocker montiert und einen Flaschentrockner signiert. Allerdings stellte er diese Objekte nicht öffentlich aus, mit einer Ausnahme: 1916 hängte er laut eigener Aussage drei seiner Readymades an den Kleiderständer einer Galerie. Niemand bemerkte die Undercover-Kunstwerke, was Duchamp sehr amüsierte. Einige Menschen meinen, dass das Pissoir nur ein Streich war. Falls das stimmt, war es ein sehr einflussreicher Spaß.

Mit seiner Aktion hatte Duchamp die gängigen Vorstellungen von Kunst gesprengt. Jetzt konnte man nicht mehr nur mit Farbe, Marmor und dergleichen arbeiten, sondern alle möglichen Objekte als künstlerisches Material benutzen. Es war ein kreativer Befreiungsschlag. Jedoch ging das Original-Pissoir kurz nach der Entstehung verloren, angeblich warf es ein Galerist auf den Müll. Vorher machte er davon aber noch ein Foto, das als Vorlage für etwa 15 offizielle Nachbildungen diente, die es mittlerweile gibt. Ich finde die Vorstellung sehr unterhaltsam, dass einige Leute super gewissenhaft versucht haben, möglichst originalgetreue Kopien von etwas herzustellen, was ursprünglich massenhaft produziert wurde. Mühevolle Handarbeit für das perfekte Pissoir!

EIN TEMPEL FÜR EIN KLO

Eine Version von *Fountain* habe ich mit 16 Jahren in Rom gesehen, in der Nationalgalerie für Moderne Kunst. Das ist ein beeindruckender Bau mit großen Säulen, eleganten Skulpturen auf dem Dach und unnötig vielen Treppenstufen. Es hätte mich nicht überrascht, wenn man das Gebäude nur mit Römersandalen und Toga hätte betreten dürfen. In dieser altehrwürdigen Atmosphäre stand auf einmal das Pissoir, optimal ausgeleuchtet unter einer Glaskuppel auf einem Sockel, inszeniert wie eine Skulptur von Michelangelo oder das neue iPhone. Es war völlig absurd.

Ich hatte damals gerade angefangen, mich intensiv für Kunst zu interessieren, und wusste, wie wichtig dieses Werk für die Kunstgeschichte ist. Also machte ich das, was man mit Meisterwerken tut: Ich stellte mich andächtig davor. Eine geschlagene Viertelstunde stand ich regungslos vor diesem Pissoir. Außerhalb eines Museums hätte ich das niemals gemacht. Es würde vermutlich auf wenig Gegenliebe stoßen, wenn ich in einer Raststätten-Toilette ausführlich das Urinal bewundern würde.

Als Jugendlicher faszinierte mich an Duchamps Werk vor allem das

Rebellische. Er hatte alle Regeln gebrochen und war damit durchgekommen. Viel mehr noch: Er wurde jetzt sogar abgefeiert dafür. Man räumte ihm einen Ehrenplatz in einem Tempel ein, denn nichts anderes war dieses Museum in Rom. Die *Fountain* war absolute Anti-Kunst, hatte sich aber durchgesetzt.

Je länger ich vor dem Pissoir stand, desto mehr fiel mir eine Sache auf: Es klingt sicher eigenartig, aber ich fand das Pissoir irgendwie schön. Die geschwungene Form des Beckens hatte etwas Elegantes. Es gibt sogar Leute, die meinen, die Form erinnere sie an einen sitzenden Buddha. Okay, man muss es nicht gleich übertreiben, aber in jedem Fall guckt man sich das Pissoir im Museum wie ein ästhetisches Objekt an – so wie man sich halt auch alle anderen Kunstwerke im Museum anschaut. Das Urinal hat seine natürliche Funktion verloren, es hängt nicht an der Wand und wird schon gar nicht vollgepinkelt. Außerdem hat Duchamp das Objekt liegend auf den Sockel montiert. Dadurch können wir es mit ganz anderen Augen sehen. Genau solche neuen Blickwinkel machen für mich einen großen Reiz von Kunst aus. Ich habe es übrigens schon einige Male erlebt, dass in Museumstoiletten die Pissoirs mit Aufklebern versehen waren, auf denen »R. Mutt« stand. Duchamp hätte seine Freude daran gehabt.

MILLIONEN FÜR EIN PISSOIR

Eigentlich war es nur eine Frage der Zeit, bis es wirklich passiert, und 1993 war es dann so weit: Ein Museumsbesucher in Paris urinierte in eines der Pissoirs von Duchamp. Mich beeindruckt, wie er es geschafft hat, den Sockel hoch zu pinkeln. Hat er sich extra ein kleines Treppchen mitgebracht oder den hohen Bogen vorher geübt? Leider waren dazu keine näheren Infos zu finden. Der Typ bezeichnete sich selbst als Aktionskünstler und wollte wie Duchamp das Kunstverständnis angreifen. Die Begründung ließ das Gericht allerdings nicht durchgehen und verhängte eine Geldstrafe von umgerechnet ca. 45 000 Euro.

Das war aber nur ein Bruchteil des eigentlichen Werts von Duchamps Kunstwerk. 1999 wurde eine Version der *Fountain* für umgerechnet rund 1,7 Millionen Euro versteigert. Dafür hätte man sich auch eine schicke Immobilie kaufen können, man kennt ja die Qual der Wahl: Penthouse oder Pissoir? Der Käufer, ein griechischer Sammler, antwortete auf die Frage, warum er das Werk gekauft habe: »Für mich stellt es den Ursprung der zeitgenössischen Kunst dar.« Da bin ich ganz einer Meinung mit ihm, nur schade, dass ich keine 1,7 Millionen habe, um das zu unterstreichen.

ALLES NUR GEKLAUT?

Manche Forschende gehen davon aus, dass die exzentrische und sehr unterhaltsame Künstlerin Elsa von Freytag-Loringhoven die eigentliche Urheberin des Pissoirs ist. Demnach steckt sie hinter dem Pseudonym »R. Mutt«. Andere bezweifeln ihre Beteiligung, die Debatte dauert bis heute an. Klar ist, zu einem sehr frühen Zeitpunkt, möglicherweise schon vor Duchamp, hat sie die Idee für Readymades gehabt. 1913 fand sie einen verrosteten Metallring auf der Straße, den sie als Kunstwerk ansah. Sie hütete den Ring wie einen Schatz, Gollum lässt grüßen. Die Künstlerin integrierte verschiedene Fundstücke in ihren sehr ausgefallenen Kleidungsstil, für sie war es tragbare Kunst. Von Freytag-Loringhoven trug Hüte mit vergoldeten Möhren, schleifte Tomatendosen hinter sich her und klebte sich Briefmarken auf die Wangen. Dagegen wirkt Duchamp, der meistens Anzug trug, wie ein Künstler, der sich als Konfirmand verkleidet hat.

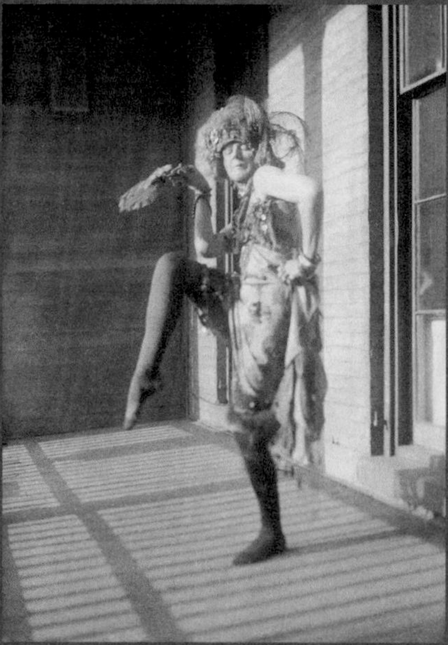

Unbekannter Fotograf: *Baroness Elsa von Freytag-Loringhoven*, um 1920–1925

EINE FRAGE DER PRÄSENTATION: WIE MAN KUNST INSZENIERT

Vor ein paar Jahren war ich in Berlin mit einem Freund spazieren und auf einmal standen wir vor dem Schaufenster einer nervigen Hipster-Bäckerei. Ich habe mein Gesicht extra an die Scheibe gedrückt, um möglichst viele Fettspuren zu hinterlassen. Da drin war alles schick und kantig, es sah aus wie eine Mischung aus Minecraft-Bäckerei und Designer-Loft. Ohne Patagonia-Jacke durfte man dort wahrscheinlich gar nicht einkaufen. All das war aber nicht der Grund für meine Wut, sondern das Brot. Die Bäckerei hatte nämlich nur eine einzige Brotsorte, wahrscheinlich aus Protest gegen Überangebot und Konsumwahn. Dieses eine Brot war der Bäckerei offenbar so heilig, dass es im Schaufenster wie eine Reliquie präsentiert wurde, und zwar auf einem Sockel unter einer Glaskuppel. War das ein Altar für *Bernd das Brot*, oder was?

Ich bin komplett ausgerastet: »Das ist so typisch Berlin! Alle tätowieren sich hier ein ironisches Tribal in die Fresse, gründen acht Start-ups und stopfen sich bis zum Anschlag die Nase mit fair gehandeltem Koks voll. Aber klar, dann gibt's hier nur ein Brot, less is more. Und dieser alberne Sockel! Holt doch gleich ein ganzes Orchester für eine Hymne auf dieses dämliche Brot.« Ich kam richtig in Fahrt mit meiner flammenden Brot-Rede. Aber mein Freund ließ sich davon gar nicht beeindrucken und meinte ganz ruhig zu mir: »Jakob, komm runter. Wenn dieses Brot so im Museum stünde, würdest du es lieben.« Und ich dachte nur: »Mist, er hat recht.«

Egal, ob Brot oder Pissoir, der Sockel macht einen großen Unterschied und verändert unsere Wahrnehmung grundlegend. Museen beschäftigen sich die ganze Zeit genau damit: Wie inszeniert man Kunst möglichst gut? Außenstehende unterschätzen komplett, wie viel Arbeit das macht. Das geht schon bei den Wandfarben los, im Prinzip ist das wie zu Hause. Da sollte man sich ja auch drei Mal überlegen, ob es wirklich schlau ist, die Küche komplett blau zu streichen und sich dauerhaft zu fühlen wie in Schlumpfhausen.

Meistens entscheiden sich Museen für weiße Wände, den sogenannten White Cube. Alles ist schön neutral, nichts lenkt ab, niemand regt sich auf. Allerdings kann man die Museumswände auch in grellem Telekom-Pink streichen und den Boden mit Kunstrasen auslegen, als wäre es eine Soccerhalle für Kunstsinnige. So hat es das Städel Museum in Frankfurt einmal bei einer Ausstellung zu dem Künstler Hans Thoma gemacht. Das war einer der gefragtesten deutschen Maler im 19. Jahrhundert, mittlerweile sind seine Gemälde etwas aus der Mode gekommen. Aber durch diese knallige Präsentation wirkten sie plötzlich richtig frisch und modern. Es ist ein ähnliches Phänomen wie der Sneaker-Opa auf Instagram. Ein alter Mann trägt da auf Fotos die neueste Streetwearmode und sieht auf einmal so aus, als wäre er gerade auf dem Weg zu einer Hip-Hop-Party.

Kunstwerke werden nicht einfach an die Wand genagelt, bei Ausstellungen wird die Hängung lange vorbereitet. Einige Museen simulieren sie sogar vorab mit einem maßstabsgetreuen Modell. Ihr könnt euch das vorstellen wie den Rohbau einer Puppenstube. Die Wände werden mit magnetischer Folie ausgestattet, sodass man die winzigen Miniaturen der Kunstwerke dort aufhängen kann. So kriegt man vorab ein Gefühl für die Ausstellungsräume, kann alles anordnen und weiß, wie viel Platz die Kunst braucht. Ich habe während meines Studentenjobs im Museum jahrelang diese Modelle gebaut und ein stattliches Trauma davongetragen. Kunst im 1:25-Maßstab perfekt zuzuschneiden ist eine feinere Bastelarbeit als jede Märklin-Bahn, wobei ich schon beim Ausrechnen der korrekten Größenverhältnisse gescheitert bin. Meine Modelle waren keine perfekten Museumsräume. Alles war so krumm und schief, als hätte ich ein Erdbeben simuliert. Heutzutage plant man eine Ausstellung zum Glück meist mit 3D-Modellen am Computer.

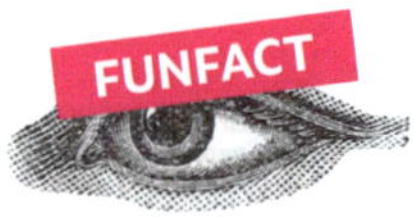

In vielen großen Museen werden nur etwa zehn Prozent der Werke überhaupt öffentlich gezeigt, die restlichen 90 Prozent lagern in Depots. Hier sind die Werke an herausziehbaren Gitterwänden aufgehängt, eng an eng wie Fußballsticker im Panini-Album. Einige Museen haben Schaudepots eingerichtet, die man besuchen kann. Dort werden die Werke mehr oder weniger so präsentiert, wie sie eingelagert wurden, ohne inhaltlichen Zusammenhang. Da kann dann schon mal ein Hundebild neben einem Hochadel-Porträt hängen.

VON WÄNDEN UND VULKANEN

In größeren Museen bekommt jede Ausstellung außerdem eine eigene Architektur. Es gibt Architekturbüros, die eigens darauf spezialisiert sind. Überall werden dann zusätzliche Wände eingezogen, Vorsprünge gebaut und Durchbrüche geschaffen. Das Museum wird zur Großbaustelle, bevor van Gogh und Co. zur Zwischenmiete einziehen. Wenn der Bautrupp abzieht, werden aber nicht sofort die Original-Ausstellungsstücke aufgehängt, man benutzt in der Regel zunächst Dummies. Dabei wird Packpapier auf die Maße des Bildes geschnitten und eine Abbildung des Werkes daraufgeklebt. So kann man testen, ob von der Größe her alles nebeneinanderpasst.

2010 war ich beim Aufbau einer Ausstellung des Künstlers Ernst Ludwig Kirchner dabei. Damals brach gerade der isländische Zungenbrecher-Vulkan Eyjafjallajökull aus und legte mit seiner Aschewolke den gesamten Flugverkehr lahm, weshalb einige Kunstwerke nicht pünktlich zur Eröffnung eintrafen und stattdessen meine nachlässig gebauten Dummies an den Wänden hängen blieben. Ich kann also sagen, dass tatsächlich mal Werke von mir in einer Ausstellung hingen. Trotzdem war ich froh, als der Flieger mit den echten Bildern ein paar Tage später landete.

Bevor die Gemälde final gehängt werden, macht man eine Stellprobe. Die Bilder stehen auf dem Boden vor ihren Plätzen und werden oft spontan anders angeordnet. Das übernimmt das Hängeteam, also Leute, die auf das Transportieren und Anbringen von Kunst spezialisiert sind und eine stabile Haftpflichtversicherung haben. Bei einem Museumspraktikum während des Studiums habe ich jedoch selbst einmal Hand angelegt, weil sonst niemand zur Stelle war. Ein Mitarbeiter bat mich ganz selbstverständlich, ein millionenschweres Bild an eine andere Stelle ein paar Meter weiter zu tragen. Ich war völlig perplex, dieses Werk war gefühlt mehr wert als mein Leben. In wichtigen Situationen schießen mir natürlich immer die unpassendsten Gedanken durch den Kopf. Ich hielt das Gemälde in der Hand und konnte an nichts anderes denken als: »Wow, ich könnte dieses kleine Bild jetzt einfach übers Knie brechen oder wie ein Frisbee durch den Raum werfen.« Vielleicht nicht die beste Voraussetzung, um im Hängeteam zu arbeiten.

Bilder gut zu platzieren, ist eine Kunst für sich. Insider sprechen von »Hängung«, wenn sie entscheiden, wie viel Platz sie jedem Werk gönnen. Man kann Wände auch lückenlos vom Boden bis zur Decke mit Gemälden vollkleistern. Das nennt man »Petersburger Hängung«, weil im

Museum der Eremitage in St. Petersburg die Werke so präsentiert wurden. Mancherorts wurden Werke nur wegen des Formats ausgesucht, um Lücken der Bildertapete zu füllen. Das Motiv war zweitrangig – da haben sich die Kunstschaffenden sicher wertgeschätzt gefühlt.

Im Dresdner Albertinum habe ich kürzlich eine geniale Hängung gesehen. Die Wände waren gepflastert mit alten Bildern von weißen Männern in mächtigen Posen, der Standardstyle im 19. Jahrhundert. Und mittendrin hing plötzlich das Gemälde von einer Person of Color. Die Figur auf dem Werk war inszeniert wie ein Herrscher und stützte sich selbstbewusst auf einen Säbel. Das Gemälde stammt von dem afroamerikanischen Künstler Kehinde Wiley, der es 2017 gemalt hat. So setzt man durch Hängung ein Statement und durchbricht den Kanon.

Das Museum Wiesbaden hat das Thema Präsentation ebenfalls verstanden. Dort gibt es neben Kunstwerken eine naturwissenschaftliche Sammlung. Zeitweise wurden die Tiere von den Museumsleuten einfach nach Farben sortiert. In einer Vitrine waren daher nur blaue Schmetterlinge, blaue Vögel usw. und ganz unten in der Ecke stand der kleine blaue Elefant aus der *Sendung mit der Maus*. Man sollte dem Museum Wiesbaden für diese Idee einen Orden verleihen.

Es gibt spannende Experimente, wenn es darum geht, Kunst zu präsentieren. Der Künstler Florian Slotawa macht nicht nur die bereits er-

SKULPTUR ODER PLASTIK – WAS DENN JETZT?

Skulptur und Plastik sind nicht das Gleiche, auch wenn wir im Alltag begrifflich keinen Unterschied machen. Bei einer Skulptur wird Material abgetragen, man schlägt also Holz oder Marmor ab. Im Gegensatz dazu wird bei einer Plastik Material angebracht, zum Beispiel werden Tonschichten nach und nach hinzugefügt und modelliert, bis eine Figur fertig ist. Wenn ihr bei dreidimensionaler Kunst unsicher seid, könnt ihr auch einfach »Objekt« sagen – damit liegt ihr selten falsch.

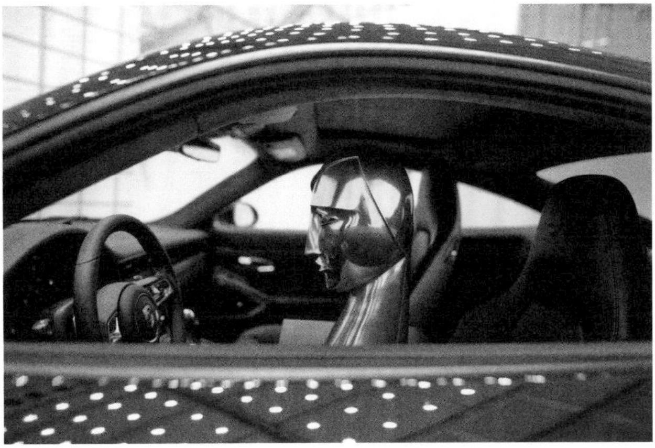

Stuttgart sichten in den Deichtorhallen Hamburg, 2018
Plastik von Rudolf Belling: *Weiblicher Kopf in Messing*, 1925

wähnten *Museums-Sprints*. 2018 hat er eine Ausstellung in den Deichtorhallen in Hamburg kuratiert, das heißt, er hatte die Verantwortung für die Werkauswahl und die Präsentation. Es wurden Skulpturen und Plastiken aus der Staatsgalerie Stuttgart gezeigt. Statt auf normale Sockel ließ Slotawa die Skulpturen teilweise auf Waschmaschinen stellen. Mit einem Mal wurde die hoch angesehene Kunst auf den Boden der Tatsachen geholt. Eigentlich war das der umgekehrte Duchamp-Move: Nicht das Pissoir wird auf einen Kunstsockel gestellt, sondern die Kunst kommt auf die Waschmaschine. Und schon wird die Wahrnehmung ordentlich durch den Schleudergang gerüttelt.

Es gab aber eine noch bessere Aktion in der Ausstellung: 1925 schuf der Bildhauer Rudolf Belling die plastische Arbeit *Weiblicher Kopf in Messing*, ein futuristisches Porträt seiner Frau. Florian Slotawa setzte dieses Werk einfach hinter das Steuer eines Porsches. Die schnittige Dynamik der Büste wurde durch den Sportwagen unterstrichen. Von vorne sah es so aus, als würde sie entspannt im Porsche durch die Gegend cruisen.

Marcel Duchamp probierte ebenfalls mit der Präsentation seiner Kunst herum und ließ das Pissoir in seinem Atelier von der Decke baumeln wie eine fehlgeleitete Schaukel. Genauso wurde das Kunstwerk 2022 dann im Museum für Moderne Kunst in Frankfurt gezeigt. Es war eine skurrile Erfahrung, den Kopf in den Nacken zu legen, um in ein Pissoir zu gucken. Vielleicht zieht die Berliner Hipster-Bäckerei bald nach und hängt ihr Brot an die Decke.

KLO, KUCHEN, KIRCHE: HOMMAGEN AN DUCHAMP

2019 war ich auf der Kunstmesse *Art Basel.* Neben der Kunst konnte man hier vor allem geschmacklose Reiche beobachten. Mein Favorit war ein Typ, der drei Hüte übereinander trug, dazu eine sündhaft teure Designerjacke aus Kaffeesäcken und eine Jogginghose von Dior. Das weiß ich deshalb, weil mindestens hundert Mal »Dior« auf die Hose gedruckt war. Auf der Kunstmesse entstand spontan meine Fotoserie *Hässliche Schuhe auf der Art Basel.* Es ist eine sehr umfangreiche Reihe geworden, von Pumps mit bunten Holzbauklötzen als Absatz bis hin zu goldenen Moonboots war alles dabei.

Von der Kunst auf der Art Basel war ich wenig begeistert, bis ich zu einer Arbeit der Künstlerin Bethan Huws kam. Sie hatte eine anderthalb Meter hohe Schneekugel mit einem Pissoir befüllt, das konstant mit Flocken umwirbelt wurde. Eine Hommage an Marcel Duchamp, die mich direkt in Weihnachtsstimmung versetzte. Generell beziehen sich viele Kunstschaffende auf das Pissoir. Wenn man sich eingehender mit Kunst beschäftigt, kommt man an diesem Werk einfach nicht vorbei. Es ist das *Für Elise* der Moderne.

Einige Künstlerinnen und Künstler machen sich darüber lustig, dass die Kunstgeschichte dieses Werk so übertrieben abfeiert. Sophie Matisse hatte ich euch bereits mit ihrer *Mona Lisa*-Adaption vorgestellt, sie hat auch Konditoreikunst über Duchamp gemacht und passenderweise einen *Urinal-Kuchen* gebacken. Wer würde sich zum Geburtstag nicht über eine Toilettensteintorte freuen? Der Künstler Pablo Echaurren hat das Pissoir mit wilden Drachen in Keramikmalerei versehen und Ray Beldner hat es

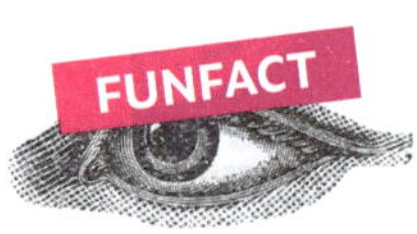

Im richtigen Kontext können Kunstwerke zusätzliche Kraft entfalten. Der Künstler Olaf Metzel stellt überdimensionierte, zerknüllte Zeitungen aus Metall her, die als riesige Installationen an der Wand hängen. Eine seiner Zeitungen behandelt einen Börsencrash. Gesehen habe ich das Werk ausgerechnet bei einem Vermögensberater. Da kriegt man doch richtig Bock, dem Typen sein Geld anzuvertrauen.

aus Dollarscheinen zusammengenäht. Sogar die Sängerin Lady Gaga hat sich ein Pissoir geschnappt und mit folgender Botschaft versehen: »I'm not fucking Duchamp but I love pissing with you.« Ein gewitztes Wortspiel, denn »pissing with you« bedeutet im Englischen nicht nur »mit dir zu pinkeln«, sondern auch »dich zu verscheißern«.

Es gibt das Urinal zudem in glattpoliert und glänzend, denn die Künstlerin Sherrie Levine hat Duchamps *Fountain* in Goldbronze gießen lassen – quasi die Golden Shower der Hochkultur. Sie überführt das Keramikobjekt zurück in ein traditionelles, wertvolles Material der Bildhauerei. Saul Melman wiederum hat es komplett übertrieben. Er hat das Pissoir in der Wüste von Nevada nachgebaut, und zwar in gigantischen Ausmaßen: Die begehbare Arbeit war etwa 7 Meter hoch und 13 Meter lang. Tatsächlich wirkte das Urinal durch die hohe, geschwungene Form wie eine Kathedrale. Das Ganze war Teil des *Burning Man*-Festivals und so wurde das Werk schließlich von Melman verbrannt. Was für ein Werdegang: vom bewunderten Klo zur brennenden Kirche. Das kann nur Kunst.

WORAN ERKENNE ICH KUNST? WERKE AUS ALLTAGSGEGENSTÄNDEN

Es ist eine weit verbreitete Auffassung von Kunst, dass gute Werke mit handwerklicher Leistung zusammenhängen. Marcel Duchamp hat genau dem widersprochen. Durch ihn wurde es möglich, ein industriell hergestelltes Produkt zur Kunst zu machen. Der Künstler musste gar nicht mehr selbst Hand anlegen, sondern das Objekt lediglich signieren. Die Signatur ist bei Kunstwerken ungefähr so wichtig wie die bunten Namensschilder von LKW-Fahrern – ohne geht eigentlich gar nichts. Andy Warhol hat genau das auf die Spitze getrieben und einfach Dollarscheine signiert. Schon lustig, dass man heute Tausende Dollar zahlen muss, um einen Warhol-Dollar zu bekommen.

Duchamp hat den Weg für einen neuen Kunstbegriff frei gemacht wie ein Bulldozer. Durch ihn ist die Kunst so viel reicher geworden, denn es gibt großartige Werke aus Alltagsgegenständen, beispielsweise *Mein Bett* von der Britin Tracey Emin, die oft autobiografisch arbeitet. Die Künstlerin hatte eine depressive Phase, in der sie tagelang das Bett nicht verlassen und sich hauptsächlich von Alkohol ernährt hat. Genau diesen chaotischen Haufen aus Flaschen und zerwühlten Laken hat sie ausgestellt. Tracey Emin meinte über ihr Werk, es sei »ein Selbstporträt aus Objekten«. Ihr Bett ist ein eindringliches Zeugnis einer Depression. Es macht die Auswirkungen dieser Erkrankung sehr anschaulich, denn normalerweise sehen wir die Rückzugsorte von Depressiven nicht.

2014 wurde *Mein Bett* für 3,2 Millionen Euro verkauft. 15 Jahre vorher gab es allerdings einen Zwischenfall, als die zwei chinesischen Künstler Cai Yuan und Jian Jun Xi ihre Performance *Zwei nackte Männer hüpfen in Traceys Bett* aufführten. Sie lieferten sich in der Londoner Tate Gallery in dem berühmten Bett eine Kissenschlacht. Erstaunlicherweise kamen beide ohne Strafe davon.

Wenn Alltagsgegenstände als Kunst ausgestellt werden, haben die Leute automatisch weniger Berührungsängste. Im Frankfurter Städel Museum gibt es ein Werk von Thomas Bayrle, der vor allem in den 1960er-Jahren die deutsche Kunstszene mitbestimmte. Er hat 4 200 Kondensmilchdosen aufgestapelt, sodass sie zusammen eine riesige Dose ergeben. Das Werk ist 1,80 Meter hoch, heißt *Glücksklee* und bezieht sich auf die Massenproduktion zu Zeiten des Wirtschaftswunders. Bayrle hat ein spaßiges Detail in sein Kunstwerk eingebaut: Eine einzige der über viertausend Dosen ist auf den Kopf gestellt. Wenn ich bei Führungen im

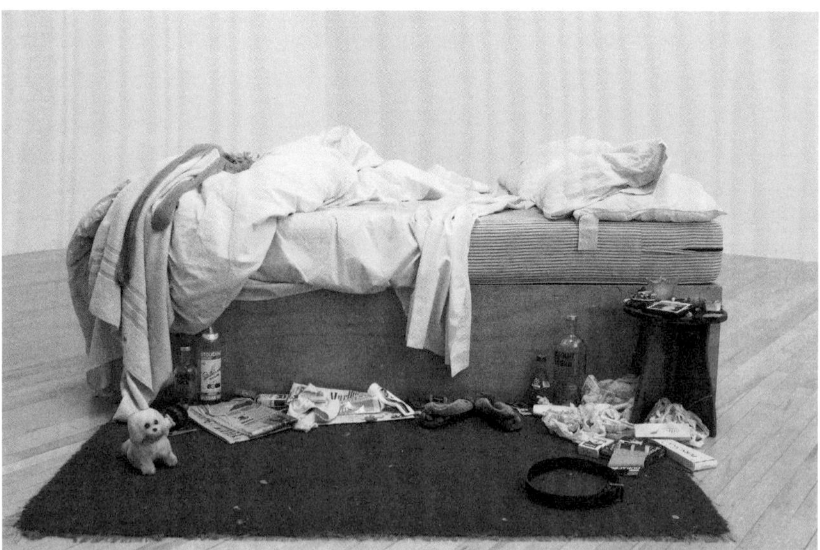

Tracey Emin: *Mein Bett*, 1998

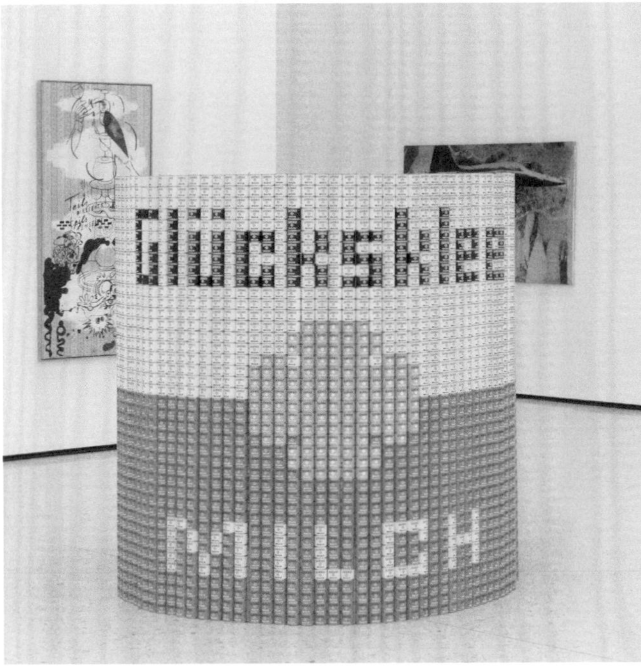

Thomas Bayrle: *Glücksklee*, 1969

Museum zu früh fertig war, habe ich die Gruppen immer diese eine Dose suchen lassen. Damit konnte ich locker fünf Minuten rumkriegen.

Ich habe einmal eine Museumsbesucherin beobachtet, die beim Dosenzählen unbedingt das Kunstwerk von Bayrle berühren wollte und zu Recht davon abgehalten wurde. Wie viel Spaß die Frau in der Dosenabteilung im Supermarkt haben muss. Bei dem Installationskünstler Félix González-Torres ist es okay, die Werke anzufassen. Es sind bunte Bonbonhaufen, aus denen man sich gerne bedienen darf. Allerdings haben diese Arbeiten einen sehr ernsten Hintergrund. Die Bonbonhaufen haben exakt das Körpergewicht des an Aids gestorbenen Geliebten von González-Torres, der ebenfalls an Aids starb. So bleibt einem die Süßigkeit plötzlich im Hals stecken.

FAKE IT TILL YOU MAKE IT

Das Künstlerduo Peter Fischli und David Weiss arbeitet viel an der Grenze zwischen Kunst und Alltag, ihr wunderbares Wurstfoto habe ich euch im Vorwort schon erläutert. Bei ihrem ersten Treffen sollen die bei-

DAS WERK IST DER HAMMER

Der Künstler Günther Uecker ist bekannt für seine Bilder, die komplett aus Nägeln bestehen. Einmal habe ich in einem Auktionskatalog einen von ihm signierten Hammer gesehen. Der Titel: *Do it yourself.* Der Joke traf den Nagel auf den Kopf! Ich habe kurz überlegt, mir das Werk zu kaufen, aber 450 Euro für einen Hammer? Das war mir dann doch zu viel. Ich liebe Alltagsgegenstände in der Kunst, aber mein Geld will ich dafür nicht ausgeben.

den gemeinsam durch ein Möbelhaus gegangen sein und so getan haben, als wären sie in einem Museum. Jedes Möbelstück haben sie betrachtet und besprochen wie ein Kunstwerk. Das ist eine hervorragende Idee für ein erstes Date. Wenn das Gegenüber da mitspielt, ist eine glückliche Beziehung garantiert.

Die beiden Künstler haben außerdem vermeintliche Baustellen in Museen platziert – mit Gabelstapler-Paletten, Arbeitstischen und verschiedenen Werkzeugen. An denen geht man vorbei und denkt sich: »Oh, hier ist offensichtlich jemand nicht fertig geworden.« Doch der Schein trügt, denn wenn man ganz genau hinguckt, sieht man, dass es keine Baustellen sind. Jeder einzelne Gegenstand ist täuschend echt aus Schaumstoff nachgebaut – jedes Brett, jeder Zigarettenstummel, sogar die Tafel Schokolade. Alles wurde in aufwendiger Feinarbeit geschnitzt und liebevoll bemalt. Der Kontrast könnte stärker kaum sein: Die Baustelle wirkt so achtlos hinterlassen, aber die Herstellung ist das exakte Gegenteil, eine minutiöse Planung und Arbeit.

Über ein anderes Werk von Fischli und Weiss habe ich meine Magisterarbeit geschrieben. Darin gehen Böller hoch, Leitern fallen krachend um, Metallkugeln schießen durch die Gegend. Es klingt wie eine Szene aus *Kevin allein zu Haus*, ist aber der Kunstfilm *Der Lauf der Dinge.* Eine halbe Stunde lang läuft da eine sehr kreative Kettenreaktion ab, die coole Variante vom *Domino Day* und ein tolles Beispiel für Kunst aus Alltagsgegenständen. Für ein Interview habe ich Peter Fischli in einer Hotellobby getroffen und ihn direkt gefragt: »Warum ist *Der Lauf der Dinge* lustig?« Mir fiel nämlich auf, dass all meine Freunde immer lachen mussten, obwohl in dem Film ja nur Gegenstände umfallen. Kaum hatte ich die Frage gestellt,

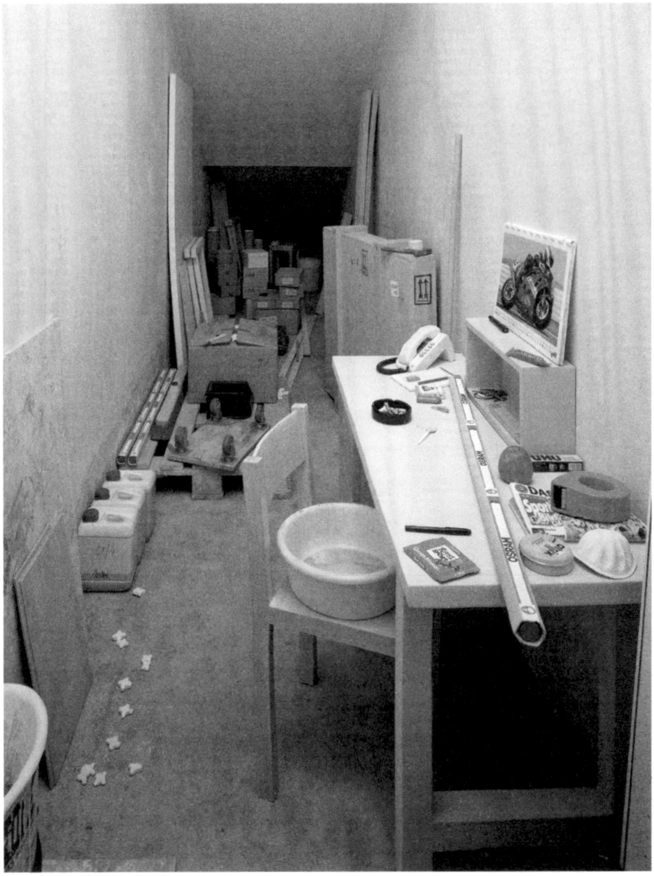

Peter Fischli und David Weiss: *Raum unter der Treppe*, 1993

habe ich die Beine übereinandergeschlagen und den kleinen Tisch zwischen uns aus Versehen mit voller Wucht umgetreten. Fischlis Kaffeetasse flog durch den Raum und zerbrach sofort in tausend Teile. Es war mir unfassbar peinlich, aber er hat nur geschmunzelt und meinte: »Ich glaube, deine Frage hast du dir gerade selbst beantwortet.«

EIN MEILENSTEIN

Manchmal läuft es auch umgekehrt und Gemälde werden zum Alltagsgegenstand: Der humoristische Künstler Martin Kippenberger hat 1987 ein Bild des Malers Gerhard Richter als Tischplatte für sein Möbelobjekt *Modell Interconti* benutzt. Kippenberger wollte seinen Kollegen anscheinend etwas aufziehen, denn seiner Meinung nach machte es sich Richter mit seinen einfarbig grauen Gemälden ein bisschen zu leicht. Heutzutage ist das Tischplatten-Bild locker ein paar Hunderttausend Euro wert. Bei so einem Tisch würde ich definitiv Untersetzer benutzen.

Ihr merkt, Kunst und Alltag durchdringen einander. Die Idee des Readymades hat es sogar bis in die Modewelt geschafft. Die Marke *Supreme* ist bekannt für ihre Skaterklamotten und hatte in den 2010er-Jahren einen großen Hype. 2016 kam dann die Sensation: *Supreme* brachte einen Backstein auf den Markt. Das war einfach ein handelsüblicher Stein mit dem großen *Supreme*-Logo drauf – ein Readymade des Modelabels. Der Backstein war für 30 US-Dollar zu haben, kostete bei eBay kurz danach aber bereits über tausend. Ein Haus aus *Supreme*-Backsteinen wäre auf jeden Fall ein beeindruckendes Statussymbol.

Seit Duchamp ist es möglich, so ziemlich alles zu Kunst zu erklären. Das zieht natürlich Spaßvögel an. Ich habe mal in einem Museum mitbekommen, dass jemand heimlich ein typisches kleines Erklärschild mit Künstler- und Werknamen neben einem normalen Stromkasten angebracht hat. Es dauerte mehrere Tage, bis das auffiel. In der Zeit dürften sich einige Leute viele Gedanken über diesen Stromkasten gemacht haben.

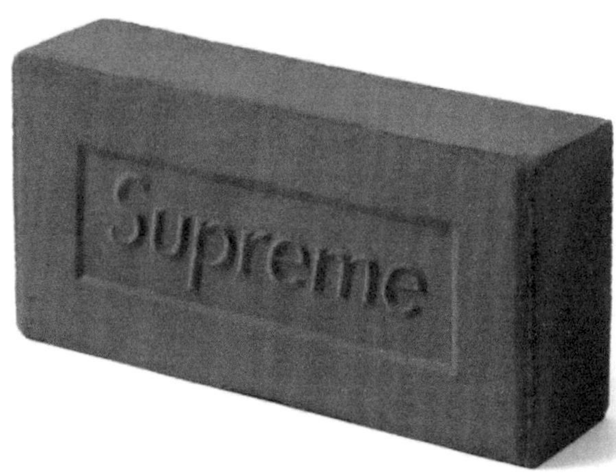

Supreme: *Backstein*, 2016

WC

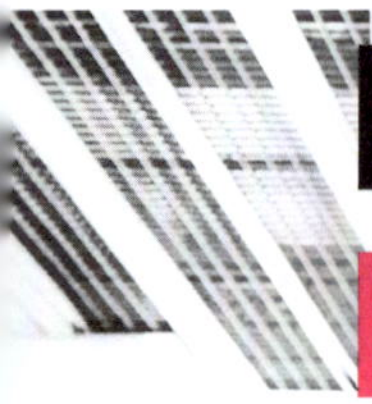

3/ KUNST IST KOPFKINO

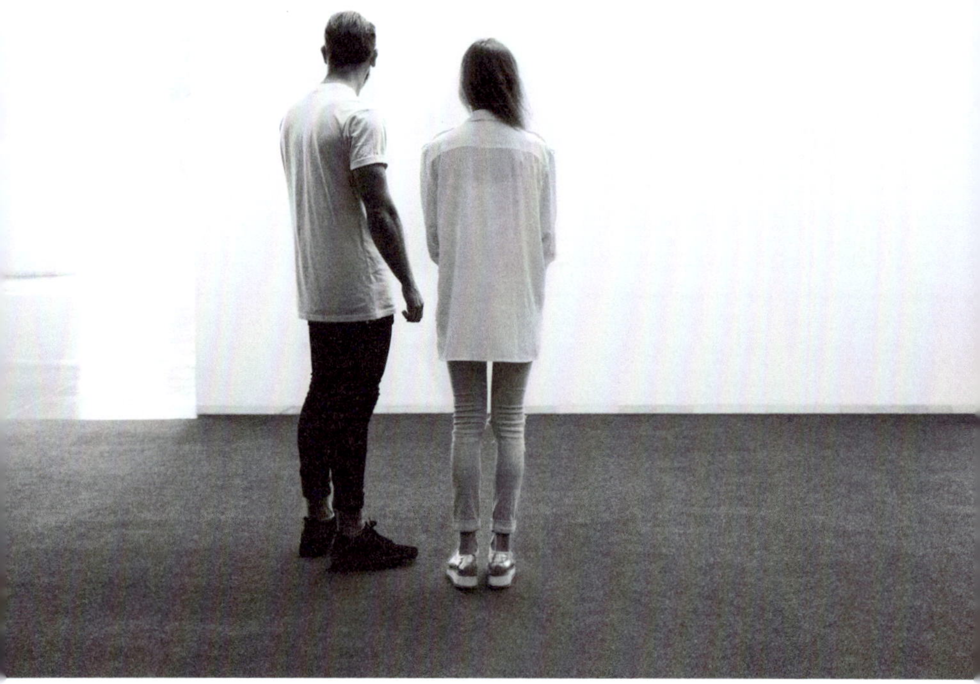

Wenn ein Start-up für viel Geld verkauft wird, obwohl es noch nichts außer einer gut klingenden Geschäftsidee hervorgebracht hat, nehmen wir das ganz selbstverständlich hin. Bei Kunst ist das anders: Hier erwarten wir sichtbare Ergebnisse, Bilder zum Davorstehen oder Skulpturen zum Herumgehen. Aber die Kunst spielt da nicht immer mit, denn es gibt etliche unsichtbare Werke. Die sind sogar besonders witzig. Der nächste Raum meiner Ausstellung ist also nur scheinbar leer. Unsichtbare Kunst ist ein riesiger Pool an absurden Ideen, in den man eintauchen will, und dieses Kapitel ist der Bauchklatscher.

WIE WIRD EIN GESPRÄCH ZUR KUNST?

Museen sind der perfekte Ort für Dates. Man kommt super ins Gespräch vor Bildern und wirkt dazu noch kultiviert. Einige meiner Freunde haben mein Kunstgeschichtsstudium gerne belächelt, bis sie dann eine Frau beeindrucken wollten. Plötzlich war mein Wissen sehr gefragt. Kunstcrashkurse für Kennenlerntreffen wären sicher ein lukratives Business, es reichen ja schon ein paar Begriffe, um Ahnung von Kunst vorzutäuschen. Mit dem Wort »pastos« kann man zum Beispiel immer punkten. Das heißt lediglich, dass die Farbe dick aufgetragen ist. Passt super, wenn man dick auftragen will.

In Museen lernt man aber auch ohne Date-Ambitionen spannende Leute kennen. Kürzlich hat mich in einer Ausstellung ein Künstler angesprochen, der laut eigener Aussage in einer Höhle lebte. Wir haben uns angeregt über die abstrakten Bilder an den Wänden unterhalten, er war definitiv ein unkonventioneller Typ. Wo lernst du sonst Leute kennen, die in einer Höhle wohnen? Okay, in einer Höhle. Aber wo sonst? Ich kann jetzt immerhin von mir behaupten, dass ich schon mal mit einem echten Höhlenmenschen gesprochen habe. Vielleicht war es aber auch nur eine Performance und ich bin komplett drauf reingefallen.

Eine sehr intensive Kunst-Begegnung hatte ich zusammen mit meinem Vater, der mich gerne in Museen begleitet hat, als ich angefangen habe, mich für Kunst zu interessieren. 2007 haben wir eine kleine Museumstour durch Deutschland gemacht. Wir waren in Hamburg und wollten dort im Kunstverein entspannt ein paar Bilder angucken. Aber als wir reinkamen, war ich direkt überfordert, denn die Wände waren einfach nur weiß und die Räume komplett leer. Mich hätte nicht gewundert, wenn gleich ein Makler auf mich zugeschossen wäre, um mir diese riesige leere Fläche anzupreisen. Stattdessen sprach mich ein kleiner Junge an und fragte: »Was ist Fortschritt für dich?« Mein Gedanke war nur: »Wenn du mich in Ruhe lässt, das wäre ein Fortschritt.« Was wollte dieser kleine Knirps von mir? Mein Vater ist jedoch deutlich kommunikativer als ich und so haben wir uns kurz mit dem Jungen unterhalten. Er ging mit uns ans Ende des ersten Raumes, dort kam ein etwa 15-jähriges Mädchen auf uns zu und hat das Gespräch weitergeführt. Unsere Konversation wurde übergeben wie ein Staffelstab. Im nächsten Raum war dann ein Mann Anfang dreißig und langsam wurde mir klar: Dieses Gespräch, das war die Kunst, die hier ausgestellt wurde.

Von Raum zu Raum wurden die Personen immer älter, es war wie ein Spaziergang durch die Generationen. Der Besuch endete bei einem Rentner, der mit meinem Vater hoch philosophisch diskutierte. Ehrlich gesagt, weiß ich nach all den Jahren nicht mehr ganz genau, worum es im Einzelnen bei den Gesprächen in der Ausstellung ging. Aber ich erinnere mich gut, dass mein Vater und ich uns danach noch lange angeregt unterhalten haben – über das Älterwerden und wohin man eigentlich will im Leben. Ich war damals 18 Jahre alt und hatte gerade mein Abitur gemacht. Das ist eine wichtige Zeit des Umbruchs und großer Fragen, wenn man nicht gerade wieder besoffen auf irgendeiner Abiparty rumhängt.

Die ganze Inszenierung im Hamburger Kunstverein war ein Werk des deutsch-britischen Künstlers Tino Sehgal und hieß *Dieser Fortschritt*. Sehgal malt keine Bilder, er kreiert Situationen. Sein künstlerisches Material sind Menschen. Die Personen, die seine Ideen ausführen, haben klare Vorgaben und dennoch die Freiheit, auf jede Wendung eines Gesprächs einzugehen. Sehgal wählt diese »Interpreten«, wie er sie nennt, teilweise in einem monatelangen Prozess aus. Mich würde sehr interessieren, wie dieses Casting abläuft. Es ist sicher nicht leicht, die richtigen Leute zu finden. Die Performenden sollen offen auf die Leute zugehen, aber nicht so aggressiv wie Amnesty International in jeder Fußgängerzone.

Arbeiten wie *Dieser Fortschritt* inszeniert Tino Sehgal an unterschiedlichen Orten. Das Highlight fand 2010 im Guggenheim Museum in New York statt. In der Mitte des Gebäudes ist ein großer, spiralförmiger Aufgang, der aussieht wie die Edelvariante einer Parkhausauffahrt. Dort langsam hochzulaufen ist die perfekte Art, Sehgals Kunst zu begegnen. In New York wurde außerdem seine Performance *Der Kuss* aufgeführt. Ein

Paar knutscht dabei minutenlang und stellt Küsse aus der Kunstgeschichte nach. Ich habe es noch nicht live gesehen, aber stelle es mir vor wie ein 16-jähriges Pärchen, das überall rummacht, bis jemand sagt: »Nehmt euch doch ein Zimmer.«

»Mein Arbeitsmaterial ist die Aufmerksamkeit.«

Tino Sehgal

Tino Sehgal möchte keine Dinge produzieren. Aus seiner Sicht ist die Welt schon überfüllt genug. Stattdessen will er Erlebnisse kreieren, der Jochen Schweizer der Kunstwelt also. Ihm geht es darum, dass die Besucherinnen und Besucher in seine Werke eintauchen und komplett im Moment sind. Von seinen Arbeiten darf es keine Fotos, Videos oder sonst irgendwelche Aufzeichnungen geben. Das erinnert mich ein bisschen an das Berghain, ein exklusiver Technoclub in Berlin. Dort wurde ebenfalls direkt meine Handykamera abgeklebt, als ich reinkam. Ich erzähle das übrigens nur, um damit anzugeben, dass ich schon mal im Berghain war. Sehgal ist so rigide, er verbietet sogar Katalogtexte zu seiner Kunst. Ich fühle mich wie ein richtiger Outlaw, dass ich gerade trotzdem darüber schreibe.

Doch wovon lebt Sehgal? Wie verkauft man ein Gespräch? Ganz simpel: mit einem mündlichen Vertrag, was bei Sehgals Kunst ja auch absolut Sinn ergibt. Wenn ein Museum eines seiner Werke erwerben möchte, gibt es ein Treffen bei einem Notar. Dort erklärt der Künstler sein Konzept und die Museumsleute müssen das auswendig lernen. Sie dürfen sich keine Notizen machen, es wird kein Papier verwendet. Ein Albtraum für jede Buchhaltung! Wenn die Erinnerungen an das Werk von Sehgal verloren gehen, ist die Kunst unwiderruflich weg. Mit diesem Wissen machst du dich als Museumsmitarbeiter quasi unkündbar.

Das Schöne an Sehgals Aktionen ist, dass sie dich aus deiner Routine herausreißen und in völlig neue Situationen werfen. Im Alltag bewegen wir uns oft komplett im Tunnel, interagieren nach Möglichkeit mit niemandem. Wer jemals in einer Großstadt U-Bahn gefahren ist, weiß auch, warum. Ich trage unterwegs fast immer große Kopfhörer, mit denen ich aussehe wie die Mischung aus Hochzeits-DJ und Arbeiter am Presslufthammer. Das strahlt automatisch aus: »Sprich mich nicht an!« Im Gegensatz zu dieser täglichen Hektik und Anonymität schafft Tino Sehgal Gespräche, die man mit Fremden nicht einfach so führen würde.

Dieses Konfrontieren mit Unvorhersehbarem ist in meinen Augen das Großartige an Kunst. Sehgal wirft in seinen Arbeiten Fragen auf, denen wir sonst gerne aus dem Weg gehen. Ich weiß noch, dass ich jahrelang auf dem Weg zur Arbeit an diversen Graffiti vorbeikam. Auf einer Wand stand in großen Buchstaben: »Bist du glücklich?« Es hat mich richtig genervt, das jeden Tag lesen zu müssen, also war die Frage anscheinend angebracht. Bei Tino Sehgal geht es um genau diese Denkanstöße.

Im Nachhinein bin ich sehr froh, dass ich mich damals in Hamburg auf die Arbeit von Sehgal eingelassen und den kleinen Jungen nicht weggeschickt habe. Sonst hätte ich eine besondere Erfahrung verpasst, so wie eine Arbeitskollegin von mir. Sie war ein paar Jahre später in einem Museum mit einer Ausstellung von Sehgal. Eine Performerin sprach sie an, aber meine Kollegin lehnte ab, weil sie dachte, es sei eine nervige Umfrage.

UNSICHTBARE KUNST FÜR 15 000 EURO

Im Jahr 2021 wurde eine Skulptur des Italieners Salvatore Garau für 15 000 Euro verkauft. Daran ist zunächst nichts Besonderes. Aber das Skandalöse war: Das Kunstwerk mit dem Titel *Ich bin* ist unsichtbar. Auf dem Boden wird einfach ein Bereich von der Größe 1,50 × 1,50 m mit weißen Streifen markiert. Fertig. Man muss sich diese unsichtbare Skulptur vorstellen wie Harry Potter – nur eben im Tarnumhang. Dazu gibt's dann noch ein Zertifikat über die Echtheit, damit die Unsichtbarkeit nicht gefälscht werden kann.

Der Künstler hat ein Video von seinem Werk gemacht und auf YouTube gestellt. An der Geschichte mag ich vor allem das Detail, dass die Installation vor dem Mailänder Opernhaus in HD-Qualität gefilmt wurde – nichts zu sehen, aber dafür gestochen scharf. Wenn man diese künstlerische Arbeit kauft, muss man sich zu Hause die markierte Fläche freihalten und die Skulptur dort »aufstellen«. Ob an der Stelle gestaubsaugt werden darf, ist unklar. Nicht, dass man die unsichtbare Skulptur wie bei den *Ghostbusters* aus Versehen einsaugt. Das Werk bietet mindestens zwei Vorteile: Es passt zu jeder Einrichtung und ist diebstahlsicher.

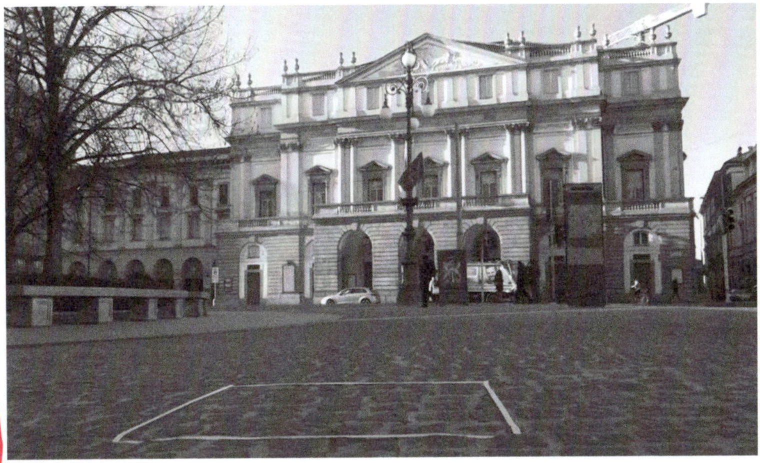

Salvatore Garau: *Ich bin*, 2021
(Screenshot aus einem YouTube-Video des Künstlers)

Wobei ein Überwachungsvideo großartig wäre, auf dem man sieht, wie die unsichtbare Skulptur pantomimisch geklaut wird.

Viele Leute haben sich über diese Geschichte tierisch aufgeregt. Aber warum sollte man nicht einfach behaupten, dass eine unsichtbare Skulptur existiert? Mit Gott ist das ja nicht anders, den hat ebenfalls noch niemand zu Gesicht bekommen. So gesehen funktioniert unsichtbare Kunst wie eine Religion. Die Kunst von Salvatore Garau hat den praktischen Vorteil, dass man bei einem klar abgetrennten Bereich wenigstens weiß, wo man nach dem Unsichtbaren suchen soll. So ein großer »Himmel« ist da schon deutlich schwieriger.

Die emotionalen Reaktionen zeigen, was Leute von Kunst erwarten, nämlich dass sie sichtbar ist. Wir wollen einen Gegenstand zum Anschauen haben, so war es über Jahrhunderte. Dabei sind Ideen unsichtbar, sie werden durch Kunst nur materialisiert. Salvatore Garau stellt also seine Idee aus und überlässt den Rest unserer Vorstellungskraft, sein leerer Bereich ist eine Projektionsfläche. Manche Menschen lassen hier ihre Fantasie spielen, andere empfinden es als Zumutung. Für den Künstler war die Aktion ein gelungener Promo-Stunt. Vorher war er weitgehend unbekannt und mit einem Mal landete er international in den Schlagzeilen.

HASS AUF VÖGEL

Dabei ist die Idee von unsichtbarer Kunst nicht neu. Der Franzose Yves Klein hat sich viel damit beschäftigt. 1946 hat er sein erstes »immaterielles Gemälde« geschaffen, indem er den Himmel signiert hat. Er meinte dazu: »An diesem Tag begann ich die Vögel zu hassen, weil sie an meinem blauen, wolkenlosen Himmel hin und her flogen und versuchten, Löcher in mein größtes und schönstes Kunstwerk zu bohren.« Wie genau er den Himmel signiert hat, ist leider nicht überliefert. Ein Kunstflugzeug mit Rauchsignatur wäre nur angemessen gewesen.

1958 stellte Yves Klein dann eine leere Galerie aus, allein zur Eröffnung kamen 3000 Leute. Viele Menschen standen also in einem Raum und haben getrunken – so etwas nennt man auch Bar. Es ging um ein Spiel mit der Wahrnehmung, denn natürlich schaut man sich den leeren Raum plötzlich ganz anders an, wenn er mit großem Tamtam präsentiert wird. Später verkaufte Yves Klein zudem immaterielle Kunstwerke gegen Gold. In einer Zeremonie wurde die Quittung für das Werk verbrannt und der Künstler warf die Hälfte des Goldes in einen Fluss. Er wollte damit den ideellen und schwer bezifferbaren Wert von Kunst thematisieren. An seiner Stelle hätte ich unter Wasser einfach einen Taucher das Gold auffangen lassen.

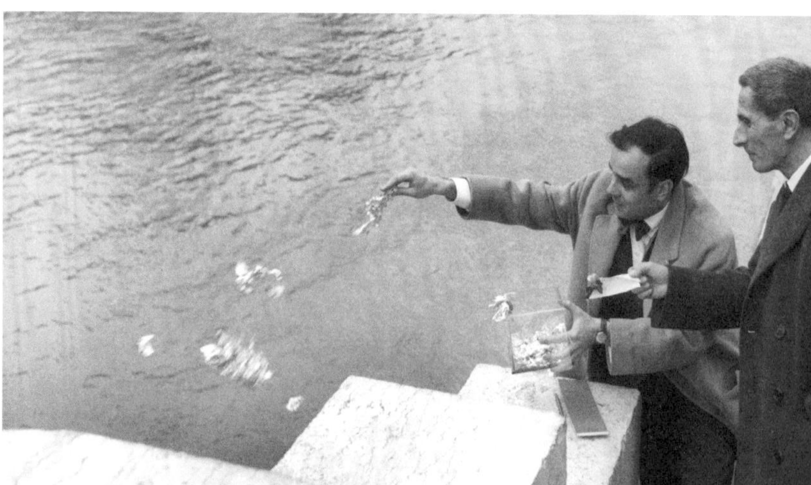

Der Künstler Yves Klein übergibt im Januar 1962 in Paris einen »Immateriellen Ort malerischer Empfindsamkeit« an Dino Buzzati.

Yves Klein hat mit seinen immateriellen Werken einen sehr unterhaltsamen Ideenwettbewerb in der Kunst losgetreten. Es spornt die Kreativität an, was man alles mit Nicht-Sichtbarem machen kann. Ich bin ein großer Fan des US-amerikanischen Künstlers Tom Friedman. Er hat beispielsweise ein leeres Blatt Papier ausgestellt mit dem Titel *1 000 Stunden Anstarren*. Laut eigener Aussage hat er fünf Jahre lang daran gearbeitet. Wie hat er seinem Umfeld bitte seinen Arbeitsalltag erklärt? Für ein anderes Werk heuerte Friedman eine professionelle Hexe an, um einen leeren Sockel zu verfluchen. Ob nach allen Regeln der Kunst mit Schneckenschleim und Krötenauge oder einfach nur per Zauberspruch, ist bedauerlicherweise nicht bekannt.

Eine andere hervorragende Luftnummer kommt von Maurizio Cattelan, der zu Recht als Hofnarr der Kunstwelt bezeichnet wird. Er hatte 1991 eine Ausstellung in Mailand, aber kein Werk dafür. Also ist er zur Polizei gegangen und hat ein unsichtbares Kunstwerk als gestohlen gemeldet. Den Polizeibericht davon hat er dann gerahmt und ausgestellt. Das ist die durchgespielte Version der Schülerausrede »Der Hund hat meine Hausaufgaben gefressen«.

NICHTS ALS HEISSE LUFT?

Vor ein paar Jahren habe ich tatsächlich selbst unsichtbare Kunst gekauft. Allerdings habe ich keine 15 000 Euro dafür ausgegeben, sondern lediglich 50 Cent. Das Werk hieß *Luftspender* und stammte von Yoko Ono, die nicht nur die Ehefrau von John Lennon war, sondern vor allem eine vielseitige Künstlerin. Worum handelt es sich bei den *Luftspendern*? Das sind Automaten, an denen man kleine Plastikkapseln mit Luft drin erwerben kann. Ich habe mir zwar schon sinnlosere Sachen im Leben gekauft, zum Beispiel die Maxi-CD des Songs *Maschendrahtzaun* von Stefan Raab, aber Geld für Luft auszugeben fühlte sich dennoch komisch an. Genau diesen absurden Effekt möchte Yoko Ono erzielen, indem sie unsere Lebensgrundlage als Ware anbietet. Sie möchte auf den besonderen Stellenwert von Luft hinweisen, die wir so selbstverständlich hinnehmen. Ich habe meine Luftkapsel bis heute nicht aufgemacht. Wer weiß, wie sich das Klima entwickelt, dann habe ich zumindest einen Atemzug sicher.

All diese Aktionen zeigen: Die Bandbreite an nicht sichtbarer Kunst ist erstaunlich groß. Es sind allesamt grandiose Gedankenexperimente. Und ist es nicht eine der Hauptaufgaben von Kunst, unsere Fantasie anzuregen?

ES GEHT UM DIE IDEE: KONZEPTKUNST

Unsichtbare Werke haben ihren Ursprung in der Konzeptkunst, die sich in den 1960er-Jahren entwickelte und das kreative Schaffen revolutionierte. Hier stand die Idee im Vordergrund und die musste nicht mal mehr ausgeführt werden. Werke der Konzeptkunst sind oft Texte, Skizzen oder Pläne. Der US-Amerikaner Joseph Kosuth arbeitete viel mit Sprache und so veröffentlichte er seine Arbeiten beispielsweise im Anzeigenteil von Zeitungen. Konzeptkunst wurde nicht mehr als etwas Handwerkliches verstanden, sondern vielmehr als Denkarbeit. Der Künstler Robert Barry nahm deshalb an einer Ausstellung nur noch telepathisch teil. So würde ich es mit manchen Zoom-Calls auch gerne halten.

Manche haben es mit ihrem Konzept komplett übertrieben. Wir alle haben als Kinder mal so weit gezählt, wie wir konnten, und spätestens bei

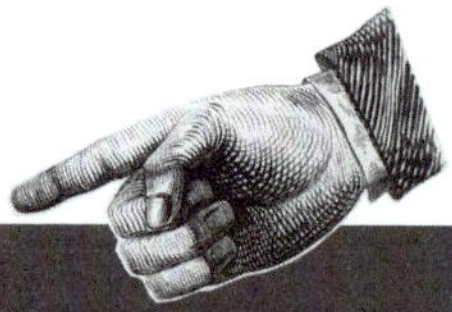

WIE PRÄSENTIERT MAN VIRTUELLE KUNST?

Seit es Computer gibt, nutzen Kreative digitale Werkzeuge, um Kunst zu erschaffen. Künstliche Intelligenz wirbelt aktuell die gesamte Kunstszene durcheinander, mit einem Mal lassen sich alle möglichen Bilder nur durch Texteingabe generieren. Aber wie präsentiert man eigentlich diese nicht greifbare digitale Kunst? Im Museum kann das beispielsweise mit Bildschirmen, Hologrammen oder Virtual-Reality-Brillen passieren. Es gibt aber auch im Internet digitale Kunsträume mit abgefahrener Architektur, durch die man sich mit einem Avatar bewegen kann. In der Regel hängen die Kunstwerke in den digitalen Ausstellungen wie im echten Leben an den Wänden. Einen realen Museumsbesuch kann das in meinen Augen noch nicht ersetzen, denn meist fühlen sich die Rundgänge wie mittelmäßige Computerspiele an. Aber es macht Spaß, dass man in digitalen Museen auf Skulpturen herumspringen kann. Ich bin sehr gespannt, was da in Zukunft noch alles kommt.

Roman Opałka: *1965/1-∞*, 1965

1 000 aufgehört, aber Zahlenkünstler Roman Opałka hat das 46 Jahre lang durchgezogen. 1965 hat er das erste seiner *Unendlichkeitsgemälde* geschaffen. Darauf waren die Zahlen 1 bis 35 327 alle ganz klein nebeneinandergeschrieben. Warum tut man sich so etwas freiwillig an? Das ist Selbstgeißelung in Kunstform. Doch Opałka hat immer weitergemacht mit dem Malen von Zahlen. Spätestens bei einer Million hätte er ja sagen können: »So, ist gut jetzt. Ich glaub, ihr habt's verstanden.« Nix da. Bis zu seinem Tod im Jahr 2011 hat Opałka wie besessen weitere *Unendlichkeitsgemälde* produziert, seine letzte Zahl war 5 607 249. Irgendwann kommst du aus der Nummer ja auch nicht mehr raus, im wahrsten Sinne.

Und als wäre das nicht genug, hat Opałka nach jedem Arbeitstag ein Foto von sich aufgenommen und zu jedem Bild eine Tonaufnahme gemacht, wie er die Zahlen vorliest – der perfekte Podcast zum Einschlafen. Dem Künstler ging es um die Reflexion der eigenen Vergänglichkeit und gleichzeitig um das Ergründen der Unendlichkeit. Ich glaube, Opałka war eigentlich Graf Zahl, als Künstler getarnt. Aber man muss anerkennend festhalten: Nur sehr wenige haben ihr künstlerisches Konzept so konsequent verfolgt.

KUNST

4/
GENIE UND WAHNSINN IST QUATSCH

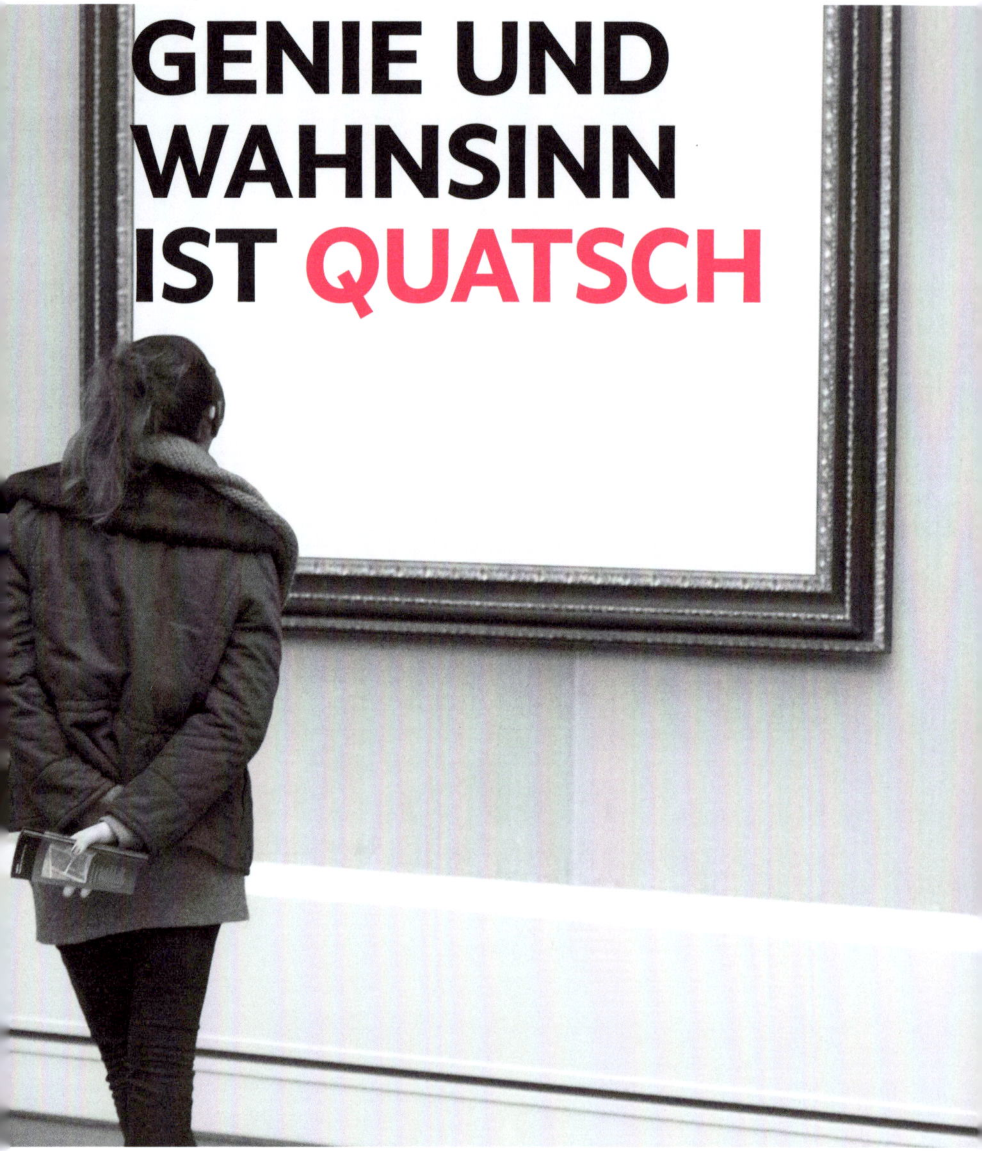

Exzess, Partys, Aufstehen um 13 Uhr, jeden Tag Kater und gelegentlich ein Bild malen. So oder ähnlich stellen sich viele Menschen das Leben von Künstlerinnen und Künstlern vor und in den meisten Fällen ist das absoluter Quatsch. Weit verbreitet ist außerdem das Image der Hochbegabten, die zwar ein unglaubliches Talent, aber dafür einen kompletten Sockenschuss haben. So als würde das Schicksal einen Preis für Genialität verlangen. Wenn du als Künstler pünktlich und nüchtern zu einem Termin kommst oder älter als 40 wirst, sind die Leute tief enttäuscht. Dieses Kapitel räumt mit Mythen auf, die rund um große Namen wie van Gogh, Beuys oder Dalí kursieren.

WARUM MICH VAN GOGHS OHR NERVT: MYTHEN IN DER KUNST

Vincent van Gogh ist der Klischeekünstler schlechthin, er ist der Inbegriff von Genie und Wahnsinn. Man kann keines seiner Werke angucken, ohne an sein Ohr zu denken, selbst wenn man vor einem Landschaftsbild von ihm steht. Van Goghs größtes Alleinstellungsmerkmal ist ein fehlendes Körperteil. Das gibt es sonst nur bei der Sphinx. In der Kunstgeschichte wird dazu eine hitzige Diskussion geführt: Hat sich van Gogh das ganze Ohr abgeschnitten oder nur einen Teil? Zu diesem Thema gibt es diverse Bücher und Aufsätze. Es geht dabei so viel ums An- oder Abschneiden, die ganze Debatte liest sich wie ein Gulaschrezept.

> *»Ich kann mir nicht jeden Tag ein Ohr abschneiden.«*
>
> Martin Kippenberger

Niemand verkörpert den Mythos des leidenden Künstlers mehr als van Gogh. Allerdings stimmen viele Legenden über ihn nicht, wie der Kunsthistoriker Stefan Koldehoff in seinem Buch *Van Gogh: Mythos und Wirklichkeit* aufzeigt. Die Geschichte mit dem abgeschnittenen Ohr dient oft als vermeintlicher Beleg dafür, dass van Gogh ein verrückter Künstler war und nur wegen seiner Krankheit so besondere Werke geschaffen hat.

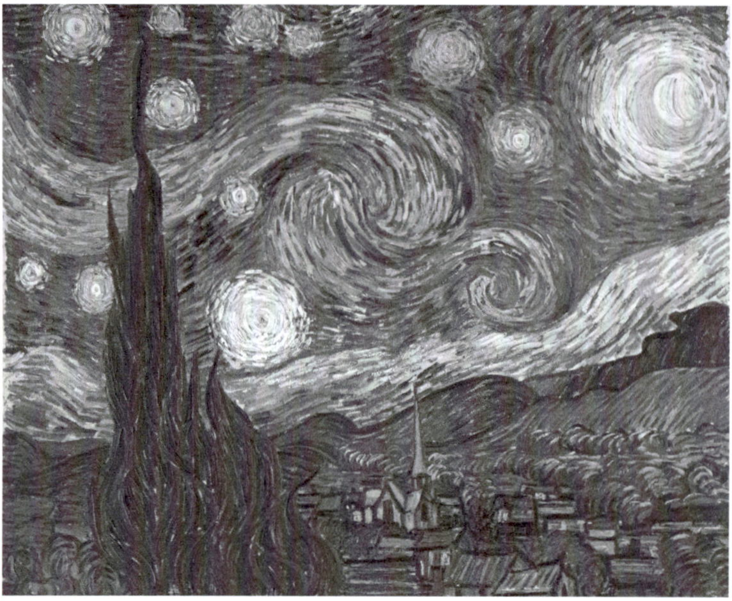

Vincent van Gogh: *Sternennacht*, 1889

Dabei ist bis heute nicht klar, was für psychische Probleme er genau hatte. Viele denken, seine Bilder seien wie im Wahn entstanden, rauschhaft gemalt, völlig von Sinnen. Das Gegenteil ist der Fall. Mit van Goghs Bildern ist es wie mit dem Outfit beim ersten Date: Alles soll möglichst hingeworfen und locker wirken, aber es steckt viel Planung dahinter. Das erkennt man an seinen vielen Entwurfsskizzen und unterschiedlichen Versionen ein und desselben Motivs. Van Gogh hat seine Meisterwerke sehr genau vorbereitet, probierte herum und machte sich Gedanken über den Bildaufbau. All das tat er mit hoher Geschwindigkeit, teilweise malte er mehrere Bilder pro Tag.

Weit verbreitet ist außerdem der Mythos, van Gogh habe zu Lebzeiten nur ein einziges Bild verkauft und sei gänzlich unbekannt gestorben. Er war zwar nicht super berühmt, aber den Leuten in Pariser Kunstkreisen durchaus ein Begriff. Das lag unter anderem an seinem Bruder Theo, der als Kunsthändler Vincents Werke pushte. Van Gogh beteiligte sich zu Lebzeiten an sieben Ausstellungen und hat deutlich mehr als nur einen Abnehmer für seine Werke gefunden.

WIR WOLLEN ACTION UND DRAMA

Woher kommt dann das Image von van Gogh als impulsives, verkanntes Genie? Einen großen Anteil daran hat der Kunsthistoriker Julius Meier-Graefe. Er hat die erste Biografie über van Gogh und später auch einen Roman über ihn geschrieben. Von ihm stammen starke Statements wie das hier: »Van Gogh war der Christus der modernen Kunst. Er hat für viele geschaffen, noch mehr für viele gelitten.« Das klingt, als hätte sich der Maler höchstpersönlich ans Kreuz der Kunst genagelt. Es ist interessant zu wissen, dass Meier-Graefe selbst mehrere Werke des Künstlers besaß, quasi Van-Gogh-Aktien. Dadurch profitierte der Buchautor selbst vom Kursgewinn, den er mit dem Geniekult auslöste. Außerdem trieben die Messiasvergleiche und Irrenhausstorys über van Gogh die Auflage in die Höhe. Wir wollen Action und Drama! Kein Mensch kauft ein Buch über irgendeinen Rüdiger, der seine Werke in Ruhe konzipiert. Wir wollen einen manischen Maler und keinen peniblen Planer.

Bis heute kann man mit dem Mythos um van Gogh viel Geld verdienen. 2019 wurde eine völlig verrostete Pistole für 162 500 Euro verstei-

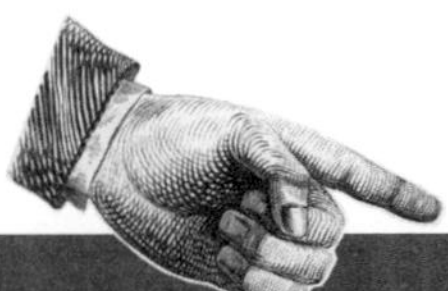

SCHMERZ ALS KUNST

Es gibt auf YouTube ein Video von einem Mann, der 217 Walnüsse in nur 60 Sekunden mit dem Kopf knackt. Seine Stirn ist danach zwar voller Blut, aber er hat es ins Guinness-Buch der Rekorde geschafft. Wie kommt man auf so eine dumme Idee? Hier geht es eigentlich nur darum, möglichst viel Schmerz auszuhalten. Bei manchen Kunstwerken kriegt man einen ähnlichen Eindruck, da wird das künstlerische Leiden komplett übertrieben. So etwa bei Chris Burden, der viel mit seinem eigenen Körper arbeitete. Er hat sich von einem Freund in einer Galerie einfach in den Arm schießen lassen – ein Freundschaftsbeweis der etwas anderen Art. Und 1974 ließ sich Burden dann auf einem VW-Käfer kreuzigen, indem Nägel durch seine Hände geschlagen wurden. Aus großem Leid gehen große Werke hervor? Ja, oder halt auch nicht.

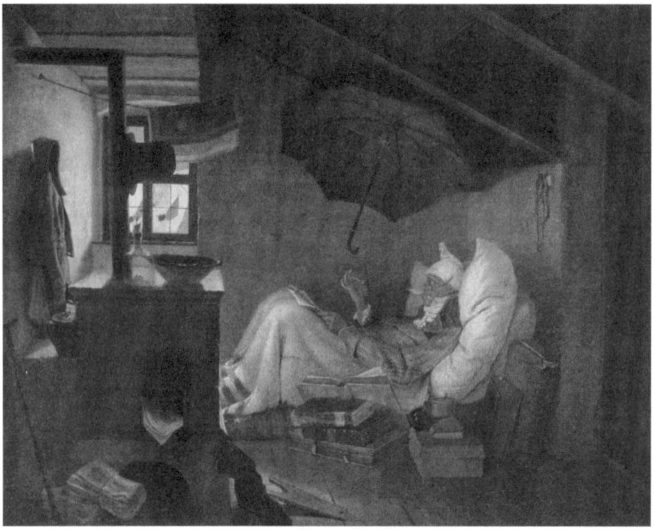

Carl Spitzweg: *Der arme Poet*, 1839

gert. Der einzige Grund für diesen gnadenlos überzogenen Preis war, dass sich van Gogh damit erschossen haben soll. Dabei ist nicht mal gesichert, ob van Gogh sich überhaupt selbst umgebracht oder eine Gruppe Jugendlicher ihn aus Versehen erschossen hat – ein klarer Fall für *Aktenzeichen XY*. Außerdem weiß niemand, ob die versteigerte Pistole die Originalpistole ist, von der van Gogh getroffen wurde. Angeblich wurde die Waffe 1960 auf einem Acker in der Nähe des Ortes ausgebuddelt, wo der Künstler damals verletzt aufgefunden wurde. Um ein Vermögen für diese Pistole auszugeben, wäre mir die Faktenlage eindeutig zu dünn. Die wichtigste Frage ist aber: Warum kauft jemand so etwas? Als Deko fürs Gästezimmer ist die Pistole mit ihrer Geschichte eher ungeeignet. Die Leute erwerben die absurdesten Sachen, solange sie von prominenten Personen stammen: 2006 etwa wurde für 25 000 US-Dollar ein Nierenstein des Schauspielers William Shatner verkauft, der vielleicht heute an irgendeiner Halskette baumelt.

ARM, ABER SEXY

Im Fall von van Gogh wird nicht nur Krankheit romantisiert, sondern auch Armut. Seine Geldnot ist fast schon legendär und wird gerne zur Erklärung seiner Bilder herangezogen. Als würde man einem Meisterwerk ansehen, dass der Künstler nur Nudeln mit Ketchup gegessen hat. Armut ist eine kreative Triebfeder – so was können auch nur Leute mit Geld sagen. Schon der Künstler Carl Spitzweg hat sich im 19. Jahrhundert mit seinem bekannten Bild *Der arme Poet* über dieses Stereotyp lustig gemacht und es überzeichnet. Das Gemälde zeigt einen Literaten, der in einer ärmlichen Wohnung haust, das Problem des undichten Dachs löst er mit einem Regenschirm am Bett. Er schreibt konzentriert, muss aber zum Heizen seine eigenen Schriften verfeuern – ein ewiger Kreislauf.

Ein anderes beliebtes Vorurteil ist, dass Kunstschaffende andauernd von irgendeiner Muse geküsst werden. Das rückt die Kunst in ein komisches Licht, als müsste man dafür nicht hart arbeiten, sondern einfach nur auf eine geniale Idee warten. Dabei ist Kreativität für die meisten ein langwieriger, anstrengender Prozess. Gute Ideen schüttelt man nicht aus dem Ärmel. Das wissen alle, die schon mal eine Hochzeitsrede halten mussten. Der Maler Sigmar Polke hat diese romantische Vorstellung von künstlerischer Eingebung treffend auf die Spitze getrieben. Er hat auf eine weiße Leinwand geschrieben: »Höhere Wesen befahlen: rechte obere Ecke schwarz malen.« Und dann hat er genau das gemacht. Die höheren Wesen hatten offenbar Bock auf ein sehr simples Bild. Über Kunstschaffende werden viele Mythen gesponnen und vieles wird dabei verklärt. Aber große Kunst kann man auch mit zwei Ohren erschaffen, ihr braucht euch dafür keines abzuschneiden.

SPAZIERGANG MIT EINEM AMEISENBÄREN – SELBSTINSZENIERUNG UND IMAGEPFLEGE

Salvador Dalí malte nicht nur die zerfließenden Uhren, er war auch Weltmeister darin, sich als ausgeflippter Künstler zu inszenieren. Auf Fotos riss er jedes Mal die Augen auf, als hätte er gerade acht Liter Red Bull geext. Der schmale Schnurrbart wurde schnell zu seinem Markenzeichen. Diesen zwirbelte er sich angeblich mit dem Kot eines Ozelots, dagegen klingt »Bartwichse« richtig einladend. Als er 28 Jahre nach seinem Tod exhumiert wurde, war der Schnurrbart übrigens immer noch intakt. An Dalí wird anschaulich, wie wichtig die Selbstvermarktung für Kunstschaffende ist.

Dalí wusste genau, wie er sich öffentlichkeitswirksam zu präsentieren hatte und wie er für Gesprächsstoff sorgte. Eines seiner Bilder malte er in einem Nashorngehege und 1969 sorgte er für großes Aufsehen, als er durch Paris spazierte. An der Leine hatte er einen Ameisenbären, was aussah, als sei er mit einem flauschigen Laubbläser unterwegs. Dalí lebte sein extravagantes Künstlertum maximal aus. Wenn er mit mehreren Leuten essen war, zahlte er die Rechnung mit einem Scheck. Auf die Rückseite machte er eine schnelle Zeichnung. Deshalb blieb sein Konto stets verschont, denn die Restaurants lösten diese Schecks natürlich nie ein. Lieber behielten sie den Scheck samt Originalskizze von Dalí. Eine ausgefuchste Win-win-Strategie!

»Ich nehme keine Drogen.
Ich bin eine Droge.«

Salvador Dalí

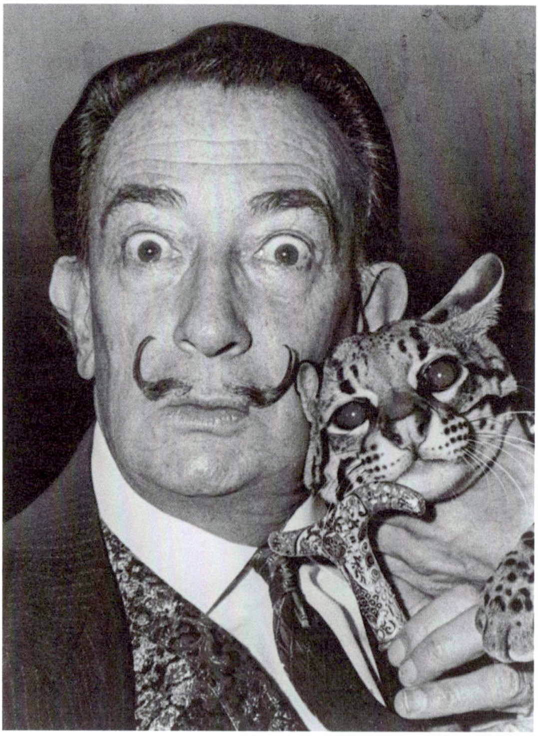

Roger Higgins: *Salvador Dalí mit Ozelot*, 1965

ZWISCHEN LÜGE UND LEGENDE

Teilweise kreieren Künstlerinnen und Künstler auch Legenden über sich selbst. Ein Mythos, der sich bis heute hält, stammt von Joseph Beuys, einem wichtigen deutschen Aktionskünstler der 1960er- und 1970er-Jahre. In diversen Interviews erzählte Beuys, dass er als junger Soldat im Zweiten Weltkrieg nach einem Flugzeugabsturz auf der Krim acht Tage lang von Einheimischen gesund gepflegt wurde. Es ist eine echte Abenteuergeschichte. Beuys' Wunden wurden demnach mit tierischem Fett versorgt und Filz hielt ihn warm. Beide Materialien benutzte Beuys später oft in seinen Werken, was er mit diesem prägenden Erlebnis begründete. Die perfekte Ausrede, um Museen mit ranzigem Fett und kratzigem Filz vollzustopfen. Später stellte sich heraus: Mit der Wahrheit nahm es Beuys wohl nicht allzu genau. Der Flugzeugabsturz ist eine belegte Tatsache, der Rest jedoch nicht. Selbst seine Ehefrau zweifelte die Story öffentlich an. Man sollte also nicht alles glauben, was Künstler so von sich geben.

Besondere Vorsicht ist auch bei dem Maler Ernst Ludwig Kirchner geboten, der vor allem für seine Gemälde von Berliner Straßenszenen bekannt ist, aber auch für seine intensive Imagepflege. Kirchner war sehr unzufrieden damit, wie über ihn in den Zeitungen geschrieben wurde, oft beschwerte er sich bei Redaktionen und merkte sogar Schreibfehler an. Allerdings gab es einen Kunstkritiker, den er enorm schätzte: Louis de Marsalle. Der berichtete äußerst wohlwollend über Kirchner und lobte dessen Werke in den Himmel. Kein Wunder, denn Kirchner hatte sich den Kritiker selbst ausgedacht. Manche Zeitgenossen haben erst spät realisiert, dass sie komplett an der Nase herumgeführt wurden. Als zu viele Leute den Kunstkritiker kennenlernen wollten, ließ Kirchner ihn spontan sterben. Ich würde Louis de Marsalle für eine Kritik dieses Buches gerne wiederbeleben.

FUNFACT

1954 wurde Dalís Schnurrbart ein komplettes Buch gewidmet. Erstellt wurde es von dem Fotografen Philippe Halsman und dem Künstler selbst. In St. Petersburg ist der Schnurrbart seit 2011 sogar eine Touristenattraktion, und zwar als zwölf Meter lange Plastik. Ein ziemlich haariges Highlight!

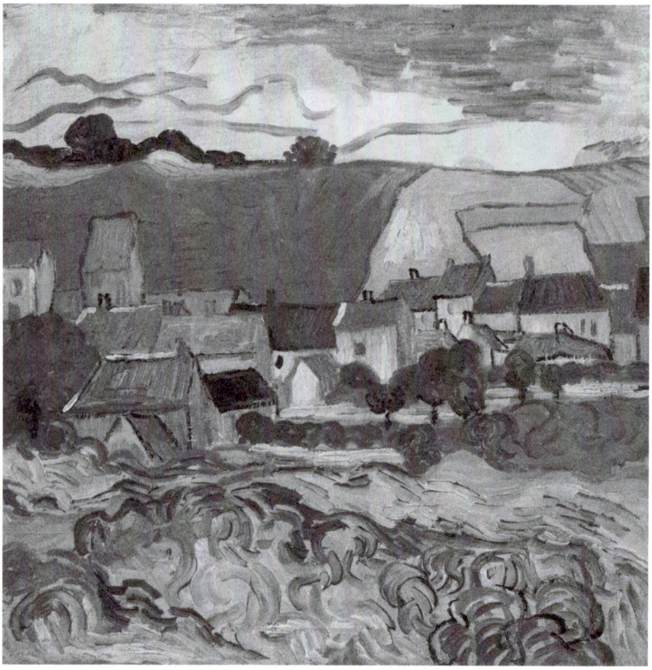

Vincent van Gogh: *Blick auf Auvers*, 1890

Kirchner war ein Schlitzohr. Er datierte etliche seiner Werke zurück, um zu verschleiern, dass ihn bestimmte Ausstellungen und Kollegen beeinflusst hatten. Durch den Trick waren seine Werke ja angeblich schon vorher entstanden. Kirchner inszenierte sich dazu noch gerne als armer, mittelloser Künstler, kam aber aus guten Verhältnissen. Seinem Erfolg haben all diese Aktionen keinen Abbruch getan, sie haben vielmehr seinen Ruhm gesteigert. Heutzutage hängt ein großes Bild von Kirchner im Kanzleramt, tagtäglich lassen sich Menschen aus der Politik davor fotografieren und filmen. Kirchners Kunst ist ein Mittel zur Selbstinszenierung geworden, so schließt sich der Kreis.

EHRENRETTUNG FÜR VAN GOGH

Auch wenn mich der ganze Hype um Genie und Wahnsinn nervt: Ich liebe Vincent van Gogh, denn er hat mir die Augen geöffnet. Dieser Satz hat fast so viel Pathos wie der Film *Braveheart*, aber es stimmt. Seine Bilder waren für mich der entscheidende Anstoß dazu, dass ich mich mit 15 für Kunst begeistert habe. Auf einem Spaziergang durch Amsterdam kam ich zufällig am Van Gogh Museum vorbei. Für Leute unter achtzehn war der Eintritt frei und ich hatte schon immer eine sehr ausgeprägte All-inclusive-Mentalität, daher bin ich spontan reingegangen. Wahrscheinlich hat mich auch die Story um das abgeschnittene Ohr ins Museum getrieben, weil ich mehr darüber wissen wollte.

Anfangs hat mich keines der Bilder abgeholt, doch dann kam ich zu van Goghs *Blick auf Auvers*. Das Motiv auf dem Gemälde ist ein unspektakuläres Dorf zwischen Feldern. Es sieht aus wie der Blick aus dem Zugfenster, wenn man durch Niedersachsen fährt. Trotzdem habe ich mir das Gemälde lange angeguckt und plötzlich fiel es mir auf: Auf dem Bild herrschte totales Chaos. Die Sträucher im Vordergrund waren in wilden Wirbeln gemalt. Die Häuser und Felder dahinter wirkten hingegen ganz ruhig, die Pinselstriche waren ordentlich nebeneinandergesetzt. Der Himmel wiederum hatte kaum etwas mit einem normalen Himmel zu tun. Große Teile waren einfach unbemalte Leinwand. Die Wolken darauf sahen aus wie Wellen, waagerecht und schwungvoll hingeworfen.

Auf diesem Gemälde passte gar nichts zusammen, das waren drei komplett unterschiedliche Stile und trotzdem ergaben sie zusammen ein stimmiges Ganzes. Es war, als hätten Lena Meyer-Landrut, Metallica und DJ Ötzi zusammen ein Lied gemacht und es wäre ein runder Song geworden. Dieses Bild hatte nichts mit dem zu tun, was wir im Kunstunterricht gelernt hatten. Es verstieß gegen alle Regeln. Wahrscheinlich hätte mein Kunstlehrer van Gogh eiskalt eine Fünf gegeben, denn niemand gibt eine Sechs in Kunst. Mir wurde klar: Van Gogh hatte die Landschaft nicht gemalt, wie sie aussah, sondern so, wie er es wollte. Das hier war keine möglichst exakte Dar-

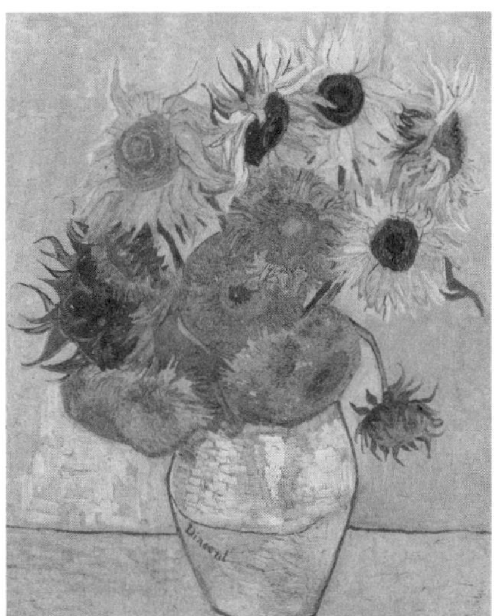

Vincent van Gogh:
Zwölf Sonnenblumen in einer Vase, 1888

stellung, wie bei einem Dokumentationsfoto, das hier war sein Ausdruck, seine Sicht auf die Welt. Das fasziniert mich bis heute an van Gogh. Er hatte einen ganz eigenen, abseitigen Blick auf die Dinge und kein Werk bringt das mehr auf den Punkt als die *Sternennacht*. Es ist eines der bekanntesten Bilder überhaupt und hat sogar ein Level in dem Videospiel *Super Mario Odyssey* inspiriert.

Die *Sternennacht* sprüht nur so vor Leben: Der Himmel auf dem Gemälde dreht völlig durch, in der Mitte des Bildes sind riesige Farbstrudel. Die Zypresse im Vordergrund züngelt wie Flammen nach oben. Selbst mit sechs Promille im Blut würde sich all das nicht so heftig bewegen. Van Gogh trieb sich nachts oft draußen herum, gerne in zwielichtigen Ecken, er war der malende *Batman*. Viele seiner Werke sind Darstellungen der Abenddämmerung oder Nacht, in denen er versuchte, die besonderen Stimmungen und Lichteffekte einzufangen. Wie oft haben wir schon in den Nachthimmel geschaut? Aber so haben wir ihn noch nie gesehen. Van Gogh schafft es immer wieder, aus simplen Motiven unglaublich starke Bilder zu machen. Sein Ruf als »Einohrmaler« und sein immenser Ruhm wecken eine riesige Erwartungshaltung, der trotzdem jedes seiner Werke standhält. Das ist für mich große Kunst. Mich nervt zwar, dass van Gogh dieser Geniekult anhängt, aber für genial halte ich ihn trotzdem.

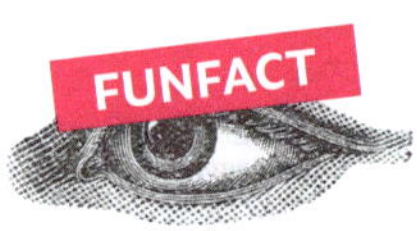

Hummeln lieben die Kunst von van Gogh! 2005 gab es ein Experiment zu der Frage: Wie reagieren typische Bestäuberinsekten auf gemalte Blüten? Eine Kolonie Hummeln wurde ohne Kontakt zu echten Pflanzen großgezogen und den Tieren bot man dann Poster von vier unterschiedlichen Kunstwerken als Naturfake. Mit eindeutigem Ergebnis: Die meisten Tiere flogen lieber zu van Goghs Sonnenblumen als zu den anderen »Kunstblumen«. Ob aus Kunstverstand oder Liebe zum speziellen Farbton, bleibt ungeklärt. Aber fest steht: Nicht nur wir Menschen fliegen auf die Kunst von van Gogh.

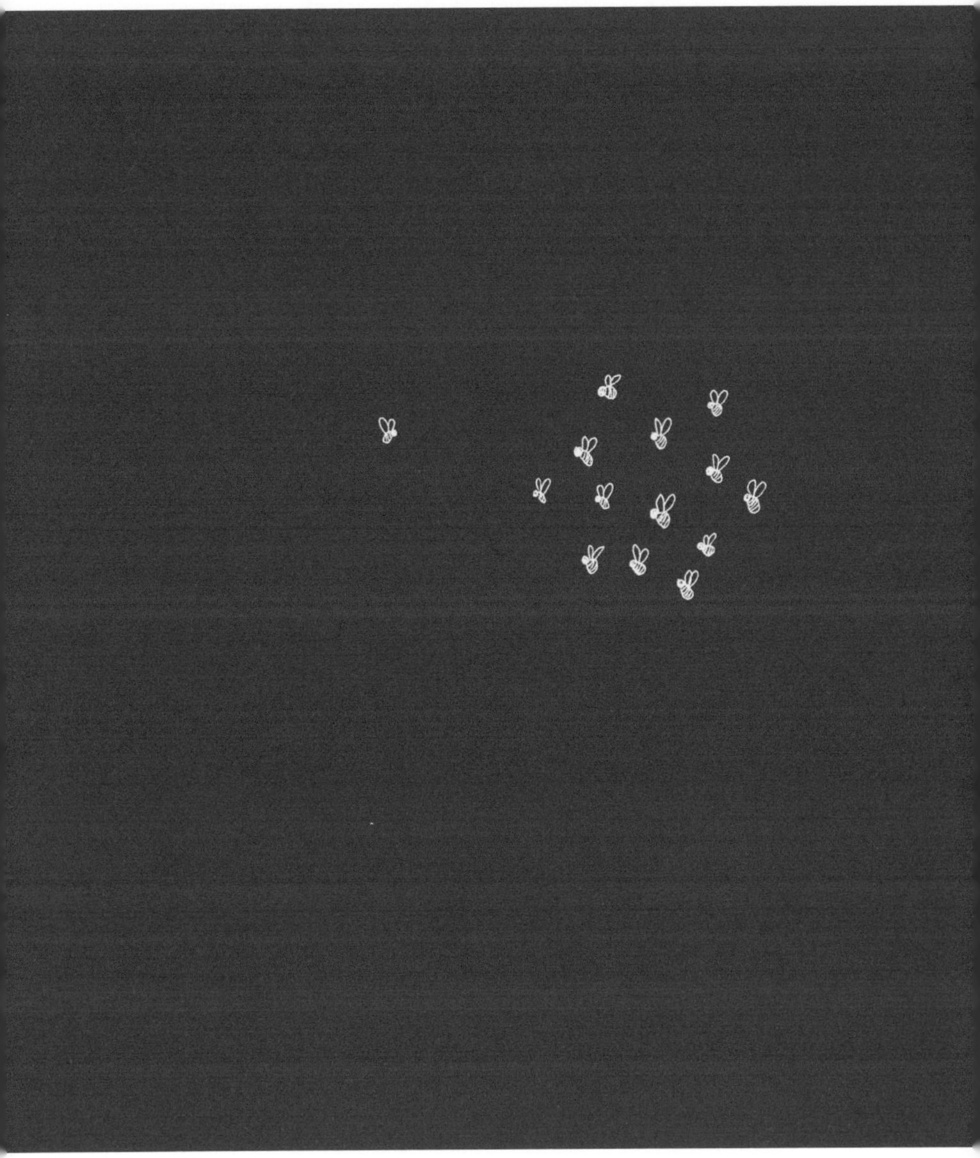

5/ MUSEEN SIND VOLLER MÜLL

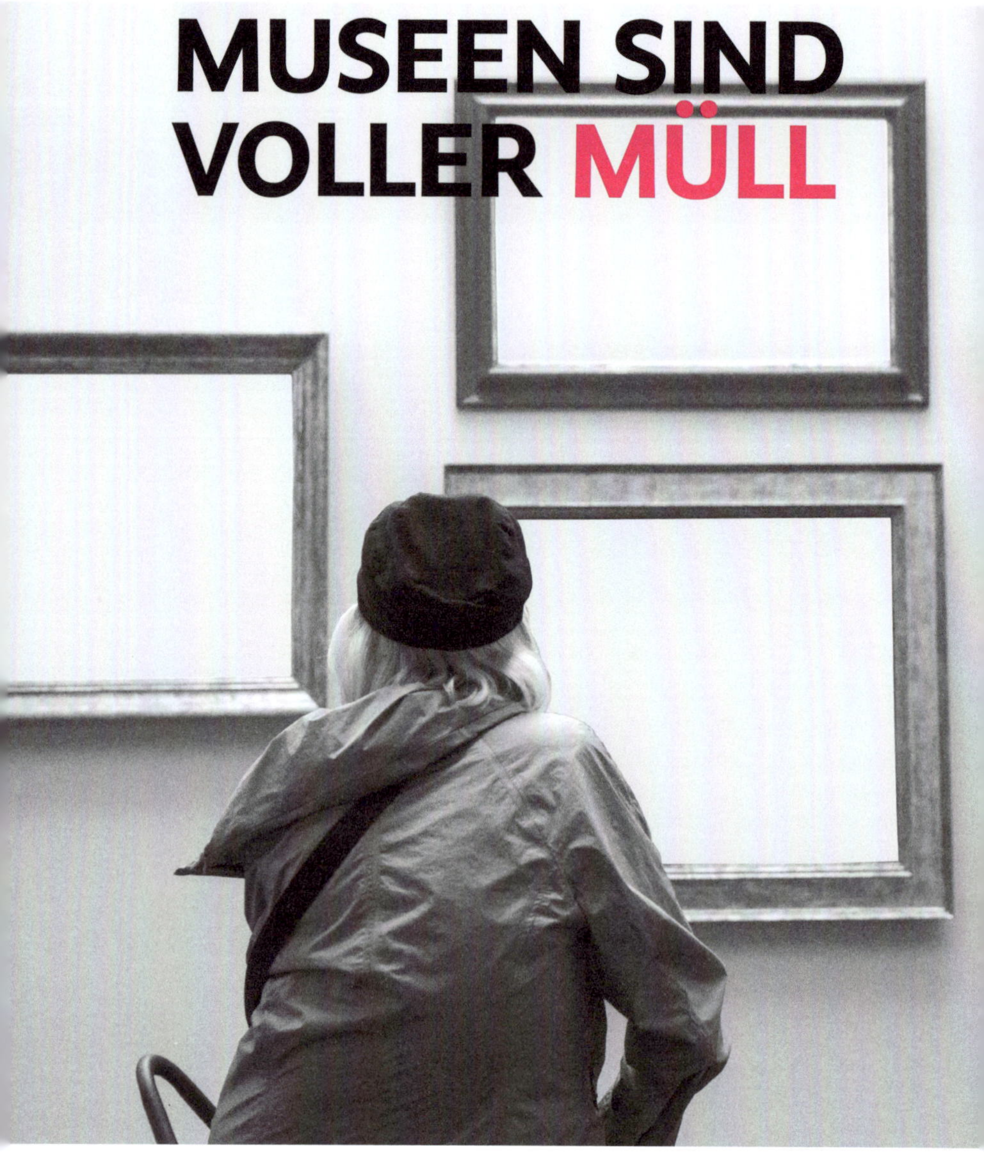

»Ist das Kunst oder kann das weg?« Dieser Ausspruch ist inzwischen ungefähr so originell wie der Witz, dass Bielefeld nicht existiert. Dennoch ist an dieser Frage etwas Wahres dran. In Ausstellungen ist nicht immer klar, ob etwas Müll oder ein Meisterwerk ist. Manchmal hat man das Gefühl, dass die Kunstschaffenden mit den Museen Schrottwichteln spielen. Kunst kann stinken, schimmeln, verwesen und trotzdem wunderschön sein. Wie *Oskar aus der Mülltonne* schon sagte: »Ich mag Müll. Alles was staubig ist, schmutzig und dreckig.« Aber wie konserviert man Kunst aus vergänglichen Materialien? Warum wurde in einem Museum Ecstasy gefunden? Und was hat Rembrandts berühmtestes Bild mit einem Käsetoast zu tun?

SCHIMMEL, GESTANK UND EINE BANANE FÜR 150 000 DOLLAR

Elefantenrüsselsteak, Löwenfleisch, Pythonschnitzel oder Seehundragout: Diese Speisekarte wirkt, als könnte man sich einmal durch eine Zirkusmanege essen. 1968 eröffnete der Künstler Daniel Spoerri zusammen mit einem Wirt das *Restaurant der Sieben Sinne* in Düsseldorf. Es gab dort nicht nur ungewöhnliche Spezialitäten, sondern auch eine ausgefallene Inneneinrichtung. Die Tapete bestand aus sämtlichen Briefen und Dokumenten des Künstlers. Darunter waren seine Scheidungsurkunde und mehrere Mahnungen – definitiv ein Restaurant mit persönlicher Atmosphäre.

> *»Wenn alle Künste untergehn, die edle Kochkunst bleibt bestehn.«*
>
> Daniel Spoerri

Daniel Spoerri hatte schon immer eine Vorliebe für Essen, er gilt als Erfinder der Eat Art. Für seine Werke lud er verschiedene Menschen zum Essen ein, oft bekannte Persönlichkeiten aus der Kulturszene. Man kann sich das vorstellen wie die elitäre Version von *Das perfekte Promi-Dinner*. Alle unterhielten sich, aßen, tranken und warteten nach dem Essen auf

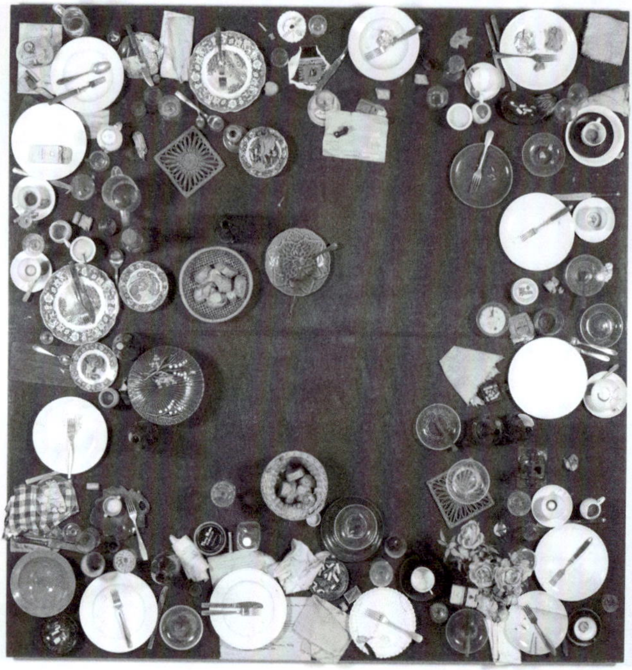

Daniel Spoerri: *Hahns Abendmahl*, 1964

Spoerris großen Einsatz. Als Erstes klebte er sämtliche Sachen auf dem Tisch fest: Gläser, Geschirr, Brotreste, Servietten, Zigarettenpackungen, wirklich alles. Anschließend sägte er dem Tisch die Beine ab und hängte die volle Tischplatte an die Wand. So wurde aus dem Tisch ruckzuck ein Bild.

Es macht großen Spaß, sich diese Bilder anzugucken, weil sie so viele Geschichten erzählen. Man sieht einem Tisch an, ob der Abend gut war und was für Menschen dort saßen. Ein Gelage hinterlässt Spuren, zum Beispiel bei *Hahns Abendmahl.* Sofort beginnt man zu analysieren und zu spekulieren: Warum hat eine Person ihren Teller blitzeblank gegessen wie eine Spülmaschine? Wer hat die Olivenkerne in den Aschenbecher gespuckt? Und warum zur Hölle raucht ein Mensch freiwillig Roth-Händle?

Spoerri macht den Tisch und die Essensreste zu einer Persönlichkeitsstudie. Der Künstler sieht etwas, das andere normalerweise übersehen hätten. Wie wir mit Dingen umgehen, sagt viel über uns aus. Ich bin beispielsweise der festen Überzeugung: Zeig mir deinen Computer-Desktop und ich weiß, wie du arbeitest.

Die Tischbilder wurden zum zentralen Markenzeichen von Spoerri. In seinem Restaurant gab es sogar eine bewegliche Tischplatte. Für tausend Mark konnte man sich die eigenen Essensreste darauf festkleben und signieren lassen. Das ist ein Doggybag 2.0.

KUNST AUS SCHIMMEL

Ich habe keine Ahnung, welches Konservierungsmittel Spoerri benutzt hat, aber das Essen auf seinen Bildern scheint nicht zu schimmeln – ganz im Gegensatz zur Kunst von Dieter Roth, der Werke aus Lebensmitteln gemacht hat und sie verrotten ließ. Wegen des unerträglichen Gestanks wurde das Atelier von Dieter Roth gleich zwei Mal von den Behörden geräumt. Schimmel war sein ständiger Begleiter, die Insekten und Maden nannte er wertschätzend seine »Mitarbeiter«. 1970 stellte Dieter Roth in Los Angeles 37 Koffer voll mit Käse aus, bis die Galerie von den Anwohnern verklagt wurde. Auch in Hamburg kam es später zu einem Prozess, weil Dieter Roth mitten in einem Wohnviertel ein Schimmelmuseum gegründet hatte. Falls ihr anstrengende Nachbarn habt, seid einfach froh, dass es nicht Dieter Roth ist.

Wir alle haben in der Schulzeit mal unsere Brotbox die Ferien über im Ranzen vergessen und danach ein Sandwich mit flauschigem Fell vorgefunden. Es gibt Menschen, die von diesem Erlebnis anscheinend nicht genug bekommen können und deshalb die Kunst von Roth sammeln. Dabei kommt es zu kuriosen Ereignissen wie bei einem Sammler, der eine Arbeit schützen wollte und deshalb einen Glaskasten über einem Schimmelwerk von Roth angebracht hat. Der Künstler war damit gar nicht einverstanden und bohrte Löcher in das Glas, damit die Insekten nicht sterben. So stellt man sich vor seine »Mitarbeiter«. Tatsächlich werden hier spannende Fragen aufgeworfen: Muss jedes Kunstwerk um jeden Preis erhalten werden? Und handelt man bei Dieter Roth mit der Konservierung nicht gegen den Willen des Künstlers? Eine allgemein gültige Antwort gibt es darauf nicht.

Museen haben den Anspruch, Kunst für künftige Generationen zu bewahren. Gleichzeitig ist die Vergänglichkeit zentral für Roths Werke, ihr

Haltbarkeitsdatum ist längst überschritten. Für ihn war ein Werk nicht fertig, wenn er es signierte. Er sah Kunst vielmehr als einen Prozess, der ständig weitergeht, den Verfall eingeschlossen. 1998 starb Dieter Roth, aber seine Werke leben im wahrsten Sinne bis heute weiter.

MIT ESSEN SPIELT MAN NICHT

Viele Leute stoßen sich daran, wenn Lebensmittel als künstlerisches Material zweckentfremdet werden. Wir kriegen ja schon in der Kindheit eingebläut: Mit Essen spielt man nicht! Und gleichzeitig wird Kleinkindern das Essen mit einer Performance aus fliegenden Breilöffelchen und Flugzeuggeräuschen schmackhaft gemacht.

Essen in der Kunst ist und bleibt provokant. 2019 kam es zu einem großen Skandal auf einer Kunstmesse. Der Grund war eine Banane. Der Künstler Maurizio Cattelan, von dem schon im Zusammenhang mit unsichtbarer Kunst die Rede war, hatte die Frucht mit Panzertape einfach an die Wand geklebt. Diese Aktion hätte vermutlich niemanden gejuckt,

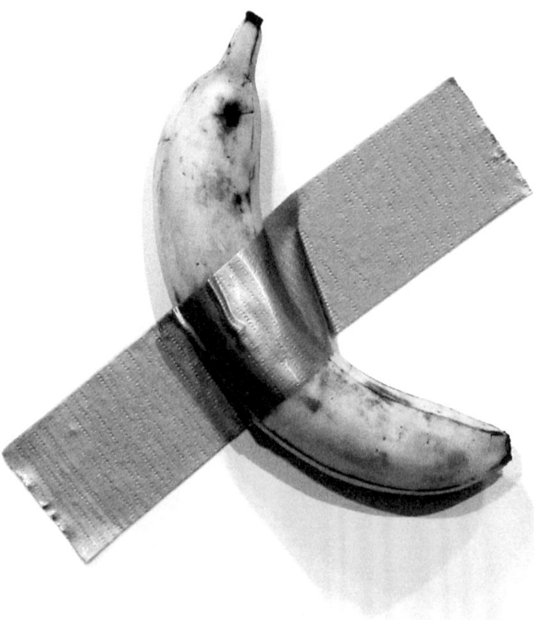

Maurizio Cattelan: *Comedian*, 2019

wäre da nicht der stattliche Preis von 120 000 US-Dollar gewesen. Das Werk gab es in einer Auflage von drei Stück, zwei davon waren sofort verkauft. Die dritte Banane wurde daraufhin von der Galerie spontan auf 150 000 US-Dollar verteuert und fand trotzdem schnell einen Abnehmer. Chiquita und Dole dürften danach ihre Preisgestaltung überdacht haben.

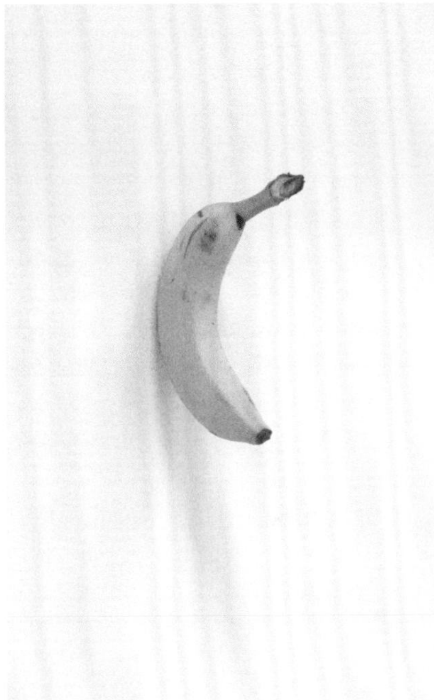

Karin Sander:
Banane, 2012, aus der Serie *Kitchenpieces*

Das mediale Echo war gigantisch, die Aktion ging mit Memes wie »Dolce & Banana« viral. Dabei war Cattelans Werk nicht wirklich neuartig. Die zeitgenössische Künstlerin Karin Sander hatte schon sieben Jahre zuvor eine Banane an einem Nagel an die Wand gehängt, nur hatte das kaum jemanden interessiert. Erst als ein Mann die Idee einer Frau wiederholte, hörten alle zu – ein Klassiker aus der Arbeitswelt. Ob Cattelan hier tatsächlich die Idee geklaut hat, lässt sich nicht klären. Viel interessanter ist: Seit über hundert Jahren stellen Kunstschaffende Alltagsgegenstände in Museen aus. Diese Geste ist ein alter Hut, aber mit banalen Bananen kann man offenbar immer noch schocken. Für alle, die das nicht witzig fanden, hatte Cattelan seiner Installation einen cleveren Titel gegeben: *Comedian.*

DER PERFEKTE PROMO STUNT

Um den Messestand von Cattelans Galerie bildete sich rasch eine Menschentraube. Ein Selfie mit der berühmten Banane wurde zum Musthave. Um die Massen durchzuschleusen, wurden extra Absperrbänder wie am Flughafen aufgestellt. Alle, die sich darüber lustig machten, feuerten den Hype nur noch weiter an. Wenn Aufmerksamkeit die Währung unserer heutigen Zeit ist, war die Banane jeden Cent wert. Der Künstler David Datuna machte die Story perfekt, als er Catellans Banane von der Wand nahm und genüsslich reinbiss. *Hungriger Künstler* nannte er seine Performance. Datuna wurde anschließend der Messe verwiesen und die Galerie hängte direkt eine neue Banane auf. Die Frucht selbst ist nämlich völlig austauschbar, das eigentliche Kunstwerk ist eine Anleitung von Cattelan, wie man die Banane anzubringen hat. Damit erwirbt man die Idee und das Recht, dieses Kunstwerk ausstellen zu dürfen. Dazu gibt es noch ein Echtheitszertifikat und das kann einem so schnell keiner wegfuttern.

Damit ist das Ganze allerdings noch nicht vorbei, denn 2024 wurde eine der Tape-Bananen für sagenhafte 6,24 Millionen US-Dollar versteigert. Die New York Times fand heraus, dass ebendiese Banane kurz zuvor einfach an einem Obststand vor dem Auktionshaus gekauft wurde – für 25 Cent! Der Verkäufer zeigte sich entsprechend fassungslos, denn seine Banane erlebte innerhalb weniger Stunden eine Wertsteigerung um das knapp 25 Millionen-Fache. Im Englischen sagt man zu »durchdrehen« auch »to go bananas«, und das trifft die Geschichte dieses Kunstwerks ganz gut.

WIE KONSERVIERT MAN SCHEISSE? KUNSTWERKE AUS MÜLL UND DROGEN

Seit Ewigkeiten habe ich ein kleines Büchlein mit Anleitungen für Schattenspiele. Lange habe ich versucht, das zu lernen, aber mein Schattenfuchs sieht bis heute aus wie ein Tapir. Ganz anders bei dem Künstlerpaar Sue Webster und Tim Noble – die beiden haben Schattenspiele perfektioniert, und zwar mit Müll. Im Museum sorgen ihre Arbeiten für Irritationen, so auch das Schattenobjekt *Dreckiger weißer Abschaum (mit Möwen)*, denn mitten im Ausstellungsraum liegt ein großer Abfallhaufen.

Auf den ersten Blick wirkt es, als hätten *Die Ludolfs* ihre kreative Ader entdeckt. Aber sobald man auf die Wand hinter dem Müll guckt, erschließt sich das Werk in seiner technischen Perfektion. Dort sieht man einen gestochen scharfen Schattenriss: Rücken an Rücken sitzt ein Paar ganz entspannt mit Wein und Zigarette. Ich hätte nie gedacht, dass es möglich ist, aber Webster und Noble machen einen Müllhaufen richtig romantisch. Beide haben ein halbes Jahr lang ihren privaten Abfall gesammelt und daraus dieses gemeinsame Schattenselbstporträt gemacht. Erst durch die richtig gesetzte Beleuchtung wird aus dem Müll ein Meisterwerk. Die Arbeit kann als Kritik an unserem verschwenderischen Lebensstil gelesen

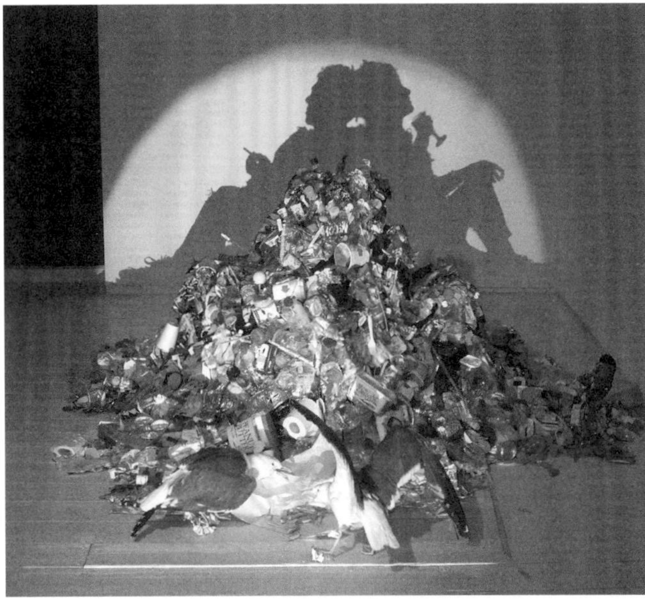

Sue Webster und Tim Noble: *Dreckiger weißer Abschaum (mit Möwen)*, 1998

werden, der riesige Mengen Abfall produziert. Außerdem ist der Titel ein Wortspiel, denn als weißen Abschaum (engl. white trash) bezeichnen gerade besser gestellte Menschen in den USA die weiße Unterschicht. Ich finde die Arbeit von Webster und Noble großartig, aber jetzt stellt euch vor, das Ganze wird verliehen und muss woanders neu aufgebaut werden. Dann wird diese Arbeit schnell zum Alptraum.

Gerade zeitgenössische Kunst und ihre Materialvielfalt stellen Museen vor große Herausforderungen, neben Müll und anderen unappetitlichen Sachen müssen auch mal tote Tiere konserviert werden. Bei einem Werk des Skandalkünstlers Damien Hirst ging das ziemlich schief. Die Arbeit besteht aus einem Becken mit Formaldehyd, darin schwimmt ein ausgewachsener Tigerhai mit weit aufgerissenem Maul, der aussieht wie die Auslage von einem sehr aggressiven Fischladen. Die britische Boulevardzeitung *The Sun* echauffierte sich schon damals über die hohen Herstellungskosten des Kunstwerks mit einer grandiosen Headline, die auf das britische Nationalgericht Fish 'n' Chips anspielt: »50 000 Pfund für Fisch ohne Chips«. Doch die Rechnung fiel am Ende noch deutlich höher aus. Bei der Präparation des Hais kam es nämlich zu Fehlern, das Tier verweste und die Flüssigkeit wurde immer trüber. Also musste der Gammelhai nach ein paar Jahren durch ein frisch gefangenes neues Exemplar ersetzt werden.

Besonders unangenehm wurde es in den 1990er-Jahren mit einem Kunstwerk von Piero Manzoni. Der Künstler nahm den Ausdruck »aus Scheiße Gold machen« wörtlich und füllte 90 Dosen mit je 30 Gramm seiner Fäkalien. Diese wog er anschließend in Gold auf und verkaufte sie zu diesem Preis. Eine der Dosen landete im dänischen Randers Kunstmuseum als Leihgabe, wurde dort aber versehentlich zu warm gelagert, wodurch ein Leck entstand. Der Sammler John Hunov, dem die Dose gehörte, verklagte das Museum und bekam 250 000 Dänische Kronen Entschädigung zugesprochen, gut 34 000 Euro. Ihr habt richtig gelesen: Es gab Schadensersatz für Scheiße. Manche Dinge kann man sich einfach nicht ausdenken.

DROGEN IM MUSEUM

2015 marschierte die Polizei in die Kunsthalle St. Gallen ein und beschlagnahmte zehn Pillen Ecstasy. War der hauseigene Dealer aufgeflogen? Oder wollte sich der Museumsshop eine neue Zielgruppe erschließen? Nein, es handelte sich um Kunst! Manche Werke können Museen nämlich sogar in rechtliche Schwierigkeiten bringen. Die Drogen waren Teil des Kunstwerks *Zufallskäufer im Darknet*. Dabei handelte es sich um ein Computerprogramm, das automatisiert x-beliebige Waren auf einem Online-Schwarzmarkt kaufte. Die Einkäufe wurden per Post ins Museum geliefert und dort ausgestellt. Da im Darknet kaum legale Geschäfte abgewickelt werden, kamen höchst interessante Waren in der Kunsthalle an: gefälschte Klamotten, der Scan eines ungarischen Passes, ein Generalschlüssel der britischen Feuerwehr, zollfreie Zigaretten … und eben ein Tütchen Ecstasy.

Die Drogen wurden nach der Beschlagnahmung von den Schweizer Behörden vernichtet. Man wollte verhindern, dass sich Leute im Museum daran bedienen. Der Rest der Darknetwaren wurde an das Kunstkollektiv !Mediengruppe Bitnik zurückgegeben, von dem das Werk stammt und das sich die alberne Schreibweise mit dem Ausrufezeichen vorn ausgedacht hat. Der Fall machte international Schlagzeilen, denn es war das erste Mal, dass ein Roboter strafrechtlich für seine illegalen Aktivitäten verfolgt wurde. Der *Zufallskäufer im Darknet* kaufte für nachfolgende Ausstellungen unterdessen weiter fleißig ein. Ironischerweise war eine Anleitung dabei, wie man verhindert, dass man im Darknet erwischt wird.

BILDER AUS BLUT

Kaum jemand testete die Grenzen des guten Geschmacks so sehr aus wie der Künstler Hermann Nitsch. Er hat Skandale gesammelt wie andere Briefmarken. Bekannt wurde er durch seine Malaktionen, bei denen er Leinwände mit Blut überschüttete und Tiere kreuzigte. Später wurde es noch heftiger mit seinem *Orgien Mysterien Theater*, das waren Performances mit bis zu 500 Mitwirkenden, die teils an religiöse, sektenhafte Rituale erinnerten. Da wurden Tiere geschlachtet, in den Gedärmen rumgewühlt, Fleisch verschlungen, mit Blut rumgeschmiert und Prozessionen durchgeführt. Videos dieser Performances sind der perfekte Anstoß, um vegetarisch zu leben. Nitschs Aktionen sollten verdrängte Triebe freisetzen und der Kunst wurde eine reinigende Wirkung zugeschrieben. Jeder, der schon mal versucht hat, Blutflecken aus Klamotten zu bekommen, wird das mit dem reinigenden Effekt eher bezweifeln.

Müll, tote Tiere, Fäkalien und Drogen: Die Kunst mutet den Museen einiges zu. Da ist es beruhigend, dass der *Zufallskäufer im Darknet* als Letztes ein ganz harmloses französisches Kochbuch erstanden hat.

FATALE FAILS: AUS VERSEHEN KUNST ZERSTÖRT

Müllkunst und verrottende Ausstellungsobjekte können schnell zu Missverständnissen führen. Also Vorsicht! Spätestens wenn ein »Bitte nicht berühren«-Schildchen nebendran hängt, weiß man, dass ein Gegenstand Kunst sein soll. Haltet euch lieber an diese Regel, denn es gibt etliche Fälle, bei denen aus Versehen Kunstwerke zerstört wurden. Hier ein paar beeindruckende Beispiele:

DER BEKANNTESTE HAUSMEISTER DER KUNSTGESCHICHTE

Es könnte auch der Anfang einer Ekel-Challenge aus dem Dschungelcamp sein: Vier Jahre lang suppte ein riesiger Klumpen Fett in der Ecke eines Raumes in der Düsseldorfer Kunstakademie vor sich hin. Insgesamt waren das fünf Kilo Butter, also die normale Menge, die Großeltern zum Kochen benutzen. Der ranzige Gestank in der Akademie muss schlimm gewesen sein, daher fasste sich der Hausmeister der Kunstakademie 1986 ein Herz und entfernte das Fett. Wie sich herausstellte, war das ein großer Fehler, denn es handelte sich um die *Fettecke* des berühmten Künstlers Joseph Beuys, der als Professor an der Akademie gelehrt hatte. Wie schon erwähnt, war Fett eines seiner bevorzugten künstlerischen Materialien.

Es kam zu einer Klage, denn einer von Beuys' ehemaligen Studenten beanspruchte den Abfalleimer mit den Resten der Fettecke für sich, weil das Werk ihm gewidmet war. Und tatsächlich wurden 40 000 DM Schadensersatz gezahlt. Damit ist die Story aber noch nicht zu Ende. Aus den übrig gebliebenen zwei Kilo der *Fettecke* wurde 2014 bei einer Kunstaktion Schnaps gebrannt. Dieser soll nach Parmesan geschmeckt haben. Zu Pasta sicher ein Hochgenuss!

ACHTUNG BEIM AUSMISTEN!

Im Jahr 2000 entsorgten zwei Arbeiter vom Auktionshaus Sotheby's Verpackungsmaterial und warfen dabei eine leere Holzkiste in den Schredder. Das Problem: Die Kiste war gar nicht leer. In ihr befand sich noch ein Bild des bedeutenden Porträtmalers Lucian Freud, das etwa 100 000 britische Pfund wert war. Seitdem checken die Arbeiter wahrscheinlich selbst zu Hause jede leere Klorolle vor dem Wegschmeißen. Wenigstens hatten sie ein günstiges Werk von Lucian Freud erwischt. Der Auktionsrekord für eines seiner Gemälde liegt mittlerweile bei 33,6 Millionen US-Dollar.

DIE KRIPO UND DAS KREUZWORTRÄTSEL

Reading/Work-Piece heißt die Collage des Künstlers Arthur Köpcke im Neuen Museum Nürnberg. Darauf ist unter anderem ein Kreuzworträtsel geklebt, über dem »Insert Words« (»Wörter eintragen«) steht. 2016 kam eine Rentnerin mit ihrem Schreibkurs in das Museum und hatte offenbar richtig Bock zu schreiben. Sie nahm die Aufforderung auf dem Bild wörtlich, zückte ihren Kugelschreiber und füllte das Kreuzworträtsel aus. Verständlich, dass es sie in den Fingern juckte, denn das Rätsel hatte den Schwierigkeitsgrad von Gewinnspielen bei RTL. Gesucht wurde das englische Wort für Wand mit vier Buchstaben.

Es war vermutlich das erste Mal, dass die Kriminalpolizei wegen eines Kreuzworträtsels ermittelte. Die Versicherungssumme des Kunstwerks betrug 80 000 Euro, jedoch war der Schaden leicht zu beheben und das Verfahren wurde bald eingestellt. Zum Glück war in Nürnberg nicht das Werk *Total Art Match-Box* von Ben Vautier ausgestellt, eine Streichholzschachtel mit der Aufschrift »Verwenden Sie die Streichhölzer, um jegliche Kunst zu zerstören«.

ÜBER KUNST KANN MAN GUT LÄSTERN

Ich bin ein großer Fan von Erklärschildern. Sie sind essenziell, um die Hintergründe der ausgestellten Kunst zu verstehen. Wenn sie fehlen, bin ich oft komplett aufgeschmissen. So geht es mir regelmäßig bei Rundgängen durch Kunstakademien. Da öffnen die Studierenden ihre Ateliers und zeigen ihre aktuellen Arbeiten, in der Regel ohne irgendeine Form von Erläuterung. Dafür gibt es dort Bier für zwei Euro – ein fairer Ausgleich.

Vor Kurzem war ich bei einem Rundgang in der Frankfurter Städelschule. Im ersten Raum befanden sich ein umgestürztes Regal, ein Haufen Salz und ein paar Zitronen. Es fehlte nur noch eine Tequila-Flasche für ein stattliches Gelage. Oder war das ein politisches Werk, über das ich mich nicht lustig machen sollte? Ich weiß es nicht. Mein Kunstgeschichtsstudium nützt mir in diesen Fällen nichts, ohne eine Infotafel bin ich ratlos wie vor einem leeren Tiergehege. Versteckt sich hier etwas, das ich einfach nur nicht erkenne? In einem anderen Atelier war ein eckiger Holzpfahl aufgestellt, vor dem ein Typ andächtig stand und dann wissend nickte, als hätte der Pfahl ihm gerade eine tiefsinnige Botschaft mitgeteilt.

Nur weil ich die Kunstwerke nicht verstehe, heißt das aber nicht, dass ich eine schlechte Zeit bei Rundgängen habe. Über Kunst zu lästern macht Spaß. Wenn ihr etwas gar nicht mögt, lasst es raus und fragt euch anschließend, warum das Werk nicht eurem Geschmack entspricht oder weshalb es euch provoziert. Oft entstehen so die spannendsten Gespräche. Wenn ich mich lauthals über Kunst aufrege, habe ich immer auch ein bisschen Angst, dass genau diese Arbeiten in zehn Jahren als das Nonplusultra angesehen werden und ich der Trottel war, der das verkannt hat. Der Impressionismus beispielsweise stieß anfangs auf wenig Gegenliebe, heute ist er das Kalendermotiv schlechthin.

Wenn die Erklärungen zur Kunst fehlen, müssen die eigenen Interpretationen herhalten. Vor einigen Jahren war ich bei einem Rundgang,

ERST ABGELEHNT, DANN ABGEFEIERT: DER IMPRESSIONISMUS

Als der Impressionismus in der zweiten Hälfte des 19. Jahrhunderts aufkam, war das Kunstpublikum zunächst sehr überfordert. Die Menschen waren exakt gemalte, möglichst naturgetreue Bilder gewohnt, und nun kamen plötzlich Claude Monet und Édouard Manet mit ihren viel zu ähnlich klingenden Nachnamen und merkwürdig verschwommenen Motiven um die Ecke. Die Vertreterinnen und Vertreter des »Impressionismus« waren bemüht, flüchtige Momente und Lichtstimmungen einzufangen, dafür wählten sie eine schnelle, unscharfe Malweise. Eine gehässige Karikatur von damals zeigt einen impressionistischen Künstler, der mit einem Besen malte weil die Gemälde als so grob empfunden wurden.

bei dem ein gigantischer Kochtopf im Foyer stand, bis zum Rand voll mit Spareribs. Es sah aus, als würde gleich Obelix vorbeikommen und sich kurz stärken. Alle konnten sich nach Belieben bedienen, ständig wurde nachgefüllt und weiter Essen aufgetürmt. Die ganze Kunsthochschule roch nach Rippchen, fast alle hatten Fleisch in der Flosse und fettige Finger von der triefenden Soße. Für mich war die Performance eine Kritik am Überfluss unserer Gesellschaft, an der Mentalität, den Hals nicht voll zu kriegen. Keine Ahnung, ob das die beabsichtigte Aussage war, ich kann nur sagen: Die Rippchen waren mega lecker.

Ich persönlich mag Kunst am liebsten, die ohne Vorwissen funktioniert und direkt etwas in mir auslöst. Aber es gibt auch Werke, die mich zuerst gar nicht berührt haben und nach einer Erklärung war ich total fasziniert. So etwa bei *In der Luft* von der Mexikanerin Teresa Margolles, die sich in ihren Arbeiten viel mit dem Thema Tod befasst. Gesehen habe ich ihr Werk nicht auf einem Rundgang, sondern in der Hamburger Kunsthalle. Dort ließ die Künstlerin Seifenblasen von der Decke herabschweben. Zunächst war das nicht sonderlich spektakulär, außer für die Kinder in der Ausstellung, die freudig damit gespielt haben. Doch der Hintergrund der Arbeit war heftig: Die Künstlerin besuchte Tatorte von Gewaltverbrechen, durchnässte dort Stoffe und stellte hinterher eine Lauge daraus her. Mit dieser Information wurde das so harmlos wirkende Kunstwerk direkt sehr makaber. Besonders beklemmend empfand ich es, als ein

Mann neben mir eine Seifenblase aus Spaß kaputtgeküsst hat. Das hätte er bestimmt nicht gemacht, wenn er vorher den Erklärtext gelesen hätte. Also: Wenn ihr nicht gerade einen Museumsguide dabeihabt, nutzt die kleinen Schildchen an der Wand.

DER VERFALL LAUERT AN JEDER ECKE: RETTUNG FÜR REMBRANDT

Das Thema Vergänglichkeit fasziniert Kunstschaffende, für Museumsleute ist es der absolute Endgegner. Die müssen schließlich dafür sorgen, dass noch Generationen von Besucherinnen und Besuchern Spaß an den ausgestellten Werken haben. Flüchtige Gegenwartskunst aus verderblichen Materialien, wie ich sie euch in diesem Kapitel gezeigt habe, ist natürlich besonders pflegeintensiv. Doch auch normale Gemälde gehen kaputt, wenn man nichts dagegen tut. Jahrhundertealte Ölschinken wiederherzustellen kann Millionen kosten und Jahre dauern. Ein Musterbeispiel dafür ist das berühmte Bild *Die Nachtwache* von 1642. Der niederländische Künstler Rembrandt van Rijn malte hier die Amsterdamer Schützengilde, die man vergleichen kann mit einer Art Bürgerwehr. Allerdings waren das keine Kämpfer, sondern eher ein High Society Club, mehr Rotary als Rowdys. Es ging den Mitgliedern vor allem um Repräsentation, dennoch sind alle auf dem Bild bis an die Zähne bewaffnet. Es sind also größtenteils harmlose Männer, die sich hart inszenieren – eine gängige Praxis im Gangsta-Rap.

Die Nachtwache ist der unangefochtene Publikumsmagnet im Amsterdamer Rijksmuseum, dabei ist für dieses Gemälde eigentlich gar kein Titel überliefert. Leute haben sich das vor ein paar hundert Jahren angeschaut und beschlossen: Das ist dunkel, da sind Wachen drauf, zack, *Nachtwache*. Später hat man festgestellt, das Gemälde zeigt gar keine Nachtszene. Das ist einfach nur ziemlich verdreckt und deshalb so dunkel. Aber weil »Dreckwache« nicht sonderlich schön klingt, trägt Rembrandts berühmtestes Gemälde bis heute einen falschen Titel. Vor allem aber sehen wir das Bild heute nicht mehr in der Form, die dem Künstler eigentlich vorschwebte. Erst eine Restaurierung kann uns wieder einen Eindruck vom ursprünglichen Original geben. So startete 2019 die groß angelegte »Operation Nachtwache«, den enormen Aufwand zeigen schon die veranschlagten Kosten von rund drei Millionen Euro.

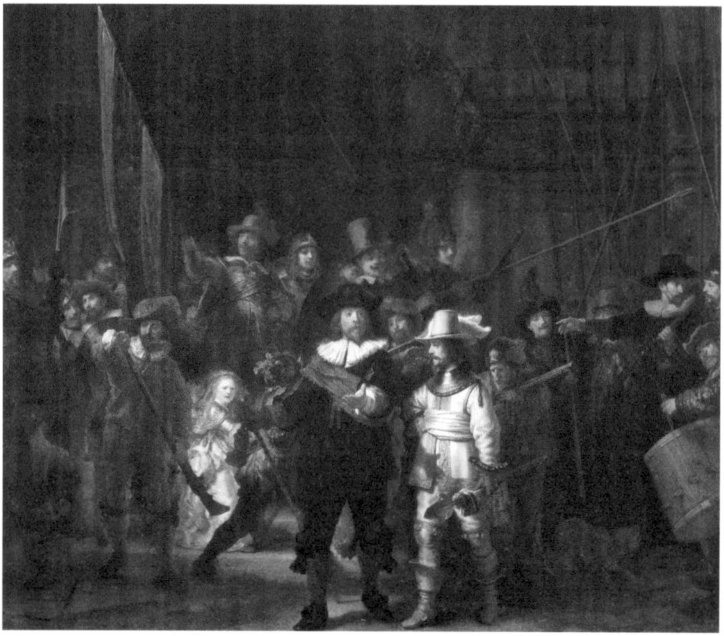

Rembrandt Harmenszoon van Rijn: *Die Nachtwache*, 1642

Die Nachtwache hat gigantische Ausmaße: 3,6 × 4,3 Meter. Das entspricht einer Fläche von 140 Pizzakartons, vier Tischtennisplatten oder gut 39 000 dieser viereckigen Kaubonbons in Silberpapier, die man immer an Hotelrezeptionen kriegt. Bevor jemand Hand anlegt, wird das Bild erst bis ins Detail analysiert und basierend darauf erfolgt die Restaurierung. Einmalig und neu an der Aktion: Alles findet öffentlich statt, mitten im Museum, in einem riesigen Glaskasten.

MILLIMETERARBEIT AM MEISTERWERK

Als mit der Untersuchung begonnen wurde, war ich zufällig im Rijksmuseum und habe mir die Arbeiten angeschaut. Ganz ehrlich, am liebsten hätte ich wie im Zoo gegen die Scheibe geboxt, damit endlich was Spannendes passiert. Das Bild wurde millimeterweise gescannt, Action sieht anders aus. Aber es zeigt, wie gewissenhaft heute mit Kunst umgegangen wird. Das war nicht immer so und auch dafür ist *Die Nachtwache* ein gutes Beispiel. Nach der Vollendung hing das Bild jahrzehntelang bei der Schützengilde, die es in Auftrag gegeben hatte. 1715 wurde es dann ins Amsterdamer Rathaus gebracht und dabei passierte das Unfassbare:

WER VERGIBT DIE TITEL ZU KUNSTWERKEN?

Lange gaben Kunstschaffende ihren Bildern gar keine Titel, es waren eher Beschreibungen davon, was zu sehen ist. Die Titel wurden oft im Nachhinein von Fachleuten, dem Kunsthandel oder Sammlerinnen und Sammlern vergeben. Erst in der Moderne, vor allem im 20. Jahrhundert, fingen Kunstschaffende an, sich für ihre Werke eigenständige Titel auszudenken, wobei auch diese teilweise von anderen Personen abgewandelt wurden. Das kann die Aussage eines Bildes grundlegend verändern. Ein Beispiel: Edvard Munch malte Ende des 19. Jahrhunderts ein Bild von einer Frau, die einen Mann in den Armen hält. Das Werk hieß *Liebe und Schmerz*. Ein Freund des Künstlers benannte das Gemälde jedoch um in *Vampir*. Plötzlich wird aus der liebevollen Umarmung eine bedrohliche Szene und es wirkt, als würde die Frau dem Mann in den Hals beißen. So schnell wird Innigkeit zu *Twilight*.

Die Nachtwache sollte zwischen zwei Türen hängen, allerdings war die Wand zu klein. Also beschloss man allen Ernstes, das Gemälde zuzuschneiden wie eine Scheibe Käse, die zu groß für den Toast ist. An den Seiten des Bildes wurden breite Streifen abgeschnitten – insgesamt etwa 20 Prozent des Bildes. 1885 kam *Die Nachtwache* schließlich ins neu erbaute Rijksmuseum. Praktischerweise waren die Wände dort groß genug. Vielleicht kam diesmal auch einfach jemand auf die kluge Idee, vorher mal nachzumessen.

Der Umzug der *Nachtwache* ins Rijksmuseum muss übrigens eine sehr schräge Veranstaltung gewesen sein: 24 Menschen trugen das Bild und sangen dabei angeblich die niederländische Nationalhymne. Bei meinem nächsten Umzug zwinge ich meine Freunde auf jeden Fall auch dazu, mir Hymnen zu trällern, während sie meine überfüllten Bücherkisten schleppen. An ihrem aktuellen Aufstellungsort hat *Die Nachtwache* nun sogar einen Privatausgang aus dem Museum. Es handelt sich dabei um eine Falltür unter dem Gemälde, durch die es in Notfällen in Sicherheit gebracht werden kann. Eine Falltür klingt nach aufregendem Abenteuer. Leider heißt die Bodenklappe einfach nur »Nachtwachenschlitz«, was eher an einen Bilderbriefkasten als an Agentenaction erinnert.

Im Laufe der Zeit musste das Rembrandt-Gemälde immer wieder restauriert werden, unter anderem, weil es mit Säure und Messern attackiert wurde. *Die Nachtwache* hat also eine ähnliche Vita wie ein durchschnittlicher Drogenboss. Leider sind die vor dreihundert Jahren absichtlich abgetrennten Bildteile für immer verschollen, den kompletten Originalzustand des Gemäldes kann man also nicht wiederherstellen. Aber seine ursprüngliche Farbigkeit und Strahlkraft kann man ihm zurückgeben. Wer weiß, vielleicht wird *Die Nachtwache* nach der umfassenden Reinigung und Restaurierung ja in *Tagwache* umbenannt – vorgeschlagen wurde es bereits.

So, jetzt aber genug von Essensresten, Bananen, Fettecken, Künstlerkot oder verdreckten Ölschinken. Ich verspreche euch, die nächste Etappe dieser Führung durch meine Ausstellung zwischen zwei Buchdeckeln weckt garantiert weniger Ekelgefühle. Dafür gibt's umso mehr Aha-Momente.

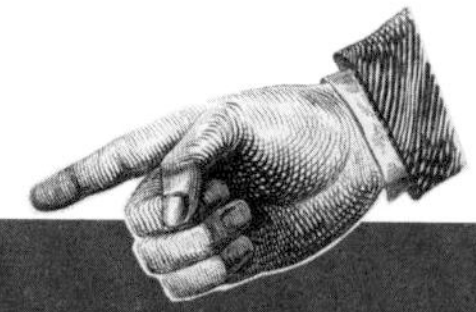

SO KÜMMERT IHR EUCH UM EURE KUNST

Temperatur und Luftfeuchtigkeit sollten möglichst konstant sein. Das ist kein Leitfaden für ein Leguan-Terrarium, sondern für die optimale Lagerung von Kunst. Zu Hause kann man das natürlich nicht leisten, aber wenn ihr Bilder in egal welcher Form habt, kann man ein paar Dinge beachten. Papierarbeiten (z.B. Zeichnungen oder Fotos) sind wie Vampire und gehören nicht ins direkte Tageslicht, sonst bleichen die Motive aus und das Papier nimmt Schaden. Gemalte Bilder vertragen zwar mehr Licht, sollten aber idealerweise hinter sogenanntem Museumsglas sein. Das ist im Prinzip wie eine gute Sonnenbrille: Museumsglas schützt vor UV-Strahlung und ist dazu noch entspiegelt. Kunst sollte außerdem nach Möglichkeit nicht in der Küche hängen. Hier ist es feucht und zu viel Schmodder in der Luft. Und bitte reinigt dreckige Bilder nicht mit Toastbrot! Leute machen das, weil sie denken, die Stärke würde helfen, aber das schadet den Bildern und es bleiben Reste auf der Leinwand zurück. Krümel und Kunst sind keine gute Kombination.

6/ ABSTRAKTE KUNST MUSS MAN NICHT VERSTEHEN

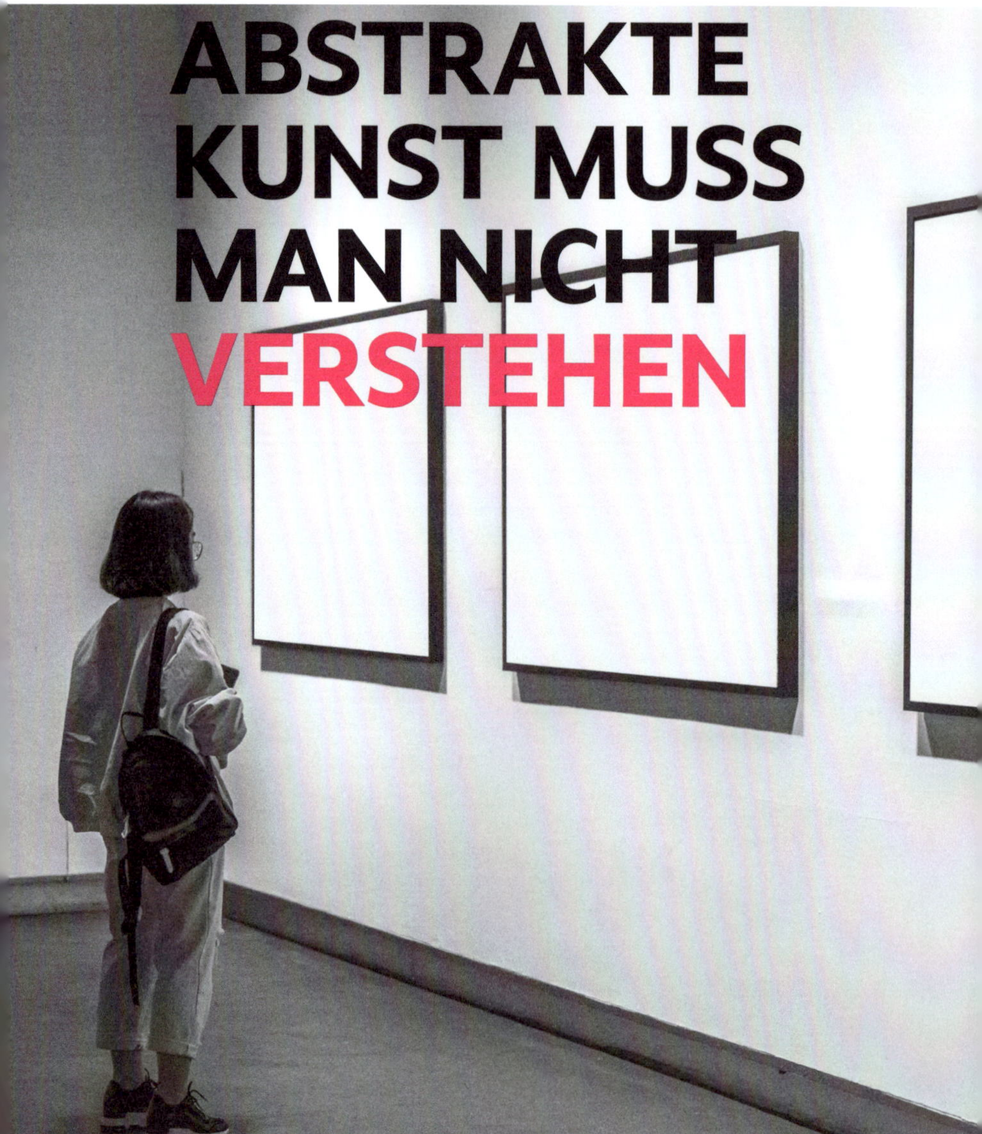

Vor einigen Jahren habe ich eine Museumsführung für eine zehnte Klasse gegeben. Ich bin mit den Schülerinnen und Schülern zu einem abstrakten Bild gegangen und habe gerade etwas über den Künstler erzählt, als ein Mädchen etwas zu laut ihrer Freundin zuflüsterte: »Was für ein Knecht!« Sie meinte den Künstler, nicht mich. Zumindest hoffe ich das bis heute. Aber dieser Moment hat mir deutlich vor Augen geführt, dass abstrakte Kunst nicht unbedingt Everybody's Darling ist. Darstellungen von Menschen sprechen uns oft ganz direkt an, auch eine Landschaft oder ein Stillleben können ergreifend sein. Abstrakte Kunst hingegen sagt vielen Menschen erst mal gar nichts. Das ist völlig okay. Also, falls ihr bisher zu diesem Thema keinen Zugang gefunden habt, hier ist er.

GROSSE GEFÜHLE UND DAS NIKE-LOGO: ABSTRAKTE MALEREI

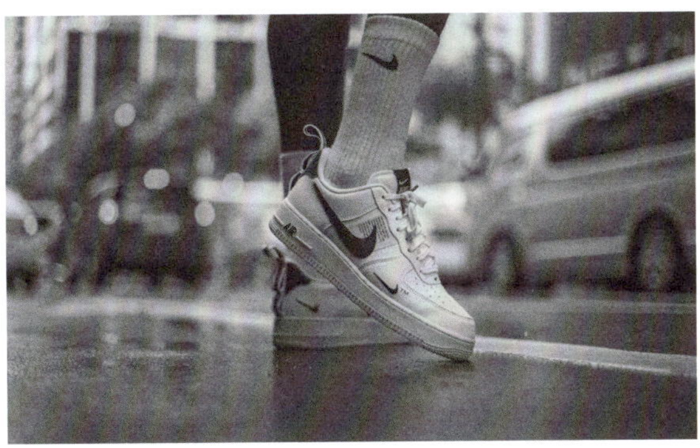

Das Nike-Logo

Wir alle kennen das Nike-Logo, den sogenannten Swoosh, dieser dynamische Haken, der aussieht, als hätte ein überengagierter Lehrer eine Klausur korrigiert. Entworfen wurde das Logo von der Designstudentin Carolyn Davidson für ursprünglich 35 US-Dollar (später bekam sie zusätzlich Firmenaktien im Wert von gut einer Million). Heute ist der Swoosh eines der bekanntesten Logos der Welt, gedruckt auf Milliarden Shirts und Schuhe. Die Form vermittelt ein Gefühl von Bewegung und

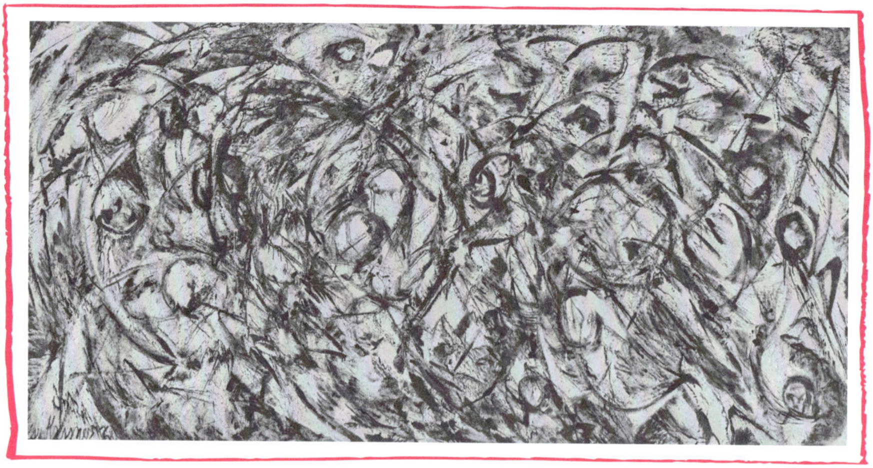

Lee Krasner: *Das Auge ist der erste Kreis*, 1960

Geschwindigkeit. Aber was stellt der Swoosh eigentlich dar? Eine Inspirationsquelle war wohl der Flügel der griechischen Siegesgöttin Nike, sie findet sich ja schon im Firmennamen wieder. Erkennen kann man den Flügel allerdings nicht mehr. Das Nike-Logo ist Abstraktion im Alltag, es bildet nichts Gegenständliches mehr ab, sondern drückt einfach Energie und Dynamik aus.

Genauso ist es mit der Kunst der US-Amerikanerin Lee Krasner, die einen wichtigen Einfluss auf die abstrakte Malerei nach dem Zweiten Weltkrieg hatte. Ihre Bilder strotzen nur so vor Energie. Auf dem Gemälde *Das Auge ist der erste Kreis* wurde die Farbe mit Schwung auf die Leinwand geschleudert, überall sind Spritzer, Flecken und wilde Linien, das Bild wirbelt herum wie ein Twister auf der Kirmes. Es ist quasi der Nike-Swoosh der Kunst. Meiner Erfahrung nach reagieren viele Menschen auf abstrakte Werke eher zurückhaltend oder sogar ablehnend. Warum eigentlich? Auf Teppichen, Tapeten, Krawatten oder Logos sind abstrakte Formen und Muster komplett akzeptiert. Es ist nette Dekoration, die man nicht länger beachtet. Aber abstrakte Bilder in einer Ausstellung erhitzen die Gemüter – ich glaube, weil Abstraktion jetzt nicht mehr nebensächlich ist, sondern das zentrale Thema. Das, was Leute als Motiv auf einem Duschvorhang mögen, empfinden sie gerahmt an der Wand plötzlich als Geschmiere und Gekritzel.

Das Problem besteht darin, dass Leute abstrakte Kunst restlos verstehen wollen. Nur funktioniert Abstraktion nicht wie *Das magische Auge* – diese Bücher, bei denen man nur lang genug auf irgendwelche Muster in LSD-Farben schielen muss, bis man Kopfweh hat, und dann erscheint das versprochene 3D-Objekt. Bei abstrakten Kunstwerken gibt es keine »Lösung«, keine eindeutige Lesart und nicht die eine richtige Interpretation.

Am besten, ihr löst euch von der Kunstunterrichtsfrage, was der Künstler oder die Künstlerin sich gedacht hat. Es geht darum, was bei *dir* ankommt, was das Werk mit *dir* macht. Bei Musik steht ja auch niemand auf der Tanzfläche und sagt: »Da sind aber gar keine Wörter in dem Lied. Was will uns der DJ damit sagen?« Nein, stattdessen tanzen wir einfach oder lassen uns von der Melodie treiben. Picasso hat mal auf die Frage, was seine Bilder bedeuten, geantwortet: »Jeder will Kunst verstehen. Aber warum will keiner den Gesang der Vögel verstehen? Warum lieben wir die Nacht, eine Blume und alles, was uns umgibt, ohne es zu begreifen? Nur Kunst, die wollen wir unbedingt verstehen.«

> *»Malen ist eine Offenbarung, ein Liebesakt … als Malerin kann ich das gar nicht anders wahrnehmen.«*
>
> Lee Krasner

Bei gegenständlichen Bildern von van Gogh sind Bäume dynamisch dargestellt. Bei abstrakter Kunst gibt es keine Bäume mehr, Lee Krasner malt nur noch pure Dynamik. Die Künstlerin benutzte dafür eine Leiter oder sprang vor dem Bild mit dem Pinsel in die Luft, um die oberen Partien zu erwischen. Hier wurde mit dem ganzen Körper gemalt, so was nennt man gestische Abstraktion. Oft passierte das in großen Formaten, das Bild *Das Auge ist der erste Kreis* ist fast zweieinhalb Meter hoch und fünf Meter breit.

Krasner sagte über die Phase, in der sie das Gemälde malte: »Ich tauchte tief in etwas ein, das weder einfach noch erfreulich war.« Das Werk entstand nicht lange nach dem Unfalltod ihres Mannes Jackson Pollock, der ebenfalls ein berühmter Maler war und von dem gleich noch die Rede sein wird. Sicherlich floss Krasners persönliche Situation in die Bilder ein. Mit abstrakter Kunst lässt sich das Ungreifbare, das Unfassbare malen. Ein Emoji hätte der Künstlerin wohl nicht gereicht, um ihr Innenleben auszudrücken.

Ich mag an abstrakten Gemälden, dass mir niemand vorgibt, was ich zu sehen habe. Das unterscheidet Kunst vom Bleigießen, bei dem man in jedem unförmigen Klumpen einen Berg, Fisch oder Drachen erkennen muss. Bei abstrakter Kunst können die Formen einfach für sich stehen. Vielleicht gehen mir solche Bilder auch deshalb so nah, weil ich mit dieser Art Kunst aufgewachsen bin. Mein Großvater war Maler und hat selbst abstrakt gearbeitet. Vor meinem Bett hängt seit über 15 Jahren ein Bild von ihm, das ich schon Hunderte Male angeschaut habe und auf dem ich trotzdem immer wieder etwas Neues entdecke. Kürzlich hat ein Freund von mir einen Pferdekopf darin gesehen. Seitdem fühle ich mich wie in dem Mafiafilm *Der Pate*. Wer kann sonst von sich behaupten, einen Pferdekopf im Schlafzimmer zu haben?

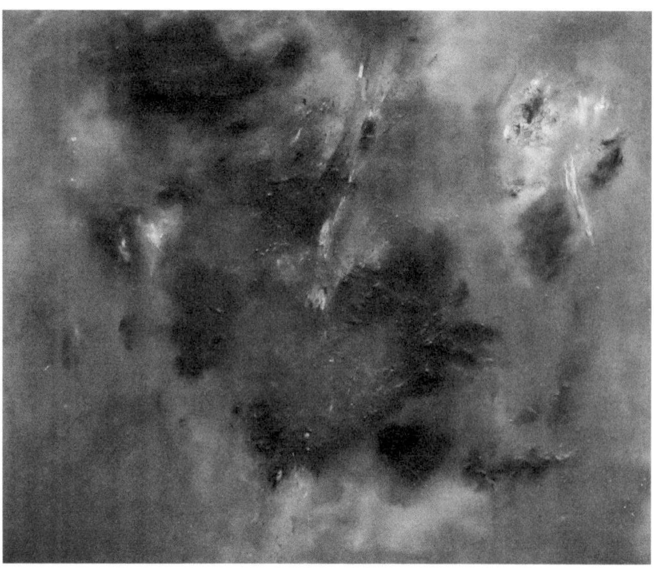

Stefan Schwerdtfeger: *Ohne Titel*, 1963

Mein Opa hat mir viel über Kunst beigebracht. Ich weiß noch, wie ich als Jugendlicher mit ihm im Garten vor einer abstrakten Steinskulptur stand. Ein Bekannter meines Opas hatte die gemacht und sie sah für mich aus wie eine hoch aufragende, runde Fischflosse. Wahrscheinlich sollte die Form an einen weiblichen Torso erinnern, wie fast jede zweite Skulptur auf dieser Welt. Mein Opa fragte mich: »Was ist falsch an dieser Skulptur?« Ich habe gar nicht verstanden, worauf er hinauswollte. »Das hier«, er zeigte auf eine Wellenlinie oben an der Skulptur, »das taucht nur einmal auf, aber bei abstrakter Kunst ist es wichtig, dass Elemente mindestens zwei Mal vorkommen, sonst wirken sie verloren.«

Das klingt nach einer unumstößlichen Wahrheit, so wie die Fünf-Sekunden-Regel, dass heruntergefallenes Essen erst nach Ablauf dieser Frist ungenießbar wird. Aber natürlich trifft die Aussage meines Opas nicht immer zu, dafür ist sie zu pauschal. Trotzdem ist sie mir im Kopf geblieben, denn sie zeigt, dass abstrakte Kunst sehr bewusst gestaltet wird. Ich gucke jetzt jedes Mal im Museum, wie die einzelnen Elemente eines Werkes angeordnet sind. Ich liebe es, mich in abstrakte Kompositionen zu versenken. Und erstaunlich oft fällt auf, dass die Regel meines Opas zutrifft und das nicht nur fünf Sekunden lang.

BLUT, SCHÜSSE, SPIELZEUGAUTOS: MALEN MIT ALLEN MITTELN

Die Idee des Sprengkünstlers Roman Signer wäre perfekt gegen Schluckauf: In einem seiner Videos von 2006 sehen wir, wie sich der Künstler mit einer Staffelei auf eine Wiese setzt. Den in schwarze Farbe getränkten Pinsel hält er knapp vor der Leinwand, dann wartet er. Und plötzlich – BOOOM! – geht hinter ihm ein Sprengsatz hoch, der Künstler zuckt ruckartig zusammen und berührt dabei mit dem Pinsel kurz das Bild. Die Arbeit trägt den Titel *Punkt* und das beschreibt das finale Bild auch ziemlich treffend. Es ist ein ungewöhnlicher Ansatz, sich beim Malen absichtlich von einer Explosion erschrecken zu lassen. Silvester muss eine sehr produktive Schaffensphase für Signer sein.

Kunstschaffende reizen seit Jahrzehnten aus, was mit abstrakter Malerei alles möglich ist. Jackson Pollock, der Mann von Lee Krasner, ist berühmt für das sogenannte *Action Painting*. Dabei legte er die Leinwand auf den Boden und schleuderte, schüttete oder tropfte die Farbe darauf.

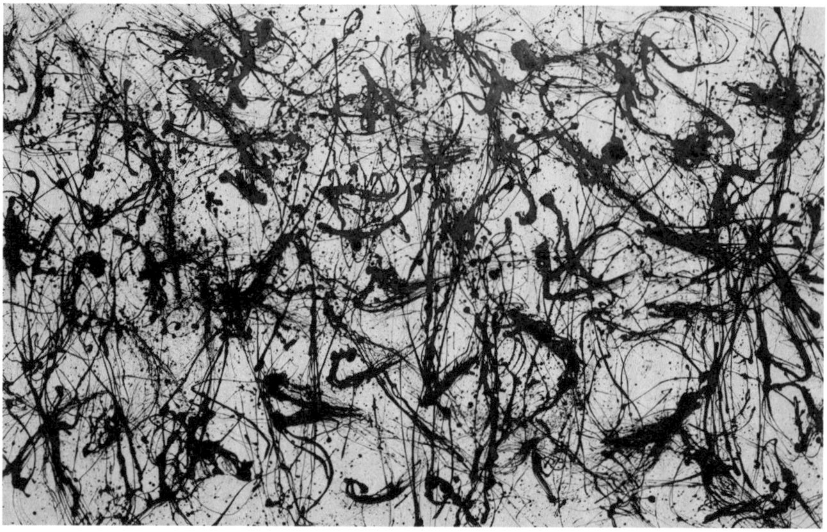

Jackson Pollock: *Nummer 32*, 1950

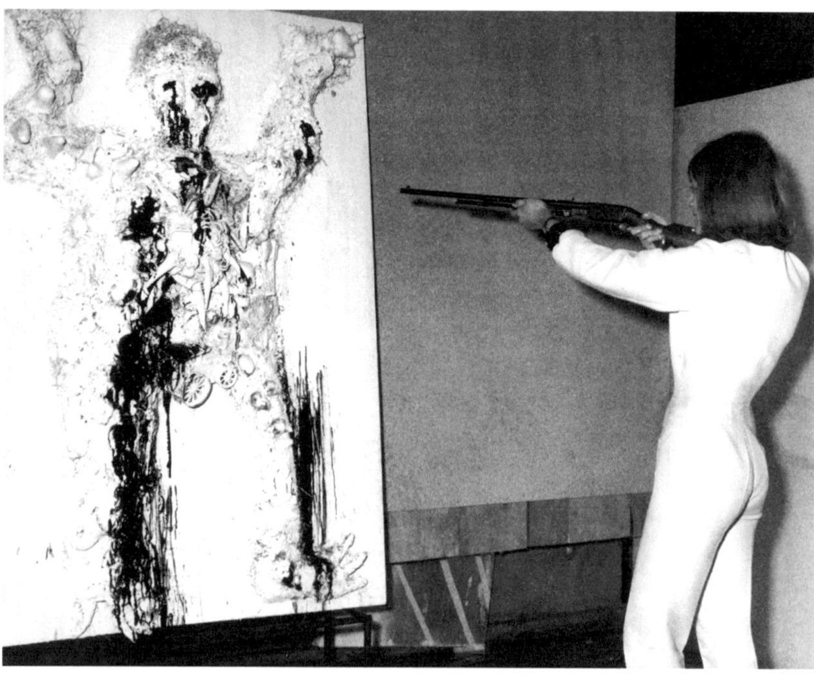

Niki de Saint Phalle: *Schießbild*, 1963

Unter anderem machte er unten in die Farbdosen ein Loch und ließ sie über die Leinwand kreisen. So entstehen Gemälde mit einem dichten Netz aus Farbspritzern. Mich erinnert das immer ein bisschen an die Nase eines ICE, wenn länger niemand die ganzen Insekten abgewaschen hat.

Die Künstlerin Niki de Saint Phalle ist vor allem berühmt für ihre bunten *Nana*-Figuren, von denen später noch die Rede sein wird. Auch sie entwickelte die abstrakte Kunst weiter, indem sie mit dem Gewehr malte – ein echter Shootingstar. Sie baute große Reliefs aus Gips mit Farbbeuteln, auf die sie Schüsse abgab. Das ist Paintball! Wie Blut floss die Farbe über die weiße Oberfläche – mit dieser martialischen Malweise wollte die Künstlerin gegen weibliche Stereotype angehen, wie etwa, dass man von Frauen liebliche Bilder erwartete. Gleichzeitig machte sie sich über das machohafte Gehabe ihrer Künstlerkollegen lustig, die die Malerei oft als »Männersache« betrachteten. Noch 2013 sagte der deutsche Malerfürst Georg Baselitz in einem *Spiegel*-Interview: »Frauen malen nicht so gut. Das ist ein Fakt.« Baselitz hat eine sehr merkwürdige Weltsicht. Das ist ein Fakt.

> *»Ich schoss, weil ich fasziniert war zu sehen, wie das Gemälde blutet und stirbt.«*
>
> Niki de Saint Phalle

1954 wurde in Japan die Gutai Art Association gegründet, die sich sehr experimentierfreudig mit abstrakter Kunst beschäftigte. Die Mitglieder probierten alle möglichen Malwerkzeuge aus: Michio Yoshihara schuf seine Bilder, indem er mit dem Fahrrad durch die Farbe fuhr, Akira Kanayama benutzte ein automatisches Spielzeugauto und Kazuo Shiraga malte mit seinen Füßen. Generell wurde schon mit jedem Körperteil gemalt – ja, auch mit dem Penis. Der Australier Timothy Patch nennt sich passenderweise Pricasso, eine Mischung aus *prick* (engl. Pimmel) und Picasso. Er hat es damit sogar in die Fernsehsendung *Das Supertalent* geschafft, wo der Begriff »Talent« bekanntlich sehr weit gefasst wird.

Einen sehr minimalistischen Ansatz verfolgte Lucio Fontana und »malte« mit dem Messer. Er grundierte Leinwände einfarbig und versah

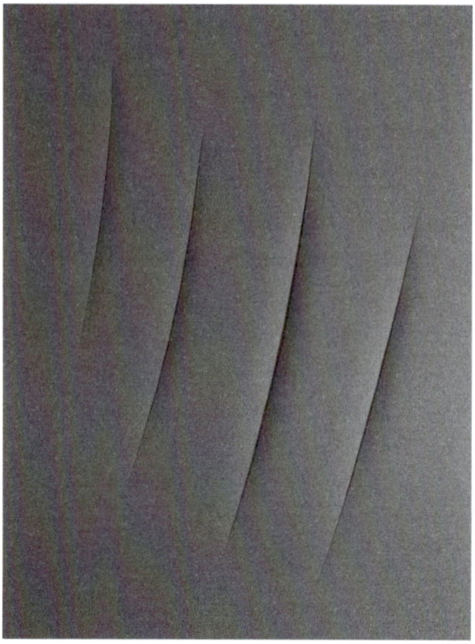

Lucio Fontana:
Räumliche Vorstellung – Erwartung, 1962–1963

diese anschließend mit gezielten Schnitten. Ist das noch ein zweidimensionales Bild oder schon ein dreidimensionales Objekt, weil der Raum hinter der Leinwand zum Vorschein kommt? Als ich dieses Bild im Museum bei einer Kinderführung besprochen habe, hatte ein Mädchen eine viel bessere Idee, als sie meinte: »Das ist eine Bowlingbahn für Profis. Die ist gebogen und deshalb viel schwieriger.« Wie erfrischend es ist, Kunst nicht ganz so ernst zu nehmen, hat auch Maurizio Cattelan gezeigt. Der hat sich über Fontanas Messerbilder lustig gemacht und das »Z« von Zorro in eine Leinwand geschnitten.

QUADRATISCH, PRAKTISCH, GUT: GEOMETRISCHE KUNST

Waldenbuch bei Stuttgart ist ein sehr spezieller Ort. Als ich den Namen der Kleinstadt bei Google eingegeben habe, war die erste automatische Ergänzung »Stromausfall«. Das spricht nicht unbedingt für ein kulturelles Epizentrum, aber in Waldenbuch befindet sich ein echtes Kunsthighlight: das Museum Ritter. Mitten in deutscher Fachwerkidylle steht ein topmoderner Bau, als hätte jemand das Gebäude einfach auf einer freien Wiese abgesetzt, wie in einem Computerspiel. Wie kommt so ein beeindruckendes Museum hierher?

Waldenbuch ist der Sitz von Ritter Sport und damit ein echtes Schoko-Eldorado. Das private Museum beherbergt die Kunstsammlung von Marli Hoppe-Ritter, der Enkelin des Firmengründers. Offenbar hat die Familie Humor, denn der Sammlungsschwerpunkt des Museums liegt passend zur Form der Schokolade auf quadratischer Kunst. Wie reich muss man sein, um diesen Joke durchzuziehen? Das Museum hat einen

AUS DEM HAUSHALT IN DIE HOCHKULTUR

Ergriffen und begeistert: So habe ich mich gefühlt, als ich das erste Mal ein Gemälde von dem Kunstkollektiv Reena Spaulings gesehen habe. Es war ein großes Format mit wahnsinnig schönen abstrakten Farbschlieren. Sie waren mit Wucht aufgetragen und doch ausgewogen, das Bild hatte eine ungeheure Kraft. Und dann habe ich erfahren: Das Ganze wurde von einem Staubsaugroboter gemalt. Ich habe mich ziemlich verarscht gefühlt. Aber was für eine großartige Idee, den Pinsel gegen so eine Maschine zu tauschen! Staubsaugroboter sind in der Kunst übrigens erstaunlich beliebt. Die Künstlerin Cao Fei hat beispielsweise zwei Roboter auf einen Sockel gestellt, sodass beide konstant einander ausweichen. Es entsteht der Eindruck, als würden sie umeinander tanzen. Der Titel *Rumba* könnte passender nicht sein.

quadratischen Grundriss, das Blumenbeet dahinter ist quadratisch und die Kunst ist natürlich voller Quadrate – in jedem nur erdenklichen Material: gemalt, gestickt, als optische Täuschung, aus Metall, Holz, Äpfeln, Papier, Seilen, Nägeln und Neonröhren. Geradliniger kann eine Kunstsammlung eigentlich gar nicht nicht sein. Geometriefans springen hier vor Freude im Viereck.

Als ich das Museum besucht habe, wurde ich im ersten Raum von einer Arbeit des türkischen Künstlers Şakir Gökçebağ empfangen. Acht Uhren waren im Quadrat angeordnet und die bewegungslosen Zeiger waren so eingestellt, dass sie ebenfalls zusammen ein Quadrat ergaben. Der Titel dazu war genial: *Times Square*. Vom Fernsehen bekommt man angeblich quadratische Augen? Dann ist das Museum Ritter ein Hochrisikogebiet.

Das ganze Museum und die rund tausend Werke der Sammlung wären jedoch gar nicht denkbar ohne ein ganz bestimmtes Bild, denn es ist der Ursprung der gesamten viereckigen Kunst: das *Schwarze Quadrat auf weißem Grund* von Kasimir Malewitsch, einem Vorreiter der Moderne. Sein Meisterwerk zeigt wirklich nur ein schwarzes Quadrat auf weißem Grund, dagegen ist das Haus vom Nikolaus eine hochkomplexe Komposition. Für die Kunst war dieses Werk jedoch ein gigantischer Gamechanger. Über Jahrhunderte war die Malerei damit beschäftigt, die Natur möglichst genau wiederzugeben. Malewitsch hatte die Schnauze voll davon, er wollte Tabula rasa machen. Sein Quadrat ist das Minimum an Malerei, es stellt nichts mehr dar außer der geometrischen Form. Hier wird nichts mehr nachgeahmt, hier herrscht pure Abstraktion.

Als Malewitsch sein *Schwarzes Quadrat* 1915 zum ersten Mal präsentierte, sind die Leute durchgedreht und ich kann die Überforderung gut verstehen. Der Künstler brach hier mit allen Erwartungen an ein Bild. Er hatte offenbar Lust zu provozieren, denn Malewitsch hängte das Quadrat nicht normal an die Wand, sondern oben in die Raumecke, in den sogenannten Herrgottswinkel, in dem traditionell Heiligenbilder hingen. Eine ganz bescheidene Hängung also. Das *Schwarze Quadrat* war die Geburtsstunde der geometrischen Abstraktion: Die Kunst wird dabei auf klare geometrische Formen heruntergebrochen – ein ähnliches Prinzip wie bei Fischstäbchen, wenn aus flinken Fischen kantige Quader gemacht werden. Malewitsch probierte viel herum mit dem Zusammenspiel aus

Kasimir Malewitsch: *Schwarzes Quadrat auf weißem Grund*, 1915

Rechtecken, Kreisen, Dreiecken usw. Mein Lieblingswerk von ihm sind ein schwarzes und darunter ein rotes Quadrat mit dem hervorragenden Titel *Junge mit Tornister*, dicht gefolgt von dem Bild *Weißes Quadrat auf weißem Grund*. Aber es war das *Schwarze Quadrat*, das zu Malewitschs Markenzeichen wurde. Der Künstler signierte seine Bilder damit und sogar auf seinem Sarg und dem Grabstein durfte es nicht fehlen.

Das *Schwarze Quadrat* ist wie ein Bauklotz – sehr simpel, aber man kann viel daraus machen. Das Bild ist zu einer Art Symbol für abstrakte Kunst geworden und hat zahlreiche Kunstrichtungen beeinflusst, unter anderem die Minimal Art. Da ging es darum, die Formensprache auf das Minimum zu beschränken. Die Künstlerinnen und Künstler wollten ihre Werke von jeder persönlichen Handschrift befreien und ließen ihre plastischen Arbeiten oft rein maschinell herstellen. Ein zentraler Vertreter dieser Kunstform war der Bildhauer Carl Andre. Er legte Flächen aus Metallquadraten auf den Boden von Ausstellungsräumen. In Interviews sagte er ausdrücklich, dass man seine Werke betreten soll, jedoch sind nicht alle Sicherheitsleute darüber informiert. Ich habe schon zwei Mal richtig Ärger dafür bekommen, dass ich Carl Andres Wunsch befolgt habe.

Jenny Holzer: *Top Secret*, 2012

Nur auf den ersten Blick wirken auch die Arbeiten der Textkünstlerin Jenny Holzer wie Malewitsch-Zitate. Doch die amerikanische Künstlerin verfolgt einen ganz anderen Ansatz und transportiert mit den schwarzen Rechtecken auf ihren Bildern eine politische Aussage. Die Künstlerin beschäftigt sich mit der Foltermethode Waterboarding, die nach den Anschlägen vom 11. September immer wieder von US-Behörden gegenüber Terrorverdächtigen angewendet wurde. Holzer bedient sich offizieller CIA-Dokumente zu diesem Thema, die allerdings teilweise unleserlich gemacht wurden. Diese Art der Geheimhaltung überzeichnet die Künstlerin und schwärzt die Dokumente nahezu komplett. Was bleibt, ist ein Blatt voller großer schwarzer Rechtecke, das Fragen aufwirft, was hier alles verheimlicht werden soll. 2021 trieb der digital arbeitende Künstler Pak die Vermarktung der Idee des *Schwarzen Quadrats* auf die Spitze und versteigerte ein einzelnes graues Quadratpixel für sage und schreibe 1,36 Millionen US-Dollar.

BEEF UM BLACK

Der indisch-britische Künstler Anish Kapoor arbeitet ganz im Sinne von Malewitsch ebenfalls mit schwarzen, geometrischen Formen. Allerdings gibt es um seine Objekte einen sehr unterhaltsamen Streit. Kapoor kaufte sich 2014 für viel Geld die exklusiven Nutzungsrechte an dem neuartigen Pigment *Vanta Black*, der Hightechfarbstoff galt als schwärzeste Substanz der Welt. Darth Vader hätte an dieser Farbe große Freude gehabt. Unter anderem wurde *Vanta Black* für das Militär entwickelt, denn wenn der Lack eines Fahrzeugs über 99,9 Prozent des Lichts absorbiert, erkennt das menschliche Auge keine Konturen mehr. Panzer verlieren dadurch jede Plastizität und sind nur noch schwarze Flächen, für unser Gehirn eine Art »Loch in der Landschaft«, das es gar nicht mehr als räumliches Objekt wahrnimmt. Eine optimale Tarnung.

Laut Vertrag darf nur Anish Kapoor *Vanta Black* künstlerisch nutzen. Die Aktion löste eine hitzige Debatte in der Kunstszene aus. Darf ein Künstler sich das Exklusivrecht auf eine Farbe kaufen und allen anderen Kunstschaffenden verbieten, sie zu benutzen? Die Antwort lautet: Ja, das darf er. Und genau dieses Urteil fand der Künstler Stuart Semple nicht in Ordnung und entwickelte daraufhin das pinkeste Pink, das obendrein alle verwenden durften – alle, außer Anish Kapoor. Farbe um Farbe, Zahn um Zahn! Kapoor konterte diesen Move und postete ein Foto bei Instagram mit dieser Farbe und seinem pinken Mittelfinger.

Mittlerweile haben Forschende in Saudi-Arabien übrigens mit ihrem *Dark Chamaleon Dimers*-Farbstoff *Vanta Black* den Weltmeistertitel als schwärzestes Schwarz abgenommen. Und Kapoors Einsatz von *Vanta Black* führte 2018 zu einem richtigen Reinfall. Der Künstler hatte ein kreisrundes Loch innen komplett mit *Vanta Black* bestrichen. Dadurch verlor das schwarze Loch jede räumliche Tiefe und wirkte zweidimensional, wie ein schwarzer Kreis auf dem Boden. Tja, und ein Besucher wollte auf diese vermeintliche Fläche drauf springen – und stürzte zweieinhalb Meter hinab. Er erlitt leichte Verletzungen und erhielt die Einsicht: Hinter simplen Formen steckt manchmal mehr Tiefgang, als man denkt.

»DAS KANN ICH AUCH.« EINE ENTGEGNUNG

»Das kann ich auch.« Wie oft ich diesen abfälligen Satz in meinem Leben schon gehört habe, gerade bei abstrakter Kunst wird das ständig gesagt. Es ist die optimale Ausrede, um sich nicht mit einem Werk auseinandersetzen zu müssen. Aber warum provoziert mich dieser Satz so sehr? »Das kann ich auch« geht davon aus, dass Können, also handwerkliche Fertigkeit, das einzige Kriterium für Kunst ist. Wenn es danach ginge, wäre Madame Tussauds die größte und einzige Kunst überhaupt: Jede Wachsfigur sieht wahnsinnig realistisch aus und ist handwerklich perfekt gearbeitet. Ryan Gosling guckt in Wachsform sogar noch verträumter als in Wirklichkeit. Und klar ist das beeindruckend, aber die Realität möglichst gut zu imitieren, wird schnell öde. Nichts gegen ein Selfie neben 2Pac oder Einstein, aber Kunst kann mehr als Madame Tussauds.

Nehmen wir das *Schwarze Quadrat* von Malewitsch. Da ist völlig klar: Ja, natürlich kannst du das auch malen, ich wäre besorgt, wenn nicht. Aber wen interessiert das? Etwas einfach nur stumpf zu wiederholen, ist nichts Originelles, sonst wären *Jurassic Park 2* und *3* ja gute Filme gewesen. Das *Schwarze Quadrat* war ein Statement, das für die abstrakte Kunst viele Türen aufgestoßen hat. Es wäre sinnlos, diese Aktion zu wiederholen, weil die Türen jetzt schon offen sind. Kunst kommt von Können? Nein, es geht vor allem in der modernen Kunst darum, Grenzen zu sprengen.

Bei einer Weltraumrakete würde niemand sagen: »Das kann ich auch.« Denn alle wissen, dass das eine technisch extrem anspruchsvolle Apparatur ist. Bei Kunst ist die Technik teilweise sehr simpel, aber das macht die

Idee nicht weniger komplex. Die Erfindung des Kaffeefilters erscheint zum Beispiel nicht sonderlich kompliziert. Trotzdem dauerte es ewig, bis Melitta Bentz die Löschblätter aus dem Schulheft ihres Sohnes nahm und daraus den ersten Kaffeefilter aus Papier baute. 1908 ließ sie sich das Ganze patentieren und wurde zu einer erfolgreichen Unternehmerin. »Darauf hätte ich auch kommen können.« Das denken wir bei allen vermeintlich simplen Erfindungen. Nur fällt uns das immer erst ein, nachdem wir es schon mal gesehen haben.

Als ich 16 Jahre alt war und mein Interesse für Kunst richtig losging, habe ich viele Ideen für Kunstwerke aufgeschrieben. Mein Ziel war es, damit die Kunstgeschichte komplett umzukrempeln. Was man halt so macht mit 16. Ich wollte beispielsweise eine Leinwand hinter mir herziehen und die dreckigen Schleifspuren zur Kunst erklären. Ich wollte Kunst aus Buchstabensuppe machen und einen Geldschein auf ein Bild kleben. Ich hatte jede Menge Pläne und bin damit zu meinem Stiefvater gegangen, der meinte: »Ich glaube, das wurde alles schon gemacht.« Aus heutiger Sicht kann ich sagen, er hatte recht. Damals hat es mir gezeigt, dass innovative Kunst vielleicht doch nicht ganz so easy ist – zumindest für mich. Um euch einen Eindruck von der Qualität meiner innovativen Ideen zu geben, zitiere ich aus meinem alten Notizbuch: »Unscharfes Foto nehmen, Peperoni draufkleben. Titel: *Jetzt kann ich scharf sehen.*« Eigentlich komisch, dass ich damit nicht die Kunstgeschichte revolutioniert habe.

Heutzutage gibt es Tausende Quadrat-Bilder. Aber 1915, als Malewitsch damit ankam, gab es kein einziges. Wie zu erwarten, hat er dafür heftigen Gegenwind bekommen. Denn auch das gehört zur Kunst, dass man die eigene Idee gegen alle Widerstände durchdrückt und daran glaubt, obwohl man ausgelacht wird von genau den Leuten, die sagen: »Das kann ich auch.«

7/ ES GEHT NUR UMS GELD

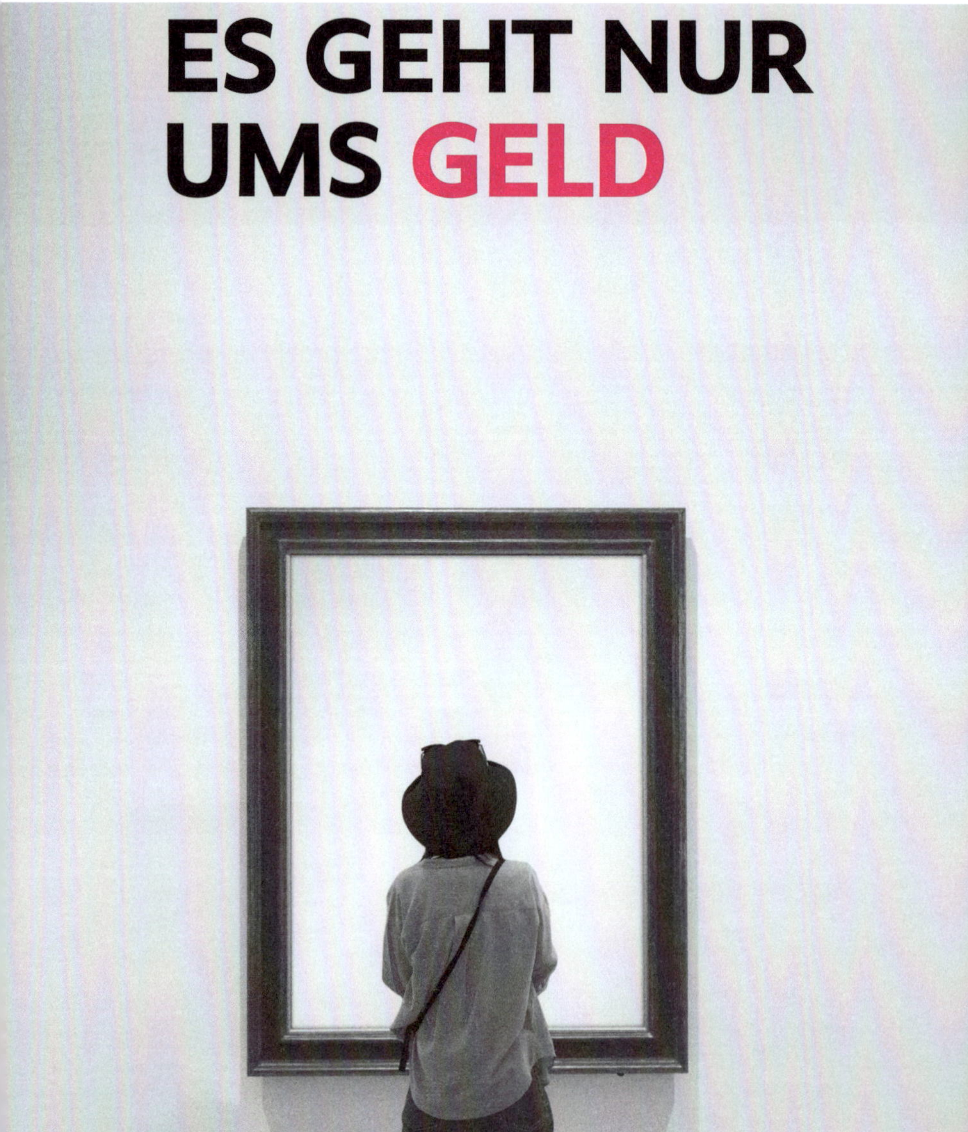

Ihr habt bestimmt auch schon mal den Kopf geschüttelt, wenn in den Nachrichten von einer Kunstauktion berichtet wurde, wo es um Millionenbeträge für irgendein Bild ging. Die Rekordsumme für ein Gemälde liegt bei 450 Millionen US-Dollar, knapp eine halbe Milliarde für ein bisschen Farbe auf Leinwand. Wie kann das sein? Und warum kostet ein kaputt geschreddertes Werk von Banksy fast 19 Millionen Euro? Ist die Kunstwelt völlig wahnsinnig oder gibt es gute Gründe für solche Rekordpreise? Dieses Kapitel bringt etwas Licht in die Mechanismen des Kunstmarktes und die Maschen der Fälscher, die genau dieses System ausnutzen. Außerdem erfahrt ihr, wie man auch ohne Riesenvermögen schöne Werke für zu Hause bekommt.

WARUM IST KAPUTTE KUNST NOCH WERTVOLLER? BANKSYS SCHREDDERBILD

Knisternde Stimmung im Saal, erbitterte Bietergefechte und tosender Applaus beim Zuschlag: So habe ich mir früher Kunstauktionen vorgestellt, doch das entspricht selten der Realität. Bei der ersten Versteigerung, die ich besucht habe, wirkte die Auktionatorin ungefähr so enthusiastisch, als würde sie seit zehn Jahren die immer gleichen Ansagen beim Autoscooter machen. Über Stunden hinweg wurden dort Hunderte Kunstwerke verkauft, eine Massenabfertigung, sachlich und genau. Wirkliche Überraschungen sind bei Auktionen ausgesprochen selten, daher schlug Banksys Schredderaktion ein wie eine Bombe.

Am 5. Oktober 2018 neigte sich ein langer Tag beim Auktionshaus Sotheby's dem Ende zu, das letzte aufgerufene Werk war *Mädchen mit Ballon* von Banksy, dem berühmtesten Street-Artist der Welt. Der Zuschlag erfolgte bei 1,18 Millionen Euro, es gab verhaltenen Applaus und dann passierte das Unglaubliche: Ein Schredder im Rahmen aktivierte sich und schnitt die Hälfte des Bildes in Streifen, die nun unten herausbaumelten. Plötzlich hatte das Banksy-Bild lange Fransen wie die Lederjacke eines Typen in der Midlifecrisis, der noch mal *Easy Rider* spielen möchte. Angeblich hatte der Künstler den Schredder lange vorher eingebaut, falls das Bild eines Tages zu einer Auktion kommt. Wieso ist unklar,

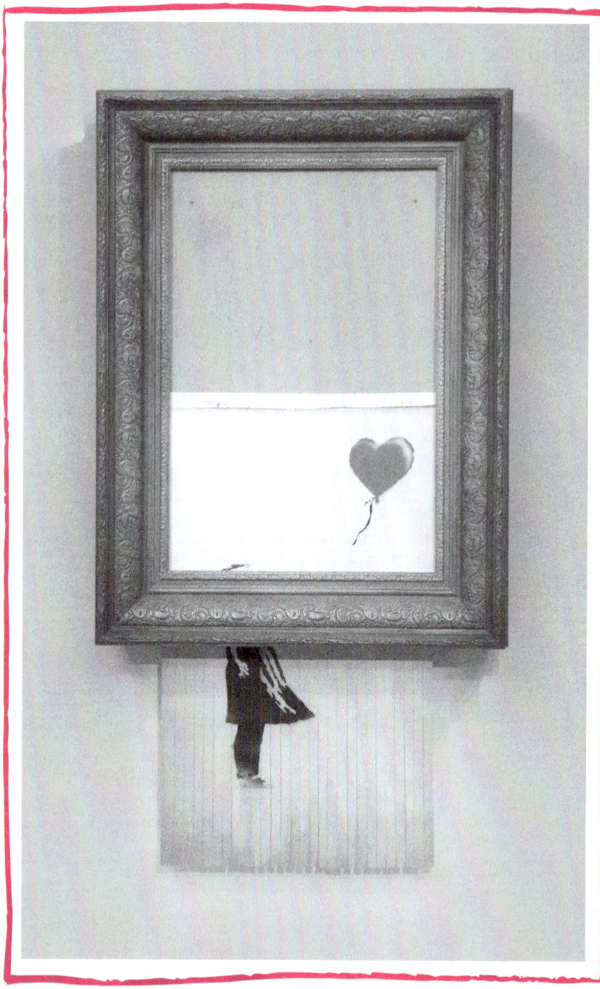

Banksy: *Die Liebe ist im Eimer*, 2018

eventuell, um einer weiteren Wertsteigerung seiner Kunst entgegenzuwirken.

Höchstwahrscheinlich sollte das *Mädchen mit Ballon* komplett geschreddert werden, aber die Maschine stoppte etwa bei der Hälfte. War das Bild nun zerstört und wertlos? Ganz im Gegenteil! Kurze Zeit später erklärte Banksy das Ganze zu einem neuen Kunstwerk und gab ihm den

Titel *Die Liebe ist im Eimer*. Damit erhielt das Werk einen wertvollen Echtheitsstempel von Banksy. 2021 wurde das Bild erneut versteigert, dieses Mal jedoch für 18,89 Millionen Euro. Warum ist kaputte Kunst plötzlich das 16-Fache wert? Ist ein Schredder eine Gelddruckmaschine? Und wie funktioniert der Kunstmarkt?

DER KUNSTMARKT UND DIE KIRCHE

Bis weit ins Mittelalter kam der Preis von Kunst durch Materialaufwand und Arbeitsstunden zustande. Mittlerweile hat sich das geändert, Kunst hat einen ideellen Wert, sie wird mit Bedeutung aufgeladen. Das ist ein bisschen wie mit den Oblaten in der Kirche. Eigentlich handelt es sich um staubtrockenes, geschmackloses Esspapier, das einem sofort am Gaumen klebt. Aber beim Abendmahl sind Oblaten plötzlich der Leib Christi. Kein Wunder, dass man einen ordentlichen Schluck aus dem Kelch braucht, um das runterzukriegen. Ähnlich verhält es sich auch mit Papiergeld, dem wir einen hohen Wert geben, obwohl es sich um ein fast wertloses Druckerzeugnis handelt, das man nicht mal essen kann.

> *»Gut im Geschäft zu sein ist das Faszinierendste an Kunst. Geld verdienen ist Kunst, arbeiten ist Kunst, und gute Geschäfte sind die größte Kunst.«*
>
> Andy Warhol

Wie kommt also der Wert von Kunst zustande, wenn nicht durch das Material wie Farbe, Leinwand etc.? Ein wichtiger Faktor ist der Name des Künstlers oder der Künstlerin, der oft wie eine Marke funktioniert. In der Modewelt ist das nicht anders: Der Name der Luxusmarke Vetements beispielsweise steht für einen bestimmten Status, Lifestyle und für Qualität. Dadurch konnte die Marke sogar gelb-rote DHL-Paketboten-Shirts auf den Markt bringen und für 245 Euro verkaufen. Das ist viel Geld dafür, dass man auf der Straße dauernd für verspätete Pakete angeschnauzt wird.

WOMIT VERDIENT BANKSY SEIN GELD?
Wenn ein Banksy-Werk bei einer Auktion für Unsummen verkauft wird, verdient der Künstler daran nichts. Denn bei Versteigerungen wird die Kunst ohne seine Beteiligung weiterverkauft. Und auch seine öffentlichen, illegal angebrachten Bilder werfen kein Geld ab. Wovon lebt Banksy also? Vermutlich hauptsächlich von Drucken seiner Arbeiten, die er in limitierter Auflage verkauft. Selten überträgt er auch Motive auf Leinwand und veräußert diese Arbeiten. Wegen der ganzen Fälschungen und Imitate hat Banksy eine Website eingerichtet, die seine Kunst offiziell vertreibt und den passenden Namen »Schädlingsbekämpfung« trägt. Zusätzlich veröffentlich Banksy Fotobücher seiner Arbeiten, allesamt Bestseller. Und sein Film *Exit Through the Gift Shop* spielte allein in den USA über drei Millionen Dollar ein. Also macht euch um Banksys Finanzen keine Sorgen.

Der Name Banksy nimmt auf dem Kunstmarkt eine sagenumwobene Sonderrolle ein. Seine wahre Identität ist bis heute ungeklärt, diesen Künstler umgibt ein Mythos. Jede Spekulation über seine Person verschafft Banksy weitere Aufmerksamkeit. Über keinen anderen Künstler berichtet die Tagesschau bei jedem neu aufgetauchten Werk. Wie absurd wäre es, wenn »Gerhard Richter malt ein neues Bild« eine Headline wäre? Banksy-Werke finden sich oft in prekären Stadtvierteln Englands und sollen auf soziale Missstände aufmerksam machen. Jedoch werden die Arbeiten in der Regel dort schnell herausgefräst, abtransportiert und für Millionen verkauft – ein richtiger Dagobert-Duck-Move. Ich kann mir bildlich vorstellen, wie er Donald schickt, um das zu erledigen. Gegen diese freche Vermarktung seiner Kunst wehrt sich Banksy, indem er immer wieder Objekte aus der unmittelbaren Umgebung in seine Werke integriert. So bindet er etwa eine Straßenecke, Bushaltestelle oder öffentliche Bank ein und sprüht darum herum. Das macht es schwieriger, seine Kunst aus dem Entstehungsort herauszureißen.

Das Bild-Schreddern war vermutlich ebenfalls als kritischer Kommentar auf den Kunstmarkt gemeint. Ironischerweise steigert genau dieses Auflehnen gegen das System Banksys Marktwert. Es gibt ihm ein authentisches und rebellisches Image. Indem man seine Kunst kauft, erwirbt man Street Credibility, Untergrundkultur und ein Stück wildes Leben. Wer das kauft? Keine Ahnung. Aber es gibt auch Menschen, die sich teures Schlammspray kaufen, damit ihre SUVs aussehen, als hätten sie ein richtiges Abenteuer erlebt. Und ja, dieses Spray gibt es wirklich.

Wichtig für den Wert eines Kunstwerks ist außerdem, ob es dem aktuellen Geschmack entspricht. Banksys Ästhetik und seine gesellschaftskritischen Themen passen perfekt in unseren Zeitgeist, gleichzeitig überfordern die Werke niemanden und sind nicht zu bissig. Banksys Kunst ist Sozialkritik, unter der sich prima Weinproben abhalten lassen. Er ist einer der ganz wenigen Künstler, die voll im Mainstream angekommen sind, so wurde *Mädchen mit Ballon* 2017 zum beliebtesten Bild Großbritanniens gewählt. Das simple Motiv lässt sich sofort erfassen, entweder verliert, versendet oder empfängt das Mädchen mit dem Herzballon Liebe. Es ist ein Kalenderspruch in Bildform.

DIE MARKETINGMASCHINERIE

Seltenheit ist ein weiterer Faktor, der Kunst teuer macht. Das war beim *Mädchen mit Ballon* eigentlich nicht gegeben. Banksy sprühte das Motiv über Jahre hinweg an mehreren Orten und variierte es dabei leicht. Erst durch den Schredder wurde das Bild 2018 zu *Die Liebe ist im Eimer* und damit zu einem echten Unikat. Gekauft wurde es von einer europäischen Sammlerin, die das Werk trotz des Schadens behielt und dafür besagte 1,18 Millionen Euro zahlte. Kurz danach wurde das Bild direkt auf

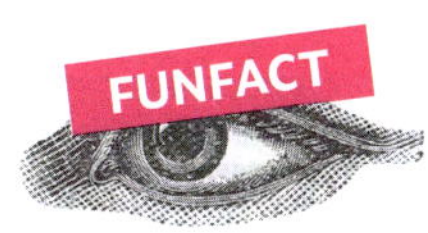

Um eines Tages mit den eigenen Werken im Museum zu hängen, müssen Kunstschaffende einen langen Weg gehen, doch Banksy hat eine Abkürzung gefunden. 2005 schmuggelte er seine eigene Höhlenmalerei ins British Museum in London und montierte sie unbemerkt zwischen die anderen Ausstellungsstücke. Das Werk zeigt eine rudimentäre Zeichnung mit Bison und Strichmännchen. Allerdings schiebt die Figur unübersehbar einen Einkaufswagen – entspanntes Steinzeit-Shopping? Offensichtlicher hätte Banksy seinen Witz nicht platzieren können. Doch die Aktion flog erst auf, als der Street Artist auf seiner Homepage darauf aufmerksam machte.

Promo-Tour durch zwei deutsche Museen geschickt. Ich habe das Original in der Staatsgalerie Stuttgart gesehen. Gerne würde ich sagen, dass es ein beeindruckendes Erlebnis war, aber ich fand hauptsächlich, dass das Werk aussah wie ein Abrisszettel auf der Straße, wenn jemand Nachhilfe anbietet. Das eigentliche Highlight war der Museumsshop mit Merchandise zu dem Banksy-Werk: Frühstücksbrettchen, Fußmatten, Einkaufstaschen, Mauspads und bauchfreie Shirts mit runterhängenden Fetzen. Sogar Ikea hat Banksy in einer Werbung aufgegriffen und einen Teppich in einen Rahmen gepackt, sodass die Fransen unten heraushängen. Dazu die Unterzeile »*Meisterwerk, das alle besitzen können*«.

Warum spielen Museen in diesem Vermarktungszirkus mit? Weil sie sich solche Spitzenwerke von ihren Ankaufsetats niemals leisten könnten. Es ist ein gängiges Vorgehen, dass Privatpersonen und Unternehmen ihre Werke an Museen ausleihen und damit den Wert ihrer Sammlung steigern. Museen sind prestigeträchtige Orte. Was hier hängt, wird teurer, denn Museen schaffen Ansehen und Vertrauen, sie sind gewissermaßen die Stiftung Warentest der Kunstwelt. Für die Staatsgalerie hat es sich ebenfalls gelohnt, denn die Publikumszahlen haben sich durch den Banksy verdoppelt. Eine Win-win-Situation – vor allem für die Sammlerin, die das Kunstwerk danach mit 1 500 Prozent Wertsteigerung verkaufen konnte.

Berücksichtigt man all diese Aspekte, erstaunt es vielleicht ein bisschen weniger, dass ein kaputtes Kunstwerk so viel wert ist. Als der Banksy 2021, also drei Jahre nach der Schredderaktion, wieder zur Auktion kam, wurde sich um dieses Werk regelrecht gekloppt. Es gab neun Bietende, so ein direkter Wettbewerb treibt natürlich Preise zusätzlich in die Höhe. Wer *Liebe ist im Eimer* schlussendlich ersteigert hat, ist unbekannt. Klar ist, hier kauft man nicht nur ein Bild, sondern eine Story. Es gibt kaum ein besseres Statussymbol als das meistbesprochene Kunstwerk der Welt zu besitzen. Wenn das bei dir zu Hause hängt, hast du immer ein Gesprächsthema, und sei es die Frage: »Bist du völlig bescheuert, dafür so viel Geld auszugeben?«

DEM MARKT KANN MAN KAUM ENTFLIEHEN

Ich mag es, über Flohmärkte zu schlendern, weil ich es faszinierend finde, was für kuriose Sachen dort angeboten werden. In Friedrichshafen habe ich mal einen Stand gesehen mit dem Hinweis »Erotik-DVDs auf

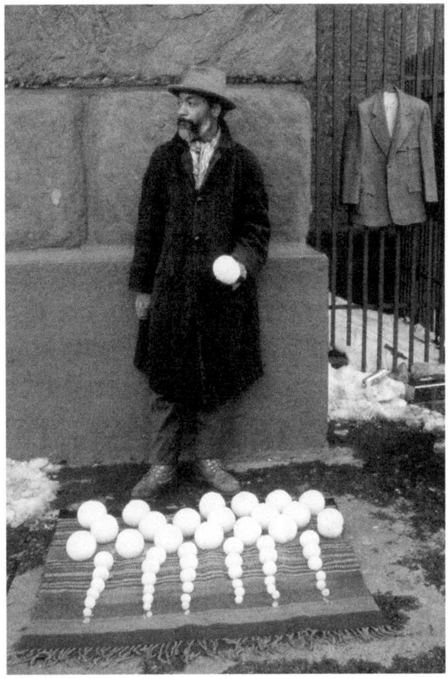
David Hammons: *Bliz-aard Ball Sale*, 1983

Anfrage« und dieses Schild klebte auf einem Rollator. Besonders gerne wäre ich aber 1983 in New York auf dem Flohmarkt gewesen. Hier verkaufte der Künstler David Hammons seine äußerst ungewöhnlichen Werke: es handelte sich um Schneebälle. Die waren der Größe nach sortiert und fein säuberlich aufgereiht, man hätte damit eine Schneeballschlacht perfekt ausarten lassen können.

Wie viel die Schneebälle kosteten und ob es Mengenrabatt gab, weiß ich leider nicht. Angeblich soll Hammons insgesamt 20 US-Dollar eingenommen haben. Die Menschen reagierten amüsiert auf die Schneebälle und diese abstruse Idee. Niemandem dürfte bewusst gewesen sein, dass es sich hier um eine Kunstperformance handelte, denn der Künstler hatte es nirgendwo angekündigt. Er hatte lediglich einem Fotografen Bescheid gesagt. Mit seiner Aktion machte sich Hammons nicht nur über den Kunstmarkt lustig, sondern reflektierte auch die Lebensrealität vieler Schwarzer in den USA. An den Rand der Gesellschaft gedrängt, blieb ihnen oft nichts anderes übrig, als an Straßenecken verschiedene Waren anzubieten. In seinen Werken greift Hammons bis heute immer wieder politische Themen auf und thematisiert soziale Missstände. Im ART Magazin 2023/2 gab es einen guten Artikel dazu.

Hammons lehnt seit Beginn seiner Karriere in den 1960er-Jahren die etablierte Kunstwelt und den Kunstmarkt ab. Er stellte schon damals ganz bewusst Werke her, die schwer verkäuflich waren. Seine Schneebälle dürften das erste Kunstwerk sein, für das es eine ununterbrochene Kühlkette gebraucht hätte – so nah können sich Kunst und Tiefkühlpizza kommen. Von den Schneebällen hat keiner überlebt und auch sonst arbeitete Hammons viel mit vergänglichen Materialien. Sowieso tat er eigentlich alles, um nicht bekannt zu werden. Der Künstler hatte lange keine Galerie, die ihn vermarktete, sondern stellte in Friseurläden und Bars aus. Bis heute hat er keine Homepage. Trotzdem oder vielleicht genau deshalb liebt ihn die von ihm verachtete Kunstwelt. Wenn der Markt verwertbare Werke von ihm in die Hände kriegt, werden diese teils für Millionenbeträge verkauft.

»Das Kunstpublikum ist das schlimmste der Welt. Es ist übermäßig gebildet, es ist konservativ, es kritisiert bloß, versteht nichts und hat niemals Spaß. Warum sollte ich meine Zeit mit so einem Publikum verschwenden?«

David Hammons

Hammons bringt eine astreine Underdog-Geschichte mit. Wir alle lieben Stars, die es von ganz unten bis an die Spitze geschafft haben – die halbe Rap-Welt lebt von diesem Mythos. Hammons ist dazu noch der widerspenstige Künstler, der das alles nicht mal wollte, mehr Realness geht nicht. Mittlerweile wurde er längst vom Kunstmarkt geschluckt, bleibt aber dennoch edgy. 2002 stellte der Künstler in einer stockdunklen, leeren Galerie aus. Das Publikum bekam Taschenlampen und musste im Dunkeln nach den Kunstwerken suchen, nur gab es dort gar keine – das war wie Topfschlagen, aber ohne Topf.

WIE PERFORMANCE ZUM PRODUKT WIRD

Solche Aktionen stellen eine Herausforderung für den Kunstmarkt dar, denn sie sind schwierig zu vermarkten. Die Kunstform der Performance kam in den 1960er-Jahren auf und umfasst Live-Darbietungen jeglicher Art. Wie verkauft man so etwas? Hier ein Beispiel: 1974 führte die wohl berühmteste Performancekünstlerin Marina Abramović eine sechsstündige Aktion namens *Rhythmus 0* durch. Vor der Künstlerin war

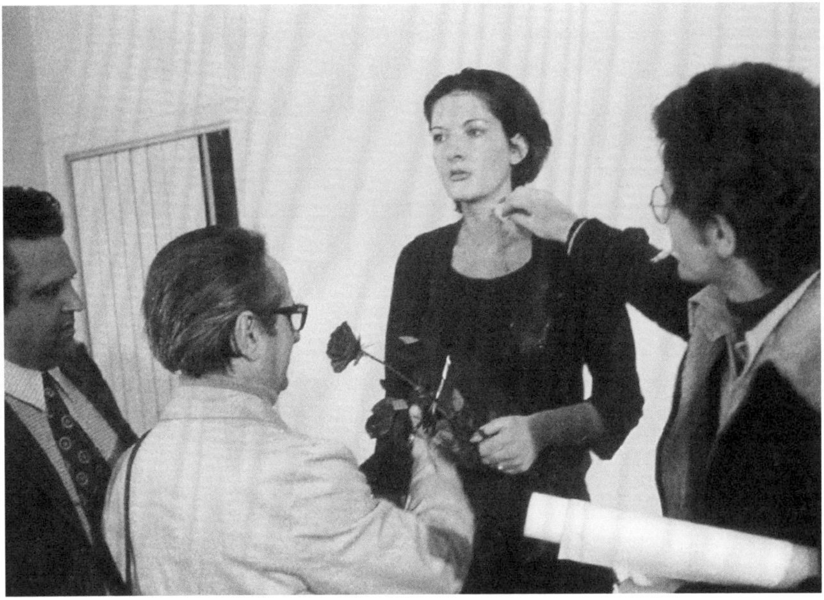

Marina Abramović: *Rhythmus 0*, Neapel, 1974

ein Tisch aufgebaut mit 72 Gegenständen, darunter Rosen, Parfüm, Scheren, ein Skalpell, eine Metallstange und eine geladene Pistole. Abramović forderte das Publikum auf, diese Gegenstände an ihr zu benutzen. Sie machte sich bewusst zum Objekt und teilte vorher mit, dass sie die volle Verantwortung für alles übernehme.

Wie weit würde das Publikum gehen? Weit, viel zu weit! Zunächst war alles recht harmlos, es wurde ein bisschen auf der Künstlerin herumgemalt wie auf Schlafenden im Schullandheim. Aber nach ein paar Stunden stieg den Leuten die Macht zu Kopf. Abramović wurde ein Arm umgedreht, Rosendornen wurden in ihren Bauch gestochen, sie wurde begrapscht, entkleidet und mit einer Rasierklinge am Hals geschnitten. Jemand trank sogar das Blut aus der Wunde. Als ihr die geladene Pistole an den Kopf gehalten wurde, kam es zu einem Tumult, da ein Teil des Publikums und die Angestellten der Galerie die Künstlerin schützen wollten. Schüsse fielen am Ende keine, doch von dem Rasierklingenschnitt trägt Abramović bis heute eine Narbe am Hals. Die Performance erzählt viel über aggressive Gruppendynamik und sexuelle Übergriffigkeit. Es ist ein Sozialexperiment mit schockierendem Ausgang und wirft sofort die Frage auf, wie wir selbst wohl gehandelt hätten.

Der geschäftstüchtige Kunstmarkt macht auch aus dieser Aktion ein Produkt: Verkauft wird das Kunstwerk als eine Art Einkaufsliste, darauf stehen die 72 Objekte, die ursprünglich für *Rhythmus 0* verwendet wurden. Diese kann man sich nun besorgen und dann zu Hause oder im Museum Abramovićs Gabentisch nachbauen. Dazu gibt es noch einen Projektor und ein Video der ursprünglichen Performance als DVD – und schon kann das Abendessen unter Kunstfreunden so richtig eskalieren. Das Werk ist übrigens kein Unikat, denn warum sollte man nur ein Mal Geld machen? Es gibt insgesamt fünf Versionen der Liste, mit der die Künstlerin den Nachbau der Aktion offiziell erlaubt. Das macht die Arbeit von Abramović zwar für den Markt verwertbar, aber sie transportiert kaum noch, worum es bei der Performance ging – nämlich genau um die Grenzüberschreitung und die Teilhabe des Publikums.

DAS TEUERSTE BILD DER WELT: EIN FEHLKAUF?

Zwischen all den Erfolgsgeschichten auf dem Kunstmarkt gibt es aber auch Fälle, die richtig schiefgehen. Einer betrifft ausgerechnet das teuerste Bild der Welt: Möglicherweise wurde hier knapp eine halbe Milliarde versenkt. Wie konnte das passieren? Und was sagt das über den Kunstmarkt aus? Das Gemälde *Salvator mundi* (Der Welterlöser) stammt angeblich von Leonardo da Vinci höchstpersönlich. 2017 wurde das Bild, das aussieht, als hätte jemand Jesus den Joint aus der Hand retuschiert, für unglaubliche 450 Millionen US-Dollar versteigert. Es gibt allerdings etliche Ungereimtheiten.

So existieren erhebliche Zweifel, ob es sich bei dem *Salvator mundi* um ein eigenhändiges Gemälde von Leonardo handelt. Viele Fachleute gehen davon aus, dass ein Schüler Leonardo da Vincis das Werk gemalt hat, eventuell unter Aufsicht und Beteiligung des Meisters. Damit hätte es aber nur einen Bruchteil des Wertes. Erst Anfang des 21. Jahrhunderts wurde das Bild überhaupt Leonardo zugeschrieben. Vorher galt es als Werkstattarbeit und wurde 1958 für läppische 45 britische Pfund verkauft. Verglichen damit sind 450 Millionen US-Dollar schon ein paar Nullen mehr. Der *Salvator mundi* war lange in einem sehr schlechten Zustand, bis 2005 eine umfangreiche Reinigung und Restaurierung begann, wobei manche darin eher eine Schönheits-OP sehen. Mutmaßlich wurden dabei wesentliche Veränderungen vorgenommen, denn nach der Restaurierung soll das Bild deutlich mehr nach Leonardo da Vinci ausgesehen haben als vorher. Offenbar wurde hier nach der klassischen Pippi-Langstrumpf-Methode restauriert: »Ich mach' mir die Welt, wie sie mir gefällt.«

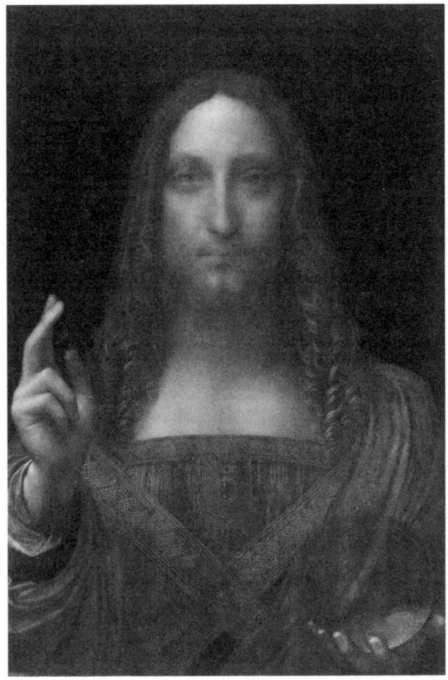

Leonardo da Vinci (?): *Salvator mundi*, um 1500

Damit Werke in dieser Preisklasse mitspielen können, ist außerdem eine lückenlose Provenienz wichtig, also eine gesicherte Herkunftsgeschichte. Im Idealfall ist es möglich, von der Entstehung bis zum heutigen Besitzer alle Stationen des Bildes nachzuvollziehen. So kann ausgeschlossen werden, dass es sich um eine Fälschung oder eine fehlerhafte Zuschreibung handelt. Die Provenienz ist beim *Salvator mundi* jedoch sehr dürftig. Wann genau ist das Bild entstanden? Wer hat es in Auftrag gegeben? Warum gibt es keinen Zeitgenossen Leonardos, der das Werk erwähnt? Wem genau hat das Bild bis Anfang des 20. Jahrhunderts gehört? Diese Fragen sind erstaunlicherweise allesamt offen. Trotz der Zweifel und ungeklärten Fakten wurde der *Salvator mundi* der Öffentlichkeit 2011 als wiederentdeckter Leonardo da Vinci präsentiert. Das war eine Weltsensation, denn es gibt nur etwa 15 Gemälde, die Leonardo sicher zugeordnet werden können. Ein paar Expertinnen und Experten bestätigten die Zuschreibung, sogar die National Gallery in London stellte das Bild als Original aus und adelte es damit.

KUNST ALS SPEKULATIONSOBJEKT

Der *Salvator mundi* wurde zum Wanderpokal. Im Jahr 2013 wechselte das Bild gleich zwei Mal den Besitzer, jeweils mit stark steigenden Preisen. Das Werk wurde dabei nicht gekauft, um es sich an die Wand zu hängen, sondern um Geld zu machen. Es ist ein überkommenes Image, dass Kunst nur zum privaten Genuss von elitären Schöngeistern mit seidenen

Einstecktüchern erworben wird. Auf dem Markt ist Kunst ein Investment und Spekulationsobjekt. Reiche Menschen haben Kunst standardmäßig in ihrem Vermögensportfolio genau wie Aktien, Immobilien, Oldtimer oder *La Martina*-Hemden mit gigantischen Polopferden. Zudem lässt sich mit teuren Bildern sehr einfach viel Geld transportieren, ein Haus ist deutlich sperriger als eine kleine Leinwand – ein Traum für Geldwäsche. Mit Kunst wird viel spekuliert und teilweise rigoros gezockt. Hier gibt es sogenannte Flipper, leider sind damit weder knuffige Delfine noch kultige Spielautomaten gemeint. Beim Art Flipping werden Werke gekauft und schon nach kurzer Zeit wieder gewinnbringend abgestoßen, der *Salvator mundi* ist das Musterbeispiel dafür.

Der Rekordpreis von 450 Millionen US-Dollar für den Leonardo kam schließlich 2017 zustande, als das renommierte Auktionshaus Christie's das Gemälde zum Verkauf anbot. Allerdings wurde vorher noch mal kräftig die Werbetrommel gerührt. Das Bild ging auf Welttournee und es wurden aufwendige Werbeclips gedreht. In einem sieht man den Schauspieler Leonardo DiCaprio tief gerührt vor dem Gemälde stehen: Leonardo vor Leonardo – ein Wortspiel der Superlative.

Verkauft wurde der *Salvator mundi* in den arabischen Raum, vermutlich an das saudische Königshaus. Und auch nach der Versteigerung hörten die Merkwürdigkeiten nicht auf: Das Bild sollte 2018 in dem erst kurz zuvor eröffneten Museum Louvre Abu Dhabi gezeigt werden, jedoch wurde die Präsentation kurzfristig ohne Begründung abgesagt. 2019 gab es eine große Leonardo-Ausstellung im Pariser Louvre, hier fehlte der *Salvator mundi* ebenfalls. Bis heute ist das Bild nicht wieder öffentlich aufgetaucht. Gab es so starke Zweifel an der Authentizität? Es bleibt ein sehr kostspieliges Mysterium.

Der *Salvator mundi* ist das bislang teuerste Bild der Welt, aber ist es auch das beste? Heutzutage wird der Preis für ein Werk oft mit Qualität und Relevanz gleichgesetzt. Dabei wissen wir doch alle aus Erfahrung, dass nicht alles, was viel kostet, automatisch gut oder wichtig ist. Zum Beispiel Austern: Die kosten ein Vermögen, schmecken wie gesalzener Glibber und satt machen sie auch nicht. Für Außenstehende ist es schwierig nachzuvollziehen, wie die Preise für Bilder und Skulpturen zustande kommen, denn der Kunstmarkt ist undurchsichtig, komplex und wird von vielen Faktoren bestimmt – ähnlich wie der Aktienmarkt. Auch mir erschließen sich viele Beträge nicht, die für Kunst aufgerufen werden, obwohl ich mich viel mit der Materie beschäftige.

WIE MAN GÜNSTIG KUNST KAUFEN KANN

Auch wenn euer Budget etwas kleiner ist als das für den *Salvator mundi*, könnt ihr schöne Kunst kaufen. Hier ein paar günstige Möglichkeiten: Trödelläden sind eine gute Adresse für billige Bilder. In Frankfurt habe ich für ein Landschaftsbild von 1903 nur 45 Euro bezahlt. »1903« kann zwar jeder draufpinseln, aber um ahnungslose Gäste zu beeindrucken, reicht es. Selbst bekanntere Künstlerinnen und Künstler bringen ihre Werke teilweise als handsignierte Druckgrafiken heraus. Dadurch, dass es von den Werken mehrere Exemplare gibt, sind diese oft schon für ein paar hundert Euro zu haben. Außerdem gibt es in Deutschland über dreihundert Kunstvereine. Wenn ihr Mitglied werdet, könnt ihr dort preiswerte Kunst kaufen, die sogenannten Jahresgaben. Das sind Unikate oder in kleiner Auflage gedruckte Kunstgrafiken. Und wenn ihr mal so richtig verzaubert seid von einem berühmten Gemälde, das ihr irgendwo gesehen habt, dann scheut euch nicht, es in einem Online-Shop als gerahmtes Poster zu bestellen. Auch ein Kunstdruck für 20 Euro kann einem viel Freude bereiten. Vermeidet nur vielleicht die *Mona Lisa* als Motiv, denn die haben alle – es ist das Audrey-Hepburn-Poster unter den Kunstdrucken.

Auf Kunstmessen stehe ich immer wieder vor Bildern, gucke auf den Preis und denke mir in aller Ausführlichkeit: »Hä?« Dabei kann ich mich schon glücklich schätzen, wenn überhaupt ein Preisschild neben einem Werk hängt. Galerien sind sich nämlich in der Regel zu fein dafür. Stattdessen wird neben die Werke »Preis auf Anfrage« geschrieben. Wird der Preis je nach Person angepasst? Was soll das? Wieso wird ein künstliches Geheimnis daraus gemacht? Wie bei Menschen, die man nicht nach ihrem Alter fragen darf und stattdessen nervig herumraten muss.

STEILVORLAGE FÜR STEUERHINTERZIEHUNG

Die Kunstszene setzt grundsätzlich sehr auf Verschwiegenheit, was sich besonders bei einem Phänomen zeigt: den sogenannten »Zollfreilagern«. Das sind spezielle Lagerhäuser, die eigentlich dafür geschaffen wurden, importierte Waren kurzfristig, steuerfrei und unverzollt zwischenzulagern, bis sie weiterexportiert werden. Mittlerweile werden Zollfreilager aber auch dauerhaft als Unterkunft für Luxusgüter genutzt, vor allem für Kunst. Im Prinzip ist das ein Duty-free-Shop für Bilder, nur ohne Zigarettenstangen und gigantische Toblerone-Packungen. Allein in der Schweiz soll der Gesamtwert der eingelagerten Waren in Zollfreilagern bei über 100 Milliarden Franken liegen. Und das ist eher eine konservative Schätzung.

Fachleute bezeichnen das Zollfreilager in Genf als »das größte Museum der Welt«, weil hier so viel Kunst untergebracht ist. Es ist ein gigantischer Bilderbunker, in dem unter anderem die zweitgrößte Picasso-Sammlung der Welt mit ca. 300 Werken lagert. Alles im Verborgenen, alles perfekt klimatisiert und hermetisch abgesichert. Es gibt sogar eigene Showrooms mit Sofas und allen Annehmlichkeiten, um Sammlungen angemessen präsentieren und verkaufen zu können. So wechseln Bilder teilweise mehrmals ihre Besitzer, ohne das Lager jemals zu verlassen. Für sehr wohlhabende Menschen gibt es kaum einen besseren Ort, um ihre Sachwerte zu verstauen. Kein Wunder also, dass der *Salvator mundi* sich laut Gerüchten in einem Schweizer Zollfreilager befindet. Andere sagen, das Bild sei auf einer Megayacht. Angeblich soll für das Gemälde demnächst ein eigenes Museum in Abu Dhabi gebaut werden. Wo auch immer es sich mittlerweile befindet und was damit passiert, es ist ein Lehrstück: Informiert euch gut, wenn ihr 450 Millionen für ein Bild ausgebt.

DIE KUNST UND DAS GELD

Das Verhältnis von Kapitalismus und Kultur ist ein Thema, das in etlichen Kunstwerken aufgegriffen und reflektiert wird. Beispielsweise stand 2022 auf der Kunstmesse Art Basel ein Geldautomat des Kunstkollektivs MSCHF. Anstatt Geld abzuheben, konnte man hier damit angeben. Denn nach Einführen der Bankkarte wurde weithin sichtbar der Kontostand angezeigt und dazu ein Foto der Person gemacht. Die Gesichtsausdrücke waren fast so schön wie bei den obligatorischen Überraschungsfotos aus der Achterbahn. Auf der Art Basel erfreute sich der Geldautomat großer Beliebtheit und sagte damit schon viel über das Publikum aus. Rasch entwickelte sich ein Wohlstandswettbewerb, den Highscore holte ein Pärchen mit einem Kontostand von 9,5 Millionen US-Dollar. Sie hätten sich genauso gut einen Zettel mit »Raubt uns aus« auf den Rücken kleben können.

Der Geldautomat war ein richtiger Hingucker, besonders bei TikTok gingen Videos davon viral. Genau diese Art von Publicity ist auf dem Kunstmarkt zu einer Währung geworden. Der geschredderte Banksy stieg vor allem deshalb so stark im Wert, weil so viel darüber berichtet wurde. Christa Sommerer und Laurent Mignonneau treiben diese Art der Wertsteigerung auf die Spitze. Ihre Arbeit *Der Wert der Kunst – Schafskopf* besteht aus einem alten Gemälde von einem Schaf. Unter dem Bild ist ein Bewegungssensor angebracht, der misst, wie lange Leute vor dem Bild stehen. Je länger das Werk betrachtet wird, desto mehr steigt sein Wert. Dieser wird konstant unter dem Bild auf einen Kassenbon gedruckt. Es kann so einfach sein: Kunstwerk kaufen, den ganzen Tag davorstehen, Preis steigern, reich werden. Warum kommt dieses Erfolgsrezept in keinem Finanz-Coaching-Video auf YouTube vor?

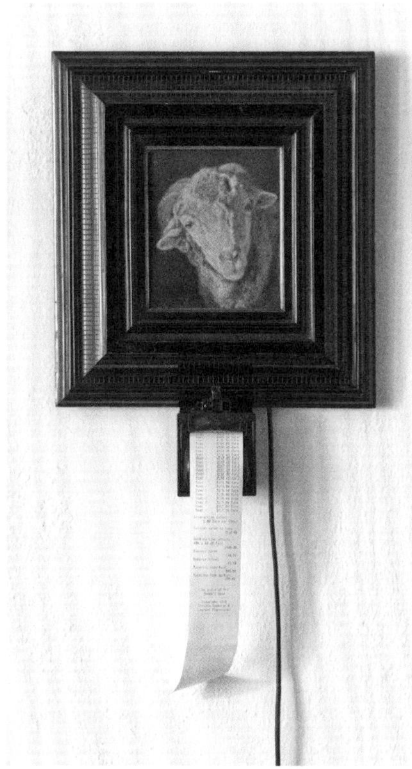

Christa Sommerer und Laurent Mignonneau: *Der Wert der Kunst – Schafskopf*, 2010

DER PREIS IST HEISS

Dass die Preise für Kunst durchaus etwas beliebig sein können, zeigt ein Experiment von Yves Klein. Ich habe euch bereits seine immateriellen Werke erläutert, aber vor allem ist Klein bekannt für seine einfarbigen Bilder in leuchtendem Blau. 1957 stellte der Künstler elf seiner blauen Gemälde aus, alle waren identisch in Format und Farbe. Allerdings verlangte er für jedes Werk einen anderen Preis und sein Plan ging tatsächlich auf: Die Leute wählten gewissenhaft ihre Lieblingsbilder aus und alles wurde verkauft.

Auf dem Kunstmarkt muss man mitunter Geduld mitbringen, um sein Geld überhaupt loswerden zu können. Es gibt Künstlerinnen und Künstler, deren Werke so begehrt sind, dass es Wartelisten für noch nicht gemalte Bilder gibt. Jedoch ist das nur die Spitze des Kunstmarkts, die meisten Werke werden für unter zehntausend Euro gehandelt. Die Medienberichte über Rekordpreise und Erfolgsgeschichten verzerren daher die Realität und kreieren den Eindruck, Kunst sei insgesamt unbezahlbar. Man muss auch festhalten: Nur die wenigsten Kunstschaffenden sind wirtschaftlich richtig erfolgreich. Ein Großteil kann von der Kunst allein nicht leben und finanziert sich über Zweitjobs. In seinen Werken thematisiert der kapitalismuskritische Künstler Oliver Breitenstein die prekären Verhältnisse in der Kunstbranche. Seine Kontoauszüge, allesamt im Minus, machte er einmal zu großen Plakaten in einer Berliner U-Bahn-Station. Es ist der exakte Gegenentwurf zu dem Geldautomaten auf der Art Basel.

FASZINIEREND, ABER FAKE: DIE MEISTER DER FÄLSCHUNG

»Ich konnte meiner Ergriffenheit beim ersten Anblick dieses Meisterwerkes nur schwer Herr werden […] Komposition, Ausdruckskraft und Farbgebung – sie alle wirken einträchtig zusammen und bilden eine Einheit von höchster Kunst und größter Schönheit.« So hochtrabend beschrieb der Kunsthistoriker Abraham Bredius das Bild *Christus und die*

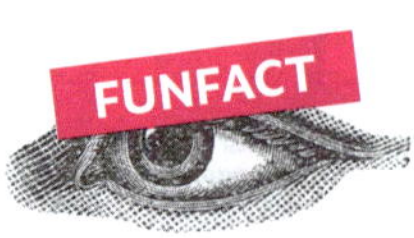

Die Schweizer Künstlerin Katharina Hohmann verkauft ihre Kunst an einem ungewöhnlichen Ort: im Finanzamt in Karlsruhe. Ihr Werk befindet sich in kleinen Flakons, denn die Künstlerin hat den Geruch von Geld nachgebaut. Dieser besteht unter anderem aus Feigenblättern, Wildleder und erstaunlicherweise auch aus Cannabis. Jetzt verstehe ich, warum Geld das Leben entspannter machen soll.

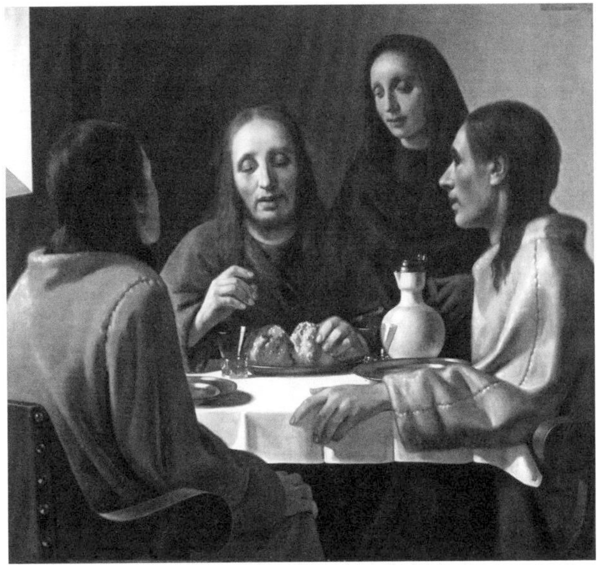

Han van Meegeren: *Christus und die Jünger in Emmaus*, 1936–1937
(Fälschung, als Jan Vermeer ausgegeben)

Jünger in Emmaus von dem Künstler Jan Vermeer. Seine Lobeshymne wurde jedoch zur Blamage, denn das Gemälde entpuppte sich als Fälschung.

Immer wieder wird die Kunstwelt mit unechten Werken hinters Licht geführt, denn wo Geld ist, ist auch Betrug. Schätzungen gehen davon aus, dass etwa 30 Prozent aller Werke auf dem Kunstmarkt gefälscht sind. Das ist ein ernsthaftes Problem, weil dadurch wissenschaftliche Erkenntnisse verzerrt werden können. Außerdem richten Fälschungen erheblichen finanziellen Schaden an. Nichtsdestotrotz sind Fakes faszinierend, weil sie die Regeln brechen und das System austricksen. Die Kriminellen gehen dabei sehr unterschiedlich vor, von geschickt bis plump ist alles dabei. Hier sind sechs der spannendsten Geschichten:

DER PLAKAT-PRANK

2011 wurde die Druckgrafik *Onkel Rudi* von Gerhard Richter für 3 500 Euro versteigert. Bald stellte sich heraus, dass das deutlich überteuert war. Denn eigentlich handelte es sich um ein stinknormales Ausstellungsplakat für 15 Euro. Bei dieser frechen Fälschung wurde die Schrift auf dem Poster einfach abgeschnitten und die Künstlersignatur imitiert. Dreistigkeit siegt!

FAKE FOR TRUMP

Donald Trump ist nicht unbedingt bekannt als Liebhaber der Bildenden Künste, dennoch besitzt er ein Bild des berühmten französischen Impressionisten Pierre-Auguste Renoir, die *Zwei Schwestern* von 1881. Das Werk hing eine Zeit lang in einem seiner Jets, wo Kunst nun mal so hängt. Trump hat immer wieder damit angegeben, dass ihm ein echter Renoir gehört. Es gibt nur eine kleine Unstimmigkeit: Im Art Institute of Chicago hängt seit 1933 genau das gleiche Bild. Und Renoir hat keine zwei Versionen davon gemalt. Das Museum kann eine lückenlose Herkunftsgeschichte für das Gemälde vorweisen, Trump nicht – er muss folglich eine Fälschung besitzen. Das sind dann wohl diese Fake News, von denen er immer spricht.

DER PHANTOM-KÜNSTLER

Bohumil Samuel Kečíř war ein unbekannter jüdischer Künstler aus Tschechien. Er wurde 1904 geboren, studierte in Paris und wurde von den Nazis verfolgt. Später war er lange in einer psychiatrischen Klinik, wo ein Großteil seiner Werke entstand. Es ist eine tragische Künstlerbiografie mit dem nicht unwichtigen Detail, dass dieser Maler wohl nie existiert hat. Offenbar hat sich hier jemand gedacht: Warum sollte man Bilder eines bestimmten Künstlers fälschen, wenn man einfach einen neuen Künstler erfinden kann? Angeblich stammte Kečíř aus Holuci in Böhmen. Allerdings existiert diese Stadt auf keiner Landkarte, der Fantasiekünstler kam also passenderweise in einem Fantasieort zur Welt. Insgesamt lassen sich keine stichhaltigen Beweise für Kečířs Existenz finden. Trotzdem werden seine Bilder rege gehandelt, es sollen sich bis zu 5 000 Arbeiten im Umlauf befinden. Der Marktwert von Kečířs Gesamtwerk wird auf mehrere Millionen Euro geschätzt. Falls ihr Interesse habt: Bei eBay werden viele Bilder von Kečíř angeboten. Seine Biografie ist vielleicht nicht echt, aber immerhin ist die Story gut.

ATTACKE AUF ARCHIVE

Wie findet man heraus, ob man es mit einer Fälschung zu tun hat? Ein wichtiger Weg ist die Recherche in Archiven, um zu überprüfen, ob es Aufzeichnungen und Erwähnungen zu dem vorliegenden Kunstwerk gibt. Deshalb ging der Fälscher John Drewe genau dorthin und manipulierte Dokumente. Er trennte Seiten aus Büchern oder setzte neue ein, klebte Fake-Abbildungen in Kataloge oder fälschte gleich ganze wissenschaftliche Publikationen. Anschließend brachte Drewe gefälschte Bilder von seinem Komplizen John Myatt in den Handel. Wenn nun die Auktionshäuser und Galerien bei den Archiven anfragten oder selbst nachschauten, fanden sie Hinweise auf die Werke, die genauso gefälscht waren wie die Bilder. Drewe verschaffte den falschen Gemälden auf diese Weise einen glaubwürdigen Background. Das gerissene Verbrecher-Duo verkaufte knapp zehn Jahre lang etwa 200 Fälschungen von Marc Chagall bis Henri Matisse. Drewe und Myatt haben wohl sogar Staub aus ihrem Staubsauger geklaubt, um ihre Bilder damit auf alt zu trimmen. Die ganze Masche flog nur auf, weil die verlassene Ex-Freundin des einen Fälschers aus Rache bei der Polizei auspackte und zeitgleich ein Galerist skeptisch wurde.

GEFÄLSCHTER FÄLSCHER

Fernand Léger ist ein berühmter Künstler, der vor allem in der ersten Häfte des 20. Jahrhunderts wichtige Impulse für die moderne Malerei gesetzt hat. In fast allen bedeutenden Museumssammlungen ist er vertreten, doch das war nicht immer so. Am Anfang seiner Karriere war Léger komplett unbekannt und vor allem bitterarm. Seine Motive fanden keine Abnehmer, also verkaufte er teilweise die Spannrahmen seiner Bilder, weil sich Leute wenigstens für das Holz interessierten. Demütigender geht es wohl kaum. Aber immerhin kam die Wertschätzung noch, denn mittlerweile liegt der Auktionsrekord von Léger bei 39,2 Millionen US-Dollar. Wow, hätte ich mich geärgert, wenn ich statt eines Gemäldes nur ein paar Bretter des Künstlers gekauft hätte.

Kurz vor Légers Tod kam dann ein erstaunliches Geständnis: Aus lauter Geldnot hatte der Maler zeitweise in einer Fälscherwerkstatt gearbeitet. Hier hatte er Werke des Künstlers Camille Corot gefälscht, ein Vorreiter des Impressionismus. Offenbar ging Léger dabei sehr geschickt vor, denn bisher konnten seine Fakes nicht identifiziert werden. Am Ende schließt sich der Kreis, denn heute ist Léger ein Künstler, der gerne mal gefälscht wird.

VIER MILLIONEN BRIEFMARKEN MIT EINER FÄLSCHUNG

Restauratorinnen und Restauratoren bemühen sich stets, den Originalstatus eines Kunstwerks wiederherzustellen. Wenn kleine Bildstellen abgeplatzt sind, werden sie neu gemalt, streng nach Originalvorlage. Sobald allerdings die kaputten Partien so groß sind, dass man sich ausden-

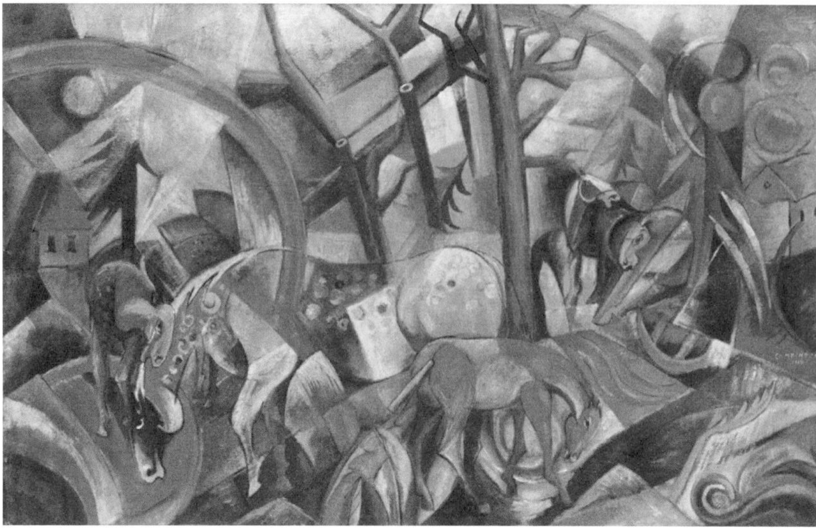

Wolfgang Beltracchi: *Rotes Bild mit Pferden*, angeblich 1914 (Fälschung, als Heinrich Campendonk ausgegeben)

ken müsste, was dort einmal war, wird so etwas nicht restauriert. Einer sah das jedoch entschieden anders: der Künstler Lothar Malskat. Dieser spezialisierte sich nach einer Malerausbildung in den 1930er-Jahren auf das Restaurieren von Kirchen. Nach dem Zweiten Weltkrieg wurde er in Lübeck eingesetzt, da die dortige Marienkirche und die mittelalterlichen Wandmalereien stark beschädigt waren. Vor den Stellen, wo so gut wie nichts mehr erhalten war, machte Malskat nicht halt. Er malte hier einfach das, worauf er Lust hatte. Fachleute waren von dem Ergebnis zunächst begeistert. Es wurden insgesamt vier Millionen Briefmarken von den wundersamen Wandmalereien gedruckt. In Sammlerkreisen sind diese echten Briefmarken mit dem falschen Motiv bis heute sehr beliebt.

Letztendlich gestand Malskat seine Fälschung und gab außerdem zu: Er hatte bereits im Nationalsozialismus in Kirchenmalerei aus dem 13. Jahrhundert eigene Motive reingemalt, unter anderem tauchten dort Truthähne auf. Die gab es im Mittelalter aber noch gar nicht in Deutschland. Diese Tiere kamen erst deutlich später aus Amerika nach Europa. Die Nazis sahen in den Wandmalereien jedoch den Beweis dafür, dass die Wikinger als Erste Amerika entdeckt hatten. Die Geschichte wurde kurzerhand umgeschrieben. Fälschungen können also erheblichen Einfluss haben, in diesem Fall auf die Dummheit der Nazis.

FÄLSCHUNGEN SIND STORYTELLING

Es war das Gemälde *Rotes Bild mit Pferden*, das dem Fälscher Wolfgang Beltracchi schließlich das Genick brach. 2006 wurde das Bild für 2,9 Millionen Euro versteigert. Erst nach der Auktion wurde eine materialtechnische Analyse vorgenommen. Warum sollte man auch vor einem millionenschweren Verkauf das Kunstwerk genauer unter die Lupe nehmen? Die Analyse offenbarte ein schockierendes Ergebnis: Das Bild enthielt das chemische Farbpigment Titanweiß, obwohl es das zur angeblichen Entstehungszeit 1914 noch gar nicht zu kaufen gab. Leider stammte das Werk nicht aus *Zurück in die Zukunft*, sondern war schlichtweg eine Fälschung. Auf einmal brach ein riesiges Lügenkonstrukt in sich zusammen und der größte Fälschungsskandal Deutschlands kam ans Licht.

Wolfgang Beltracchi hatte über Jahrzehnte Gemälde von verschiedenen Künstlern gefälscht. Laut eigener Aussage waren es um die 300 Werke, wobei man gerade Fälschern nicht alles glauben sollte, was sie sagen. Beltracchis Taktik war nicht neu, aber clever: Er malte hauptsächlich verschollene Bilder, *Rotes Bild mit Pferden* ist ein gutes Beispiel dafür. Geschaffen wurde das Werk vom Künstler Heinrich Campendonk. In einem alten Ausstellungskatalog wird es aufgelistet, jedoch ohne eine Abbildung. Im Zweiten Weltkrieg ging das Gemälde verloren, nur der Titel wurde überliefert. Niemand wusste mehr, wie das Bild aussah, und so ließ Beltracchi es eigenhändig wiederauferstehen, ganz im Campendonk-Stil gemalt. Damit seine Werke authentisch wirkten, benutzte Beltracchi alte Leinwände und kreierte einen muffigen Geruch, indem er die Bilder Zigarettenqualm aussetzte. Rauchen gefährdet also nicht nur die Gesundheit, sondern auch die Kunstszene.

Eine gute Fälschung ist allerdings nur die halbe Miete, es braucht vor allem eine plausible Geschichte. Diese lieferte Wolfgang Beltracchis Ehefrau Helene. Kurzerhand wurde ihrem verstorbenen Großvater Werner Jägers eine große Kunstsammlung angedichtet. Dafür spielte Helene Beltracchi sogar Familienfasching: Sie verkleidete sich als ihre Großmutter, hängte alle möglichen gefälschten Bilder an die Wände und stellte historische Fotos nach. Diese dienten als sichtbarer Beweis für die Existenz der Kunstsammlung und zeigten gleichzeitig jede Menge unbekannte Gemälde, die nun verkauft werden konnten.

Der Handel und die Fachwelt reagierten enthusiastisch auf die wie von Zauberhand erscheinenden Bilder, lange funktionierte der Betrug, die Beltracchis und ihre Gehilfen verdienten Millionen. Wirklich mutig ist, dass sie ihre Fälschungen teilweise zu Fachleuten brachten und echte Expertisen einholten. Das machte die falschen Bilder besonders glaubwürdig. Über seine Festnahme hinaus blieb Beltracchi ausgefuchst. 2014 erschien der Film *Beltracchi – Die Kunst der Fälschung*, der sein Image als lustiger Lebemann maßgeblich geprägt hat. Die Dokumentation wurde aber interessanterweise vom Sohn seines Anwalts gedreht. Das macht sie ungefähr so glaubwürdig, als würde meine Mutter die Rezension über dieses Buch schreiben. Aber Fälscher wissen nun mal sehr gut, wie man Menschen beeinflusst. Oft werden sie als Scharlatane gefeiert, die der Kunstwelt den Spiegel vorhalten. Dabei geht es am Ende auch hier vor allem ums Geld – und da sind sich Kunstmarkt und Fälscher ja gar nicht so unähnlich.

8/ PORTRÄTS SIND GNADENLOS

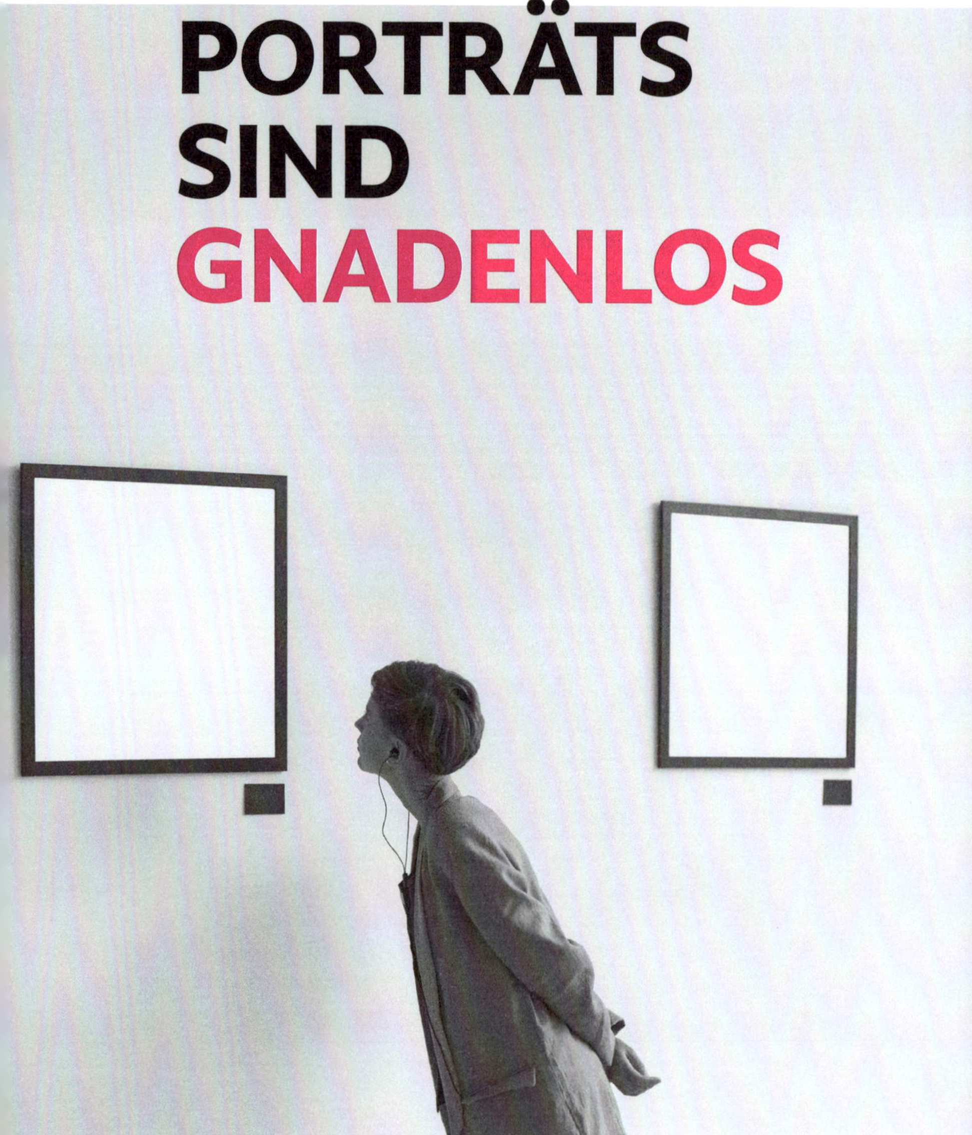

In diesem Ausstellungsraum schauen wir der Wahrheit ins Gesicht. Wie sich Menschen auf Social Media inszenieren, sagt unangenehm viel über sie aus. Ich habe einen besonders wilden Freund, der auf Facebook ein Blitzerfoto von sich selbst als Profilbild hat. Ihr merkt, ich kenne echte Gangster. Schon vor Jahrhunderten ließen Selbstbildnisse tief blicken, wie ein Seelenstriptease in goldenen Rahmen. Porträts fangen Persönlichkeiten ein: Wütend, unsicher, selbstbewusst, genervt, es ist alles dabei. Seien es die Selfies von Albrecht Dürer und Frida Kahlo oder entlarvende Auftragswerke – Porträts zeigen oft mehr, als den Dargestellten lieb ist.

FIESE FRATZEN UND AUSDRUCKSSTARKE BILDNISSE

Mit Anfang 20 habe ich einen Aktzeichenkurs besucht. Ich saß an einer Staffelei ohne Ahnung, was mich erwartet. Plötzlich zog sich ein Typ neben mir komplett aus, ging nach vorne und ließ sich nackt zeichnen, als wäre es das Normalste der Welt. Ich wusste damals noch nicht, dass das immer ein professionelles Modell ist, und dachte nur: »Oh Gott, wenn das hier der Reihe nach geht, bin ich als Nächster dran.« Erst am Ende der Sitzung fiel die Anspannung von mir ab. Aber vorsichtshalber ging ich kein zweites Mal hin.

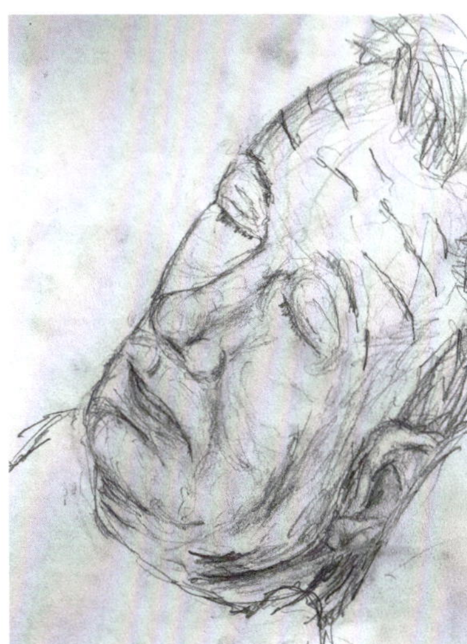

Jakob Schwerdtfeger: *Mittagsschlaf*, 2009

Ich habe mir daraufhin ein anderes Modell zum Zeichnen gesucht und das war mein Vater bei seiner Lieblingsbeschäftigung: schlafen. Immerhin war er dabei angezogen. Ich hatte also mein schnarchendes Modell vor mir und habe schnell gemerkt, wie schwierig es ist, ein anatomisch korrektes Porträt hinzukriegen. Es heißt ja »die Augen sind der Spiegel der Seele« – das kann ich bei meiner Zeichnung von einem Schlafenden nicht unbedingt behaupten. Ganz anders ist das bei den Familienporträts des Künstlers Thomas Struth. Er gehört zur renommierten Düsseldorfer Fotoschule, die sich vor allem durch kühle, sachliche Aufnahmen auszeichnet.

EINE SCHRECKLICH NETTE FAMILIE

Um seine Porträts aufzunehmen, besucht Struth befreundete Familien oder solche, mit denen er beruflich zu tun hat, an ihren Wohnorten. Für seine Fotos wählt er den Raum und den Bildausschnitt aus. Wie sich die Personen präsentieren und anordnen wollen, überlässt der Künstler den Dargestellten. Es entstehen sehr intensive und vielschichtige Aufnahmen, wie etwa *Die Familie Schäfer*. Offenbar hat Thomas Struth hier nicht das obligatorische »Und jetzt alle Cheeeeeese« gerufen, denn die Schäfers gucken wie auf einem Fahndungsfoto. Sofort stellen sich viele Fragen: War-

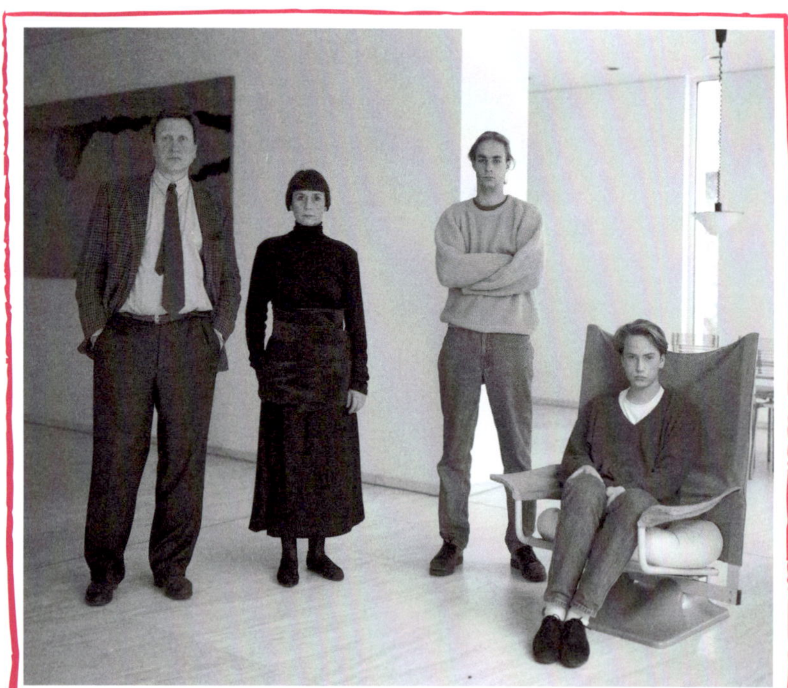

Thomas Struth: *Die Familie Schäfer*, Meerbusch, 1990

um stehen die Familienmitglieder so weit auseinander? Wie ist das Verhältnis zwischen Eltern und Kindern? Wird sich in dieser Familie viel umarmt? Wieso steht der eine Junge selbstbewusst und verschlossen da, während der andere sitzt, als würde er in der U-Bahn eingequetscht werden? Und warum sieht der Sessel aus wie eine Mischung aus teurem Design, Behandlungszimmer und Campingplatz?

»Lächelnde Gesichter mag ich nicht. Davon gibt es allzu viele Beispiele in den Magazinen.«

Thomas Struth

Für mich hat diese Aufnahme etwas sehr Entlarvendes, dabei ist es einfach nur ein Familienfoto. Doch der Künstler schafft es hier, hinter die Fassade zu gucken, hinter die heile Welt, die jede Familie nach außen trägt. Ich frage mich: Wie würde wohl ein Foto meiner Familie aussehen und was würde das über uns aussagen? Bei Struth gerät man auf den Präsentierteller, seine riesigen Formate laden besonders zur Analyse ein. Es gibt Abzüge von *Die Familie Schäfer* mit den Maßen 166 × 198 cm, das ist fast lebensgroß, wie früher der Starschnitt in der Bravo. Die Idee zu den Familienporträts entwickelte Struth zusammen mit einem befreundeten Psychoanalytiker. Dieser ließ sich von seinen Patientinnen und Patienten Familienfotos mitbringen, um mehr über deren biografische Hintergründe zu erfahren. Struth interessierte sich für diese Art Aufnahmen und setzte sich auch mit Fotos aus seiner eigenen Vergangenheit auseinander. Er war fasziniert davon, wie deutlich sich familiäre Beziehungen in den Bildern offenbarten. Ein Familienalbum gibt nun mal eine Menge preis.

Thomas Struth studierte ursprünglich Malerei und wechselte erst später zur Fotografie. Ich finde, seine Aufnahme hat tatsächlich ein bisschen was von einem Gemälde mit den steifen, eingefrorenen Posen. Ein spontaner Schnappschuss sieht auf jeden Fall anders aus. Das Familienfoto könnte auch eine Art modernes Bürgertumbildnis sein, nur statt prunkvoller Villa mit Brokat ist es ein minimalistisches Zuhause mit einem komischen Sessel.

SCHONUNGSLOS STATT SCHMEICHELHAFT

Für Thomas Struth hätte ich schon ungern Modell gestanden, aber bei Otto Dix wäre ich erst gar nicht erschienen oder hätte hinterher Schadensersatz gefordert. Seine Familienbildnisse sind extrem schonungslos, zum Beispiel das Gemälde *Familie des Malers Adalbert Trillhaase*. Wurde das Bild an Halloween gemalt? Die Gesichter sind regelrechte Fratzen und alles andere als schmeichelhaft. Man kann sich schwer vorstellen, wie die Familie zu Hause Besuch empfängt, das Gemälde präsentiert und stolz sagt: »Guckt mal, wie toll uns Otto Dix hier getroffen hat.« Adalbert Trillhaase hat auf dem Bild Ohren wie Mr. Spock – dabei war er nicht nur ein Freund, sondern der Vermieter von Dix. Stellt euch mal vor, ihr malt so ein Porträt von eurem Vermieter, das schreit ja geradezu nach einer fristlosen Kündigung.

Otto Dix zählt stilistisch zur Neuen Sachlichkeit, das ist eine Kunstströmung zur Zeit der Weimarer Republik. Den Kunstschaffenden ging es um ungeschönte Darstellungen der harten Realität und der Schattenseiten der Gesellschaft. Dix war im Ersten Weltkrieg an der Front gewesen und malte danach Bilder, die den Horror der Schützengräben einfingen. Die Porträts von seinen Mitmenschen überzeichnete er stark, es sind drastische Bilder zwischen Hässlichkeit, Elend und Dekadenz. Seine Kunst ist das Kontrastprogramm zu jedem digitalen Beautyfilter.

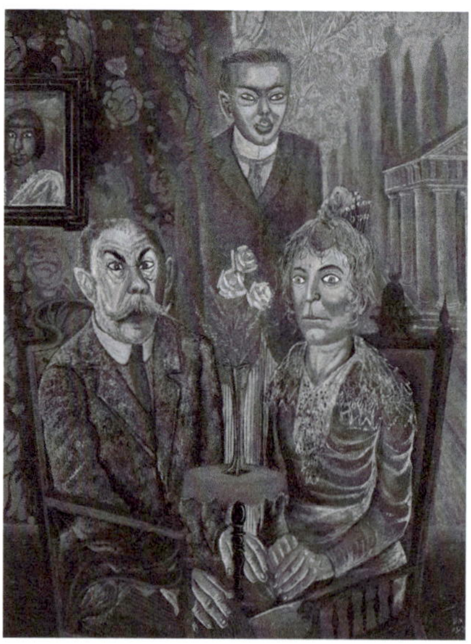

Otto Dix:
Familie des Malers Adalbert Trillhaase, 1923

»Der Maler ist das Auge der Welt.«

Otto Dix

Die Porträts von Dix machen klar, dass ausdrucksstarke Kunst nicht immer schön und gefällig sein muss. Für Weltruhm braucht

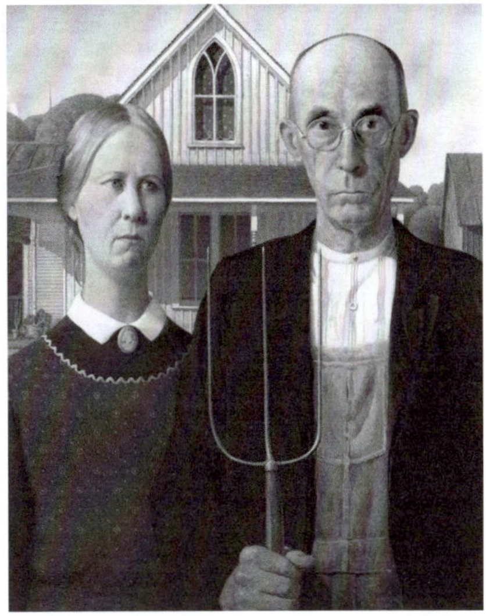

Grant Wood:
American Gothic, 1930

es kein nettes Lächeln, der beste Beweis ist das Gemälde *American Gothic* von Grant Wood, ein bedeutender Maler in den USA der 1930er-Jahre. Die beiden Dargestellten auf dem Bild schauen wie Eltern, die einen beim Rauchen erwischt haben. Die Heugabel macht die Wirkung nicht weniger bedrohlich und trotzdem erfreut sich dieses Gemälde großer Beliebtheit, es taucht sowohl bei den *Simpsons* als auch im Vorspann von *Desperate Housewives* auf. Manche Farmer fühlten sich von dem Gemälde jedoch angegriffen und beschwerten sich darüber, dass die Landbevölkerung so ausdruckslos und griesgrämig dargestellt würde. Eine Frau drohte dem Maler angeblich sogar damit, ihm das Ohr abzubeißen, was vielleicht nicht der beste Weg ist, um gute Laune zu demonstrieren. Bei all den unterschiedlichen Reaktionen auf das Bild wird deutlich: Offenbar hat es einen Nerv getroffen.

Kunschaffende gehen mit ihren Porträts unter die Oberfläche, es sind mehr als Schnappschüsse und gedankenlos hingepinselte Bildnisse. Oder um es mit der afroamerikanischen Künstlerin Mickalene Thomas zu sagen: »Porträts sind sehr effektvoll. Sie stellen etwas dar in der Welt … weil sie bemüht sind, den Kern von jemandem zu erfassen.«

JAN VERMEER: WELLNESS FÜR DIE AUGEN

Dienstmagd mit Milchkrug: Langweiliger kann man ein Porträt nicht betiteln. Es wirkt, als hätte das ein müder Sachbearbeiter noch kurz vor Feierabend rausgehauen. Und doch ist *Dienstmagd mit Milchkrug* eine treffende Beschreibung, denn auf dem Gemälde gießt eine Frau einfach nur Milch in eine Schüssel. Das war's. Es ist die absolute Anti-Action.

HERRSCHERBILDNIS AUS OBST UND GEMÜSE

Während manche Künstlerinnen und Künstler mit ihren Motiven schonungslos umgehen, sehen die Porträtierten des Malers Giuseppe Arcimboldo zum Anbeißen aus – wortwörtlich. Das Gemälde von Kaiser Rudolf II. ist das wohl vitaminreichste Herrscherbildnis überhaupt. Das Bild ist über 400 Jahre alt und ein Ausreißer der Porträtkunst. Laut Zeitgenossen soll es große Ähnlichkeit mit dem Dargestellten gehabt haben, was bei der Kürbisstirn und der Birnennase eher kein Kompliment ist. Kaiser Rudolf II. wird hier als der römische Gott Vertumnus dargestellt, der unter anderem für den Wechsel der Jahreszeiten zuständig war. Arcimboldos Köpfe aus Obst, Gemüse und anderen Pflanzen waren sein Markenzeichen und sogar Aldi gestaltete eine Werbekampagne in diesem Stil.

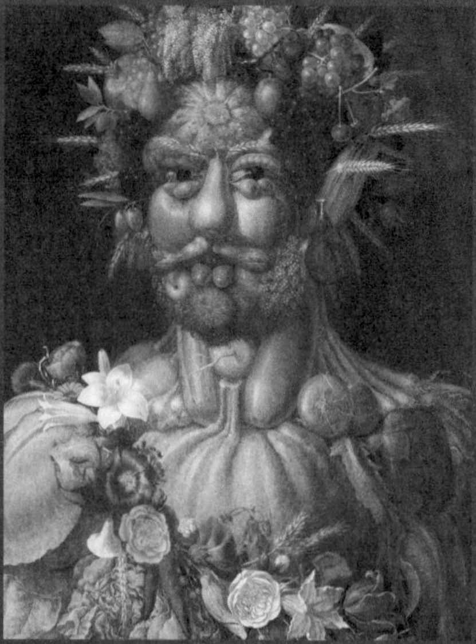

Giuseppe Arcimboldo:
Kaiser Rudolf II. als Vertumnus, 1591

Arcimboldo ist ein Vertreter der Spätrenaissance. Ein paar Jahrzehnte vorher waren die Kunstschaffenden noch um möglichst exakte Porträts bemüht, nun wurden die Bilder verspielter und fantasievoller. Doch so sehr aus der Reihe getanzt wie Arcimboldo ist sonst niemand. Rudolf II. hat übrigens noch Glück gehabt, denn Arcimboldos Herrscherporträt von Maximilian II. besteht komplett aus Fischen und anderen Meerestieren.

Trotzdem zieht mich dieses Bild komplett in den Bann. Ich stand schon bei drei Besuchen in Amsterdam im Rijksmuseum davor und konnte mich jedes Mal nicht von dem Anblick lösen. Die Leute hinter mir müssen mich richtig gehasst haben. Was fasziniert mich so sehr an diesem Porträt von Jan Vermeer?

Es ist der Milchstrahl. Es ist dieser schmale weiße Streifen, der nur ein paar Millimeter breit ist. Dieser Schluck Milch ist mit so viel Liebe gemalt. An einigen Stellen wurde die Farbe ganz dünn aufgetragen, fast durchsichtig. An anderen Stellen hat Vermeer in das dickere Weiß ein ganz bisschen Gelb gemischt. Diese Feinheiten lassen die Milch selbst aus der Entfernung richtig plastisch wirken. Wie viele Liter davon muss das Modell in die Schüssel gegossen haben, damit Vermeer das ausführlich

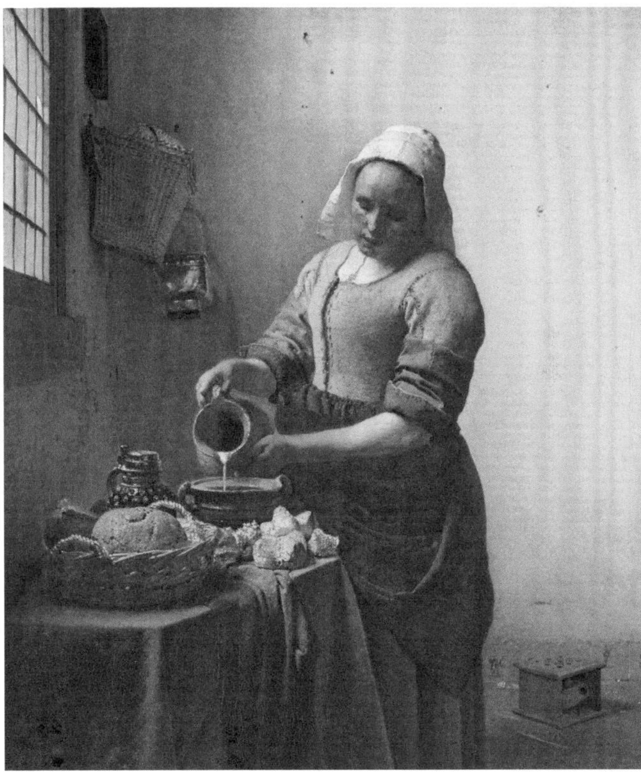

Jan Vermeer:
Dienstmagd mit Milchkrug, 1658–1660

studieren konnte? Und warum hat noch keine Müslifirma diese geniale Milchdarstellung auf ihre Packung gedruckt?

Der Künstler lenkt unseren Blick geschickt auf den Krug. Ihm widmet die Magd ihre gesamte Aufmerksamkeit. Sie scheint alles um sich herum zu vergessen und genauso geht es mir, wenn ich dieses Bild betrachte. Dermaßen vertieft in etwas bin ich ansonsten höchstens beim Bügeln oder am Smartphone, wenn ich mich nach zehn Minuten auf Instagram frage, was ich eigentlich mit dem Handy wollte. Vermeer malt einen völlig beiläufigen Augenblick, der sonst sofort vergessen wäre. Er betont damit die Schönheit des Alltäglichen und setzt sie perfekt in Szene. Vermeer ist ein Meister, wenn es darum geht, intime und persönliche Porträts zu malen. Sein Gesamtwerk umfasst lediglich 37 Bilder, ein Großteil davon zeigt Menschen, die tief in Gedanken sind und abwesend in die Gegend stieren.

Ich könnte hier jetzt hochtrabende Interpretationen und Begründungen liefern, aber am Ende beruhigt es mich einfach unglaublich, der Magd beim Milchgießen zuzugucken. Es ist eine so simple, meditative Tätigkeit, so ein unbedeutender Moment, und ich glaube, genau darin liegt die Magie dieses Porträts. Vielleicht werde ich alt, aber ich mag es, dass hier so gut wie nichts los ist. Für mich verkörpert dieses Gemälde die Ruhe, die ich mir selbst zu selten gönne. Auch das kann Kunst sein: Wellness für die Augen.

SCHRÄGE SELBSTPORTRÄTS: ALBRECHT DÜRER BIS FRIDA KAHLO

In jedem guten Kriminalfilm gibt es diese eine Ermittlerin, die ein Fall nicht loslässt. Nach Feierabend tapeziert sie ihre Wohnung wie besessen mit Indizien, alle Wände sind mit Papier übersät, als wäre eine Brainstormingsession außer Kontrolle geraten. Die größenwahnsinnige Version davon habe ich 2021 in einer Ausstellung der *Berlinischen Galerie* gesehen. Gezeigt wurden Arbeiten der Installationskünstlerin Alicja Kwade. Selten war ich von einem Kunstwerk so überwältigt, denn Kwade hatte ihr komplettes Genom ausgedruckt. Zehn Meter hohe Decken, ein riesiger Raum, jede Wand voll mit A4-Blättern und überall auf dem Boden Papierstapel – insgesamt 314 000 Seiten. Irgendein Copyshop hatte hier ein Vermögen verdient. Zugegeben, es gibt spannendere Lektüre als ein Genom, das ja nur aus den vier Buchstaben C, G, A und T besteht, die millionenfach variiert werden. Manche Blätter sahen aus, als wäre jemand beim Tippen eingeschlafen und hätte mit dem Gesicht minutenlang dieselbe Taste gedrückt. Aber es war beeindruckend zu sehen, wie unfassbar komplex und gigantisch unser Erbgut ist – und wie viel Papier man verschwenden kann.

Das ausgedruckte Genom umfasste 3,1 Milliarden Zeichen, ein Selbstporträt der ganz anderen Art – sehr persönlich und gleichzeitig vollkommen ungreifbar. Ich würde die Künstlerin darauf jedenfalls nicht wiedererkennen. Alicja Kwade beschäftigt sich in ihrer Kunst viel mit sich selbst, allerdings auf sehr ungewöhnliche Weise. In der Berliner Ausstellung wurde beispielsweise ihr Herzschlag live ins Museum übertragen. Als ich dort war, hatte die Künstlerin offenbar gerade Sport gemacht oder sehr viel Kaffee getrunken, denn ihr Herz ging gut nach vorne. Ihr *Selbstporträt, 2020/2021* war auch alles andere als klassisch. Es bestand aus einem weißen Rahmen mit kleinen Glasampullen, darin waren gelbes Pulver, dunkle Flüssigkeiten oder silberne Stückchen. Die bunten Substanzen wirkten, als kämen sie aus irgendeinem Berliner Szeneclub. Tatsächlich handelte es sich aber um die 24 chemischen Elemente, aus denen der menschliche Körper besteht. Kwade bricht den Menschen damit auf das Minimum seiner Bauteile herunter, ein maximal unromantisches Selbstporträt.

2023 habe ich ebenfalls in Berlin in der Neuen Nationalgalerie eine Ausstellung von Monica Bonvicini gesehen. Die Künstlerin wählt für ihre Arbeiten die verschiedensten Materialien und Medien. Mein Highlight war ein Hunderte Quadratmeter großer Teppich, der nur aus Fotos von Hosen bestand, die die Künstlerin unachtsam ausgezogen hatte. Es war ein absolutes Klamottenchaos wie nach einem ausgearteten Saufabend. Der Teppich war wie ein Querschnitt durch Bonvicinis Leben, ein Porträt, ohne ihre Person zu sehen. In der Ausstellung hingen außerdem jede Menge Handschellen von der Decke. Man konnte sich hier 30 Minuten lang festketten lassen, sich den Blicken des Publikums aussetzen und dadurch selbst zu einer Art Porträt werden. Ich hätte die Erfahrung gerne gemacht, war aber verabredet. Es wäre schwierig gewesen, meinem Freund zu erklären: »Sorry für die halbe Stunde Verspätung und dass dein Essen kalt ist. Ich hab mich im Museum festketten lassen. War klasse.«

DER SELFIE-STARTSCHUSS

Die Vielfalt an Selbstporträts in der Kunst ist unglaublich. Aber wann ging das eigentlich los, dass Kunstschaffende Selfies gemalt haben? Der Erste war der deutsche Renaissance-Maler Albrecht Dürer und er hat sich in seiner Kunst direkt ordentlich abgefeiert. Sein *Selbstbildnis im Pelzrock* war vor mehr als 500 Jahren ein echtes Statement. So frontal wurden sonst nur Herrscher und vor allem Christus gemalt. Die Hippie-

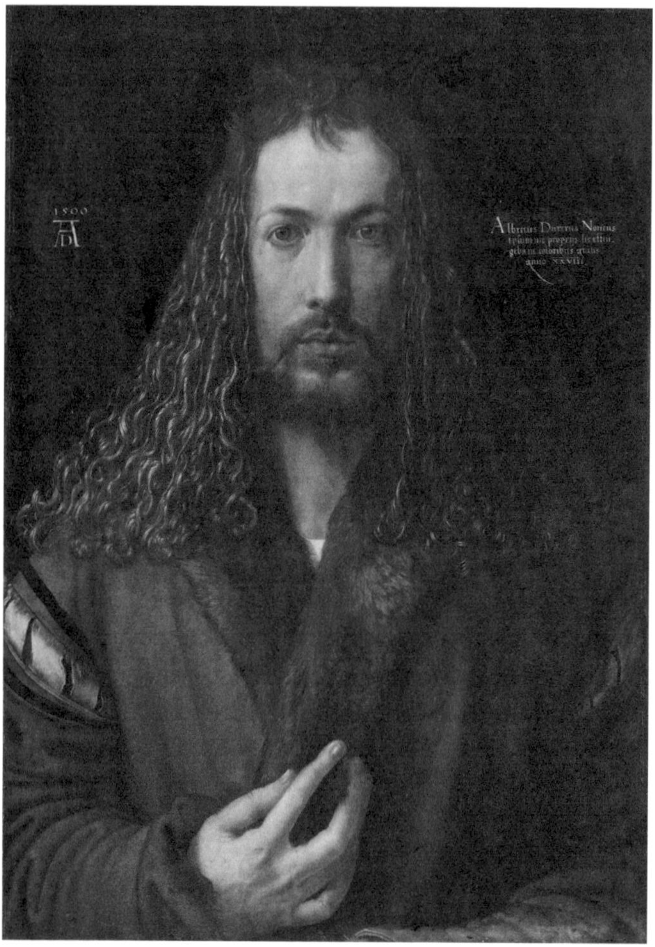

Albrecht Dürer:
Selbstbildnis im Pelzrock, 1500

frisur von Jesus hat Dürer schon, es fehlt eigentlich nur noch der Heiligenschein. Allerdings wollte Dürer sich hier nicht mit Christus gleichsetzen, er wollte sich vor allem als erschaffender und selbstbewusster Künstler inszenieren. Im Mittelalter wurde die Kunst jahrhundertelang als Handwerk wie jedes andere wahrgenommen – ohne eigene Schöpfungskraft, ohne eigene Ideen und Kreativität. Doch zu Dürers Zeit begann die Kunst einen eigenständigen Status zu erlangen, sie wollte mehr sein als bloßes Handwerk. Das ist wie heutzutage mit Barkeepern, die nicht mehr nur Barkeeper sind, sondern »Cocktail Artists« oder »Mixologists«. Dürer trägt auf seinem Selbstporträt Pelz wie ein Rapper und hat auch das Ego wie einer, denn der Pelz war ein Zeichen der gesellschaftlichen Elite. Der Künstler zählt sich offenbar dazu und erhöhte damit nebenbei den sozialen Status der Malerei.

Schon lange vor dem *Selbstbildnis im Pelzrock* hatte Dürer begonnen, sich selbst darzustellen. Sein erstes Selbstporträt war eine Zeichnung mit Silberstift, eine der schwierigsten Zeichentechniken, weil man dabei Fehler nicht korrigieren kann. Als Dürer diese Zeichnung anfertigte, war er gerade erst 13 Jahre alt. Das muss man sich mal klarmachen! Bei mir im Kunstunterricht hätte jeder Lehrer unterstellt, dass die Eltern da mitgeholfen haben.

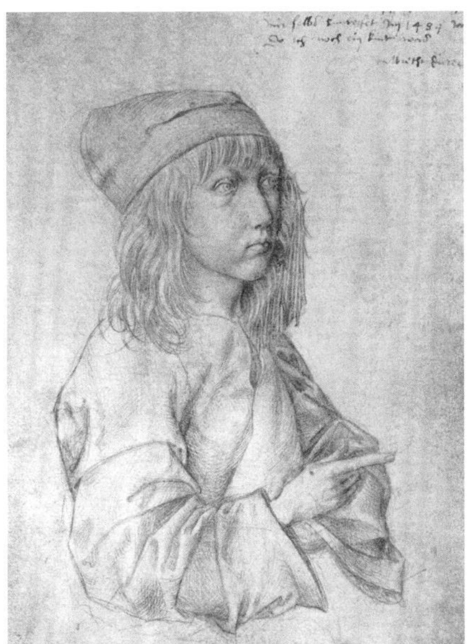

Albrecht Dürer:
Selbstbildnis als Dreizehnjähriger, 1484

Knapp 300 Jahre später entwickelte der Bilderhauer Franz Xaver Messerschmidt das Genre Selbstporträt sehr eigenwillig weiter. Er schuf Büsten, das sind Skulpturen, die nur aus Kopf und Oberkörper bestehen. Büsten kennt man hauptsächlich aus der Antike, sie zeigen in der Regel die Köpfe von irgendwelchen schlauen Denkern mit wenig Haaren und abgebrochenen Nasen. Aber die Büsten von Messerschmidt sind ein ganz anderes Level. In den 1770er-Jahren begann er seine Arbeit an den

Charakterköpfen, die mehr komische Grimassen ziehen als Jim Carrey in jedem seiner Filme. Die Skulpturenserie besteht hauptsächlich aus Selbstbildnissen und sollte das ganze Spektrum menschlicher Gesichtsausdrücke einfangen. Messerschmidt verbrachte viel Zeit vor dem Spiegel und untersuchte sein eigenes Gesicht. Das reichte ihm aber nicht aus, er wollte möglichst extreme Emotionen studieren. Dafür schnappte er sich eine Pistole, bedrohte damit willkürlich Passanten und beobachtete die Reaktionen. Wie erklärst du das der Polizei? »Nein, das war kein Raubüberfall, das diente nur der Inspiration.« Mein Lieblingswerk von Messerschmidt ist *Ein absichtlicher Schalksnarr*: Die Figur wirkt, als könnte sie sich das prustende Lachen nicht mehr verkneifen, oder es ist der schockierte Blick, wenn man bei *Monopoly* auf die bebaute Schlossallee kommt. Der Künstler lässt viel Interpretationsspielraum.

Deutlich unscheinbarer als Messerschmidts Marmorköpfe kommt das Selbstporträt der Künstlerin Paula Modersohn-Becker daher, aber es handelt sich um ein bahnbrechendes Gemälde. Es ist nämlich das erste bekannte Bild, auf dem sich eine Frau selbst nackt malt. Die Darstellung ist ein Befreiungsschlag, denn bis Ende des 19. Jahrhunderts durften Malerinnen nicht mit Aktmodellen arbeiten. Dabei ist das Studium des nackten Körpers für die Malerei essenziell. Das ist, als dürfte man in der Ausbildung zur Försterin keine Bäume ohne Laub angucken. Solche Benachteiligungen machten es für Frauen extrem schwierig, ihre künstlerischen Fähigkeiten voll zu entwickeln. Beispielsweise ließ die Royal Academy in London Frauen erst 1893 zum Aktzeichnen zu. Frauen durften nun endlich mitmachen, allerdings nur bis 17 Uhr. Danach hatte die Gleichberechtigung wieder Feierabend.

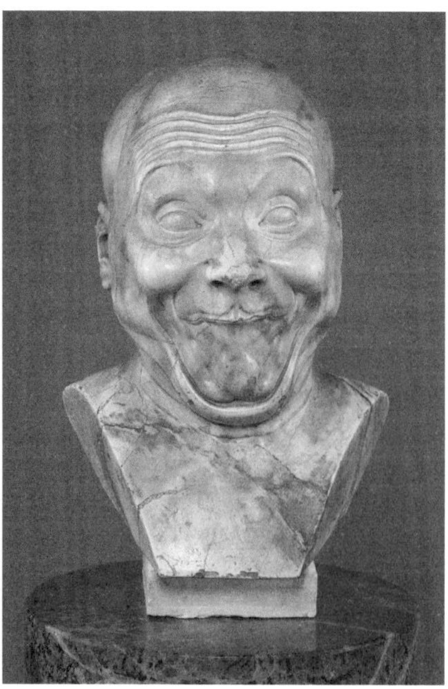

Franz Xaver Messerschmidt:
Ein absichtlicher Schalksnarr, 1770–1783

Modersohn-Becker lädt zum Rätselraten ein. Denn sie malte sich schwanger, obwohl sie es gar nicht war. Erst anderthalb Jahre nach der Entstehung des Selbstporträts kriegte sie ihr erstes Kind. Eventuell wollte die Künstlerin mit dem gewölbten Bauch ihre Schaffenskraft betonen, dass sie in der Lage war, Kunst hervorzubringen. Oder drückte sie damit einen Kinderwunsch aus? Bei dem Gemälde gibt es außerdem eine kleine Unstimmigkeit: Auf das Bild schrieb Modersohn-Becker als Datierung »1906, an meinem 6. Hochzeitstag« – dabei war es in dem Jahr erst der fünfte. Naja, das ist wohl künstlerische Freiheit.

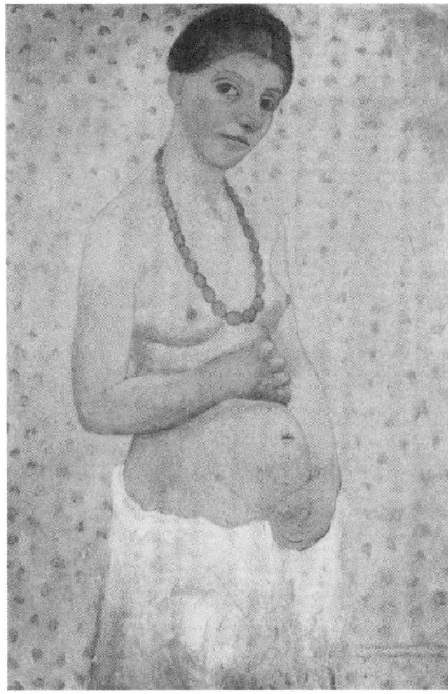

Paula Modersohn-Becker: *Selbstbildnis am 6. Hochzeitstag*, 1906

KUNST ALS ÜBERLEBENSSTRATEGIE

Kaum eine Künstlerin wird so sehr für ihre Selbstporträts verehrt wie die mexikanische Malerin Frida Kahlo. Eines ihrer bekanntesten Bilder ist das *Selbstbildnis mit Dornenhalsband und Kolibri* von 1940. Dieses Gemälde befindet sich in Austin (Texas) und wenn es verliehen wird, bekommt die Transportkiste einen eigenen Platz im Flugzeug. Eine bessere Sitznachbarin kann man sich auf einem Langstreckenflug gar nicht wünschen. Kein Kampf um die Armlehne und keine Kletteraktion über die Person nebenan, wenn man nachts aufs Klo muss. Es braucht mehr Fridas in Flugzeugen.

Das *Selbstbildnis mit Dornenhalsband und Kolibri* übt eine enorme Faszination auf die Menschen aus. Das hat sicherlich auch mit Kahlos bewegter Biografie zu tun, die schon Stoff für einen ganzen Kinofilm bot. 1925, im Alter von 18 Jahren, wurde sie Opfer eines Busunglücks. Eine Stahlstange bohrte sich in ihr Becken, ihr ganzes Leben lang litt sie unter den Folgen. Im Krankenhaus begann Kahlo zu malen, um sich die Zeit zu vertreiben.

»Ich porträtiere mich selbst, weil ich viel Zeit allein verbringe und weil ich das Motiv bin, das ich am besten kenne.«

Frida Kahlo

Sie besuchte nie eine Akademie und brachte sich alles selbst bei. Später kam die Künstlerin mit dem Mexikaner Diego Rivera zusammen, der selbst Künstler war und mit riesigen Wandbildern bekannt wurde. Sein ganzer Name lautete Diego María de la Concepción Juan Nepomuceno Estanislao de la Rivera y Barrientos Acosta y Rodríguez – ein richtiger Traum, um sich auf Partys vorzustellen. Die Ehe zwischen Kahlo und Rivera wäre ein gefundenes Fressen für jedes Klatschmagazin gewesen, denn beide hatten viele Affären. Ihre seelischen und körperlichen Qualen verarbeitete Kahlo in ihrer Kunst.

Wie der Politiker Theo Waigel ist Frida Kahlo berühmt für ihre ausgeprägten Augenbrauen, die sie auf dem *Selbstbildnis mit Dornenhalsband und Kolibri* in Szene setzt. Zusammen mit dem Damenbart entsprach die Künstlerin damit nicht dem gängigen westlichen Schönheitsideal und sie betonte diese Attribute in ihrer Malerei oft sogar stärker als sie eigentlich waren. Lange nach ihrem Tod wurde Kahlos markantes Aussehen sogar Gegenstand eines Gerichtsprozesses: 2018 kam eine offizielle Frida-Kahlo-Barbie auf den Markt, doch kurz darauf wurde der Verkauf in Mexiko untersagt. Die Familie von Kahlo hatte geklagt, weil sie mit der künstlich idealisierten Darstellung der Malerin nicht einverstanden war.

Das *Selbstbildnis mit Dornenhalsband und Kolibri* wirkt tatsächlich nicht wie ein Barbie-Bildnis. Mit stoischer Miene blickt Kahlo nach vorne, ihr Hals blutet. Sie scheint über dem Schmerz zu stehen, das perfekte Pokerface. Das Selbstbildnis steckt voller rätselhafter Symbole. Kahlo bezieht sich häufig auf die mexikanische Kultur und ihre indigenen Wurzeln. Der Kolibri um ihren Hals hat sehr gegensätzliche Bedeutungen. Einerseits gilt er in Mexiko als Glücksbringer für die Liebe, andererseits symbolisiert der Vogel den aztekischen Kriegsgott. Ist es also nun ein Kampf- oder Kuschelkolibri? Diego Rivera hatte Kahlo einen Affen geschenkt, daher ist das Tier auf dem Bild möglicherweise ein Hinweis auf

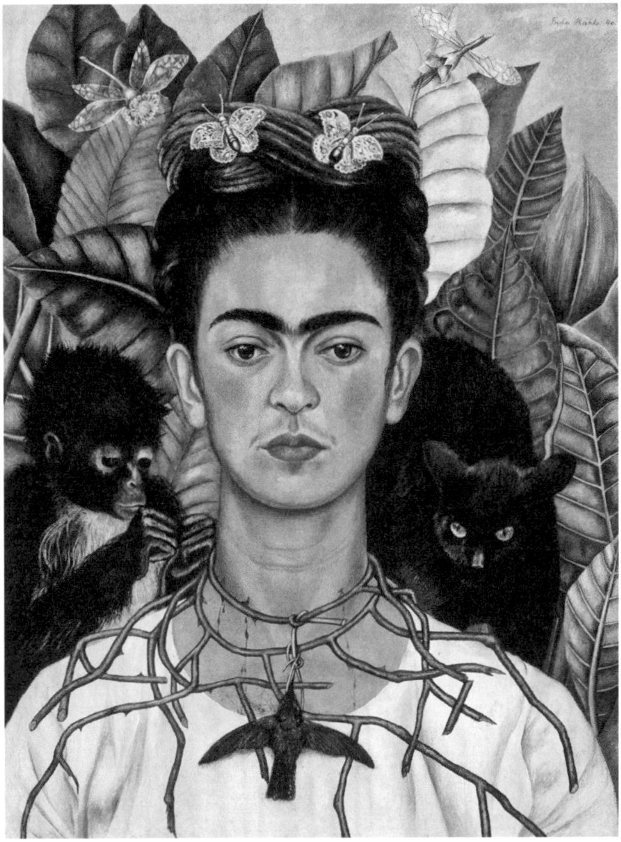

Frida Kahlo: *Selbstbildnis mit Dornenhalsband und Kolibri*, 1940

ihn. Das Paar hatte sich kurz vor der Entstehung des Selbstporträts getrennt. Auf dem Gemälde ist ein halber Zoo abgebildet: Die schwarze Katze ist ein klassisches Symbol für Unheil, die Schmetterlinge sind ein Zeichen für Wiedergeburt. Das Dornenhalsband kann als Verweis auf die Dornenkrone Christi gelesen werden, so würde aus der Malerin eine Märtyrerin.

Das Bild ist sehr vielschichtig und all diese Anspielungen sind nur ein Bruchteil der Gedanken, die in dieses Werk geflossen sind. Frida Kahlo gibt viel von sich preis und reflektiert ihre Krisen in der Kunst. Doch man muss nicht Psychologie studiert haben, um Kahlos Bilder zu mögen. Ihre spezielle Magie funktioniert auch ohne jedes Vorwissen, denn mit dem Selbstporträt erlaubt sie uns einen Blick tief ins Innere ihrer Seele.

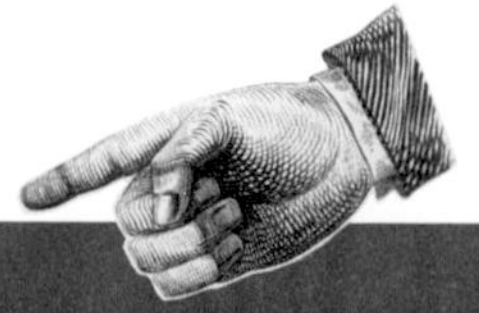

SELBSTPORTRÄT IN DER STEINZEIT?

Es scheint ein sehr menschliches Bedürfnis zu sein, mit Bildern zu sagen: »Ich war hier.« Bereits die älteste Höhlenmalerei der Welt zeigt eine Art Selbstporträt. Sie entstand vor ca. 45 500 Jahren in Indonesien. Wir sehen zwei Handabdrücke auf der Wand, hier haben sich Menschen auf simple Art selbst verewigt. Die Hand wurde auf die Felswand gelegt und anschließend die Farbe drübergesprüht, vermutlich mit einem hohlen Halm. Es ist der Vorläufer der Airbrushtechnik. In der Höhle befindet sich neben den Händen noch ein Bild von einem Warzenschwein. Vielleicht diente die Tiermalerei magischen oder religiösen Zwecken, vielleicht bedeutete sie aber auch einfach: »Heute ist Schnitzeltag.«

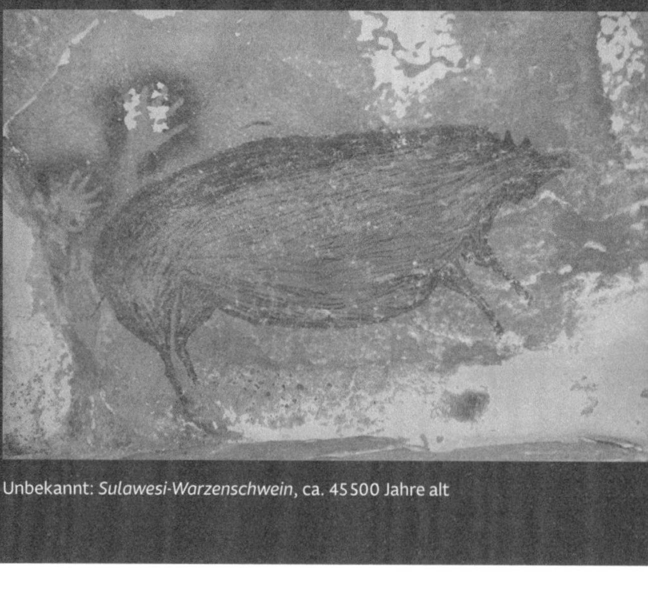

Unbekannt: *Sulawesi-Warzenschwein*, ca. 45 500 Jahre alt

9/
KUNST KANN DIE WELT VERÄNDERN

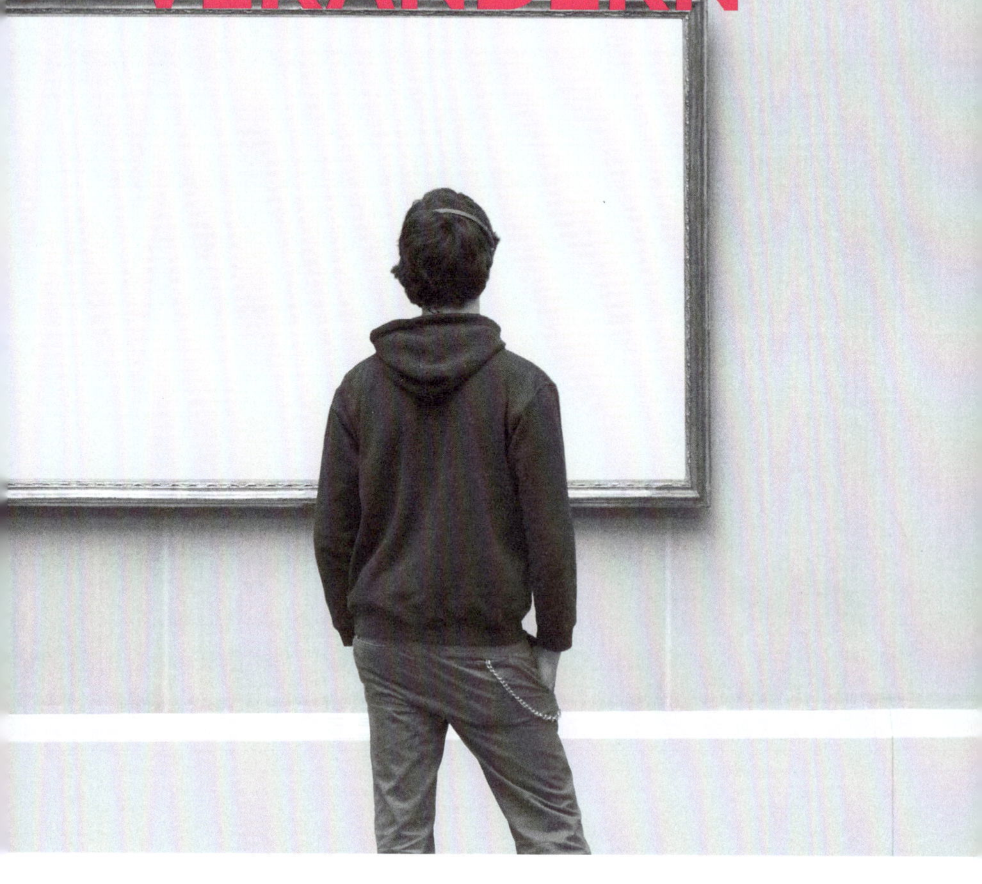

Im Jahr 2022 wurden Tomatensuppe und Kartoffelbrei plötzlich zu einem heiß diskutierten Thema, weil sie in Museen über Werke berühmter Maler gekippt wurden. Diese Form von Klimaprotest rief viel Kritik hervor, Museen wurden plötzlich als hochpolitische Orte wahrgenommen. Dabei waren sie es schon immer, denn Kunst ist oft unbequem und sorgt für Aufregung.
Im Extremfall führt das sogar zu Morddrohungen. Kunst und Konfrontation, in diesem Raum meiner imaginären Ausstellung könnte es etwas ungemütlich werden.

KLIMASCHUTZ UND KUNST: KREATIVITÄT ALS RETTUNG?

Wir alle kennen die roten Kaugummiautomaten an der Straße, die perfiderweise immer in der Nähe von Schulen hängen und auf der gleichen Höhe angebracht sind wie Quengelware im Supermarkt. Kaum jemand benutzt diese Automaten noch, die meisten Süßigkeiten lagern hier vermutlich seit Jahrzehnten. Die Kaugummis in dem Automaten bei mir um die Ecke heißen »Golf Balls« und dürften eine ähnliche Konsistenz haben. Dennoch haben diese antiken Geräte bis heute überlebt, wir verbinden mit ihnen pure Nostalgie und verschwendetes Taschengeld.

Die umweltaktivistische Künstlerin Swaantje Güntzel stellt frei stehende Kaugummiautomaten aus und füllt sie mit Plastikspielzeug in durchsichtigen Kugeln. Alles nett und lustig, bis man erfährt, dass das Plastik aus den Mägen von toten Albatrossen stammt. Plötzlich kriegt das Spielzeug eine sehr morbide Note. Güntzel kritisiert unseren Umgang mit Plastikmüll, der allzu oft in den Meeren landet und Tiere verenden lässt. Ihr Werk kommt zunächst harmlos daher, aber der Inhalt ist bedrückend. Der Kaugummiautomat wird zum trojanischen Pferd. Die Künstlerin schafft einen emotionalen Zugang zum Thema Umweltverschmutzung, indem sie mit unseren positiven Erinnerungen an Kaugummiautomaten spielt. Normalerweise lesen wir über Plastikmüll in der Zeitung oder sehen Fotos von Schildkröten mit Strohhalmen in der Nase. Das ist aufwühlend, aber auch erwartbar. Kunst hingegen kann uns in Museen und Galerien aus heiterem Himmel mit harten Themen konfrontieren. Auf die Weise trifft sie oft tiefer ins Herz als die Tagesschau.

In einer anderen Werkserie baut Güntzel berühmte Stillleben aus der

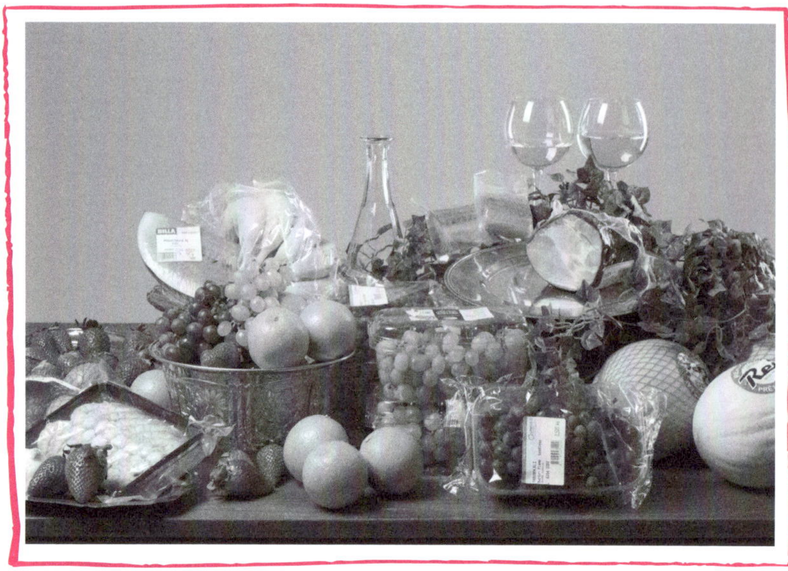

Swaantje Güntzel: *Discounter Still Life*, 2013

Kunstgeschichte nach, nur ist bei ihr alles in Plastik verpackt. Sie kauft das Fleisch, Obst und Gemüse im Supermarkt und ordnet es an wie auf Gemälden alter Meister. Ihre Stilllebenfotos sehen sehr unromantisch aus, sind aber absolut zeitgemäß. Unser Alltag ist bestimmt von Plastik, alles ist darin eingepackt. An manchen Flughäfen werden sogar Hartschalenplastikkoffer in gefühlt 80 Schichten Plastikfolie eingewickelt. Güntzel schafft es, uns die Warenauslagen im Supermarkt, an die wir uns längst gewöhnt haben, neu vor Augen zu führen.

Das gestörte Verhältnis von Mensch und Natur wird auch von dem Aktionskünstler Christian Jankowski aufgegriffen. 1992 ging er mit Pfeil und Bogen in den Supermarkt und schoss sich dort sein Essen. Es war wie Angeln im Aquarium: Der Künstler beugte sich über die Tiefkühltruhe und jagte einen Pfeil in ein gefrorenes Hähnchen. Die Margarine schoss er sich aus zehn Zentimeter Entfernung. Wilhelm Tell wäre stolz gewesen. Besonders lustig wird das Video dieser Aktion am Kassenband, wenn aus allen Waren die langen Pfeile herausragen und die Kassiererin beim Scannen aussieht, als würde sie Mikado spielen. Jankowski macht deutlich, wie weit wir uns von der Natur entfernt haben und wie wenig ein

Supermarktbesuch mit Jagen zu tun hat. Unser tägliches Leben in der Stadt ist weniger von Landschaft als von Beton geprägt. Schon 1982 machte die Künstlerin Agnes Denes darauf aufmerksam. Sie pflanzte ein Weizenfeld mitten in New York, direkt vor der Skyline von Manhattan. Denes wollte den Drang nach ewigem Wachstum kritisieren und darauf hinweisen, wie die Stadt immer weiter zugebaut wird. Sie schuf ihr Werk lange bevor Klimaschutzdiskussionen allgegenwärtig wurden und Phänomene wie Urban Gardening hip waren. Mit dem Kontrast aus Wolkenkratzern und Weizen schuf die Künstlerin starke Bilder.

Heutzutage nutzen klimaaktivistische Gruppen künstlerische Vorgehensweisen, um mediale Aufmerksamkeit für ihre Proteste zu generieren. 2020 etwa wurde der Fluss Limmat in Zürich gritzegrün gefärbt. Es sah aus wie die Mischung aus Nuklearkatastrophe und Absinth-Attacke. Die Bewegung *Extinction Rebellion*, die hier einen natürlich abbaubaren Farbstoff verwendete, wollte mit diesem krassen Anblick auf Umweltverschmutzung hinweisen. Bereits 1968 hatte der Künstler Nicolás García Uriburu mit einem ähnlichen Anliegen den Canal Grande öffentlichkeitswirksam giftgrün gefärbt.

Umweltschutzorganisationen wie Greenpeace haben seit jeher sehr gut verstanden, wie man für Schlagzeilen sorgt. Wie beabsichtigt rufen auch die Klimaklebeaktionen und Suppenattacken auf verglaste Meisterwerke heftige Reaktionen hervor. Viele, die sich sonst gerne über Kunst lustig machen, verteidigen die Museen plötzlich inbrünstig in Online-Kommentarspalten. Für mich zeigen die Klimaproteste den hohen Stellenwert von Kunst in unserer Gesellschaft. Denn wenn van Gogh und Vermeer allen egal wären, hätten die Aktionen ja keinerlei Wirkung gezeigt. Stattdessen ist das internationale Medienecho riesig. Das Wiener Leopold Museum hat kreativ auf die Klimaproteste reagiert. Hier wurden 15 Werke

FUNFACT

Kunst kann übrigens auch bei der Klimaforschung helfen. Veränderungen an Eismassen lassen sich untersuchen, indem man alte Gemälde von Gletschern mit heutigen Aufnahmen vergleicht. Die Bilder sind Dokumente aus einer Zeit, in der es noch keine Messdaten gab. So kann ein kleines Urlaubsgemälde zu einem wichtigen Baustein der Klimaforschung werden.

schief gehängt und zwar um die jeweilige Gradzahl, die an den gemalten Orten als Erwärmung droht. Nach dem Motto: Ein paar Grad machen einen großen Unterschied – in der Temperatur und an der Museumswand. Loriot hätte an diesen schiefen Bildern sicher seine Freude gehabt.

Die Klimakrise ist längst Teil unserer Lebensrealität, die Eisschmelze an den Polen ist dramatisch, aber schwer fassbar. Um Dinge zu verstehen, müssen wir sie selbst sehen, erleben, anfassen. Dieses Problem ging der Künstler Ólafur Elíasson 2014 an. Er präsentierte in Kopenhagen auf einem öffentlichen Platz seine *Eis-Uhr*, die aus insgesamt zwölf riesigen Eisblöcken bestand, kreisrund angeordnet wie eine Uhr. Das schmelzende Eis vermittelte eine deutliche Botschaft: Unsere Zeit auf diesem Planeten läuft ab. Leider hat Elíasson sein Werk klimatechnisch nicht ganz zu Ende gedacht: Die Eisblöcke wurden eigens aus Grönland per Schiff und LKW nach Kopenhagen gebracht. Als hätte lokales Eis nicht die gleiche Wirkung erzielt. Aber genau das spiegelt ja auch das inkonsequente Verhalten wider, das wir alle beim Klimaschutz an den Tag legen.

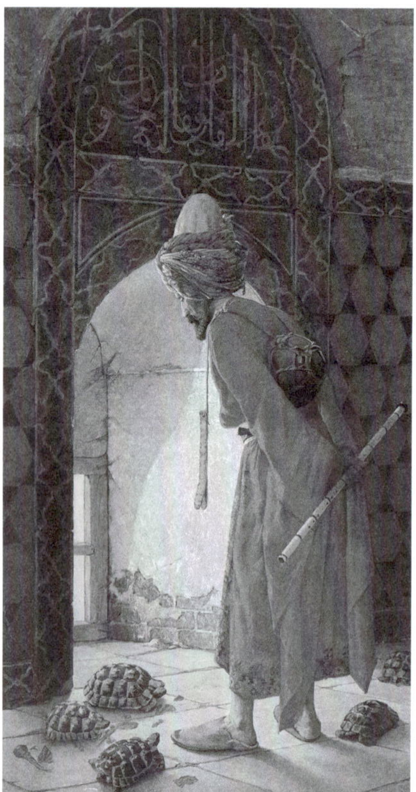

Osman Hamdi Bey:
Der Schildkrötenerzieher, 1906

KRITIK MIT SCHILDKRÖTEN: POLITISCHE WERKE

Es zählt zu den bekanntesten Bildern in der Türkei: *Der Schildkrötenerzieher* von Osman Hamdi Bey. Darauf ist ein Derwisch mit Flöte und Trommel zu sehen, der Schildkröten beschwört. Und wer jetzt denkt: Was will man denn mit diesen langweiligen Tieren anfangen? Pah! Ich hatte als Jugendlicher selbst eine Schildkröte und habe die ebenfalls dressiert – wenn auch mit mäßigem Erfolg. Ein Freund von mir hatte mongolische Rennmäuse, denen wir aus Büchern ein großes Labyrinth gebaut haben. Die Mäuse sind auf der Suche nach Essen da durchgerast, ein großer Spaß. Also habe ich ebenfalls ein Labyrinth für meine Schildkröte gebaut. Die Bilanz: Zwei Stunden Bibel-TV wären spannender gewesen. Meine Schildkröte war ein störrisches Tier. Eigentlich hat sie nur ein Mal richtig Action geboten, als sie meiner Mutter voll in den rot lackierten Zeh gebissen hat, wohl weil sie dachte, es sei eine Erdbeere.

Schildkröten lassen sich nicht erziehen und genau das macht den *Schildkrötenerzieher* zu einem so schön absurden Werk. Aber die Aussage des Bildes geht tiefer, der Humor ist hintersinnig. Das Gemälde wird oft als Kommentar auf politischen Stillstand gelesen. Die Schildkröten verkörpern in diesem Fall sture Tradition, die keine Veränderung zulässt. Ein kluger Schachzug von Osman Hamdi Bey gegen mögliche Zensur: Niemand kann ihm verbieten, Schildkröten zu malen. Und doch erkennt jeder, der die Metapher versteht, die Kritik an konservativen Haltungen.

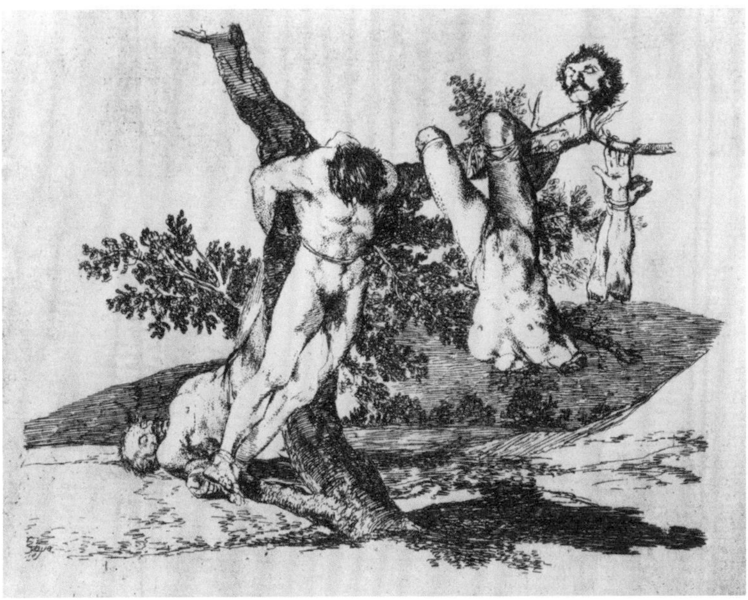

Francisco de Goya:
Große Heldentat! Mit Toten!, aus: *Die Schrecken des Krieges*, Blatt 39, 1810–1815

Politische Kunst ist über die Jahrhunderte hinweg sehr facettenreich. Sie kann äußerst drastisch daherkommen wie bei Francisco de Goya. Der Maler wurde in seinem Heimatland Spanien Augenzeuge des Aufstands gegen die französische Besatzung Anfang des 19. Jahrhunderts. Die Gräueltaten dieses Krieges schildert er detailliert in seiner Grafikserie *Die Schrecken des Krieges*. Hinrichtungen, Vergewaltigungen, zerstückelte Leichen – der Künstler lässt nichts aus.

Goya wollte ein Mahnmal gegen den Krieg schaffen. Es gibt eine sprechende Anekdote zu den Werken. Ein Diener soll den Künstler gefragt haben, warum er diese barbarischen Szenen behandele. Daraufhin soll Goya geantwortet haben: »Um die Menschen für ewig zu mahnen, nie mehr Barbaren zu sein.« Die furchtbaren Darstellungen sind zeitlos in ihrer Brutalität. Über 200 Jahre später werden wir traurigerweise weiterhin mit derartigen Bildern konfrontiert.

Die britische Künstlerin Elizabeth Southerden (geb. Thompson), später Lady Butler, ging das Thema Krieg subtiler als Goya an. Sie war eine der erfolgreichsten Malerinnen des 19. Jahrhunderts, auf ihrem Bild *Der Appell* malte sie Soldaten zur Zeit des Krimkrieges, der Mitte des 19. Jahrhunderts ausbrach. Das Besondere ist: Die Malerin stellte die Soldaten nicht wie gewöhnlich als idealisierte Krieger dar, sondern als erschöpfte und gebrochene Männer, die sich kaum noch auf den Beinen halten können. Einer ist bereits vornüber in den Schnee gefallen, andere sind verwundet. Hier wird nicht verherrlicht, sondern das Leid und die Qualen

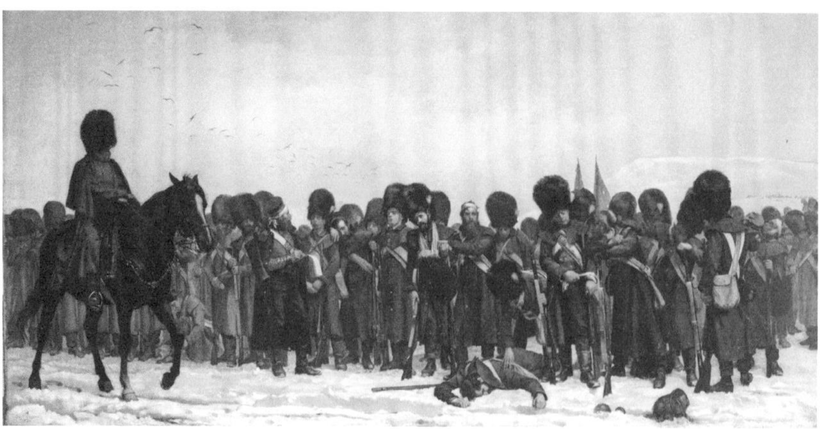

Elizabeth Thompson, später Lady Butler: *Der Appell*, 1874

des Krieges betont. Als das Bild 1874 an der Royal Academy in London ausgestellt wurde, avancierte es rasch zur gefeierten Sensation. Das machte die Künstlerin über Nacht zum Star, vor dem Gebäude bildeten sich Schlangen. Butlers Werk bekam einen eigenen Bodyguard, ein Polizist war nur dafür abgestellt, die Massen von ihrem Gemälde fernzuhalten. Die Wertschätzung ging so weit, dass Queen Victoria das Bild schließlich kaufte.

WANDTELLER AUF ABWEGEN

Eine sehr verstörende, zeitgenössische Auseinandersetzung mit Gewalt liefert der ukrainische Künstler Nikita Kadan. Seine Arbeit *Verfahrensraum* habe ich in der Münchener Pinakothek der Moderne gesehen. Als ich aus einiger Entfernung darauf zuging, dachte ich nur: »Wow, was für ein Kitsch.« Das Werk besteht nämlich aus acht Wandtellern mit Goldrand. Mir war es schon immer ein großes Rätsel, warum sich Menschen Haushaltsgegenstände an die Wand hängen. Für mich sind Wandteller der Vorläufer von diesen gruseligen Gabel-Garderoben. Beide Dinge haben die Welt nicht zu einem besseren Ort gemacht.

Die Wandteller im Museum waren jedoch nicht mit Stadtansichten oder Blumen bemalt, sondern mit Folterszenen. Das Dekorative verschwand schlagartig, es blieb ein heftiger Kontrast aus Motiv und Medium. Kadan stammt aus der Ukraine und prangert in dieser Arbeit die Foltermethoden von Militär und Polizei in seinem Heimatland an. Das Werk entstand in den Jahren 2009 bis 2010, also vor dem russischen Angriffskrieg auf die Ukraine. Aktuell arbeitet Kadan an Anti-Kriegs-Slogans – seine großformatige Kohlezeichnung mit einem apokalyptischen Himmel und dem Satz »*Wir sind der Preis*« ging viral. Außerdem stellte Kadan mit *Ein Brief von der Front* ein Videoprogramm von etlichen ukrainischen Kunstschaffenden zusammen, um ihnen zu mehr Sichtbarkeit zu verhelfen.

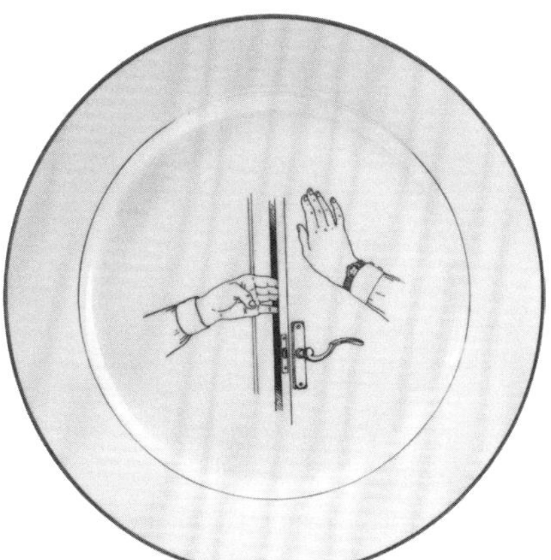

Nikita Kadan: *Verfahrensraum*, 2009–2010

»Nein, die Malerei dient nicht dazu, Wohnungen auszuschmücken. Sie ist eine Waffe zum Angriff und zur Verteidigung gegen den Feind.«

Pablo Picasso

Flugzeuge, U-Bahnen und Züge in ganz Europa sind das Mittel der Wahl für die Ukrainerin Zhanna Kadyrova. Auf die Fenster dieser Verkehrsmittel klebt sie erschreckend realistische Aufkleber von Militärraketen, inklusive Rauchschweif. Wenn man aus dem Fenster guckt, fliegt die Rakete über die vorbeiziehenden Landschaften und Städte. Der entspannte Blick nach draußen kriegt mit einem Mal etwas sehr Bedrohliches. Kadyrova gibt uns ein Gefühl davon, was Menschen in der Ukraine tagtäglich sehen und erleben. Egal, ob drastisch, subtil oder gewitzt – die Kunst findet einen Weg zu uns.

DETEKTIVARBEIT, WISSENSCHAFT UND KUNST

Es gibt ein Werk, das mich sehr berührt hat, als ich davorstand. Und gleichzeitig habe ich mich gefragt: Ist das noch Kunst? Und wenn nicht, was ist es dann? 2017 war ich auf der *Documenta* in Kassel, eine der weltweit wichtigsten Ausstellungen für zeitgenössische Kunst. Dort wurde eine Videoarbeit von Forensic Architecture gezeigt. Das ist eine Forschungsgruppe, in der Menschen aus Architektur, Journalismus, Kunst, Film und anderen Bereichen zusammenkommen. Sie recherchieren zu politischen Missständen und arbeiten diese auf. Die Arbeit in Kassel behandelte den von der Neonazi-Gruppe NSU begangenen terroristischen Mord an einem Bürger der Stadt.

2006 wurde Halit Yozgat in seinem Kasseler Internetcafé am Empfangstresen erschossen, der Verfassungsschützer Andreas Temme war bei der Tat vor Ort. Später sagte der V-Mann jedoch aus, nichts von dem Mord mitbekommen zu haben. Forensic Architecture baute daraufhin das komplette Internetcafé sowohl digital als auch real in Originalgröße nach. Mit verschiedenen Methoden wurde Temmes Aussage akribisch überprüft. Das halbstündige Video hat den Stil einer Arte-Doku und deckt etliche Unstimmigkeiten auf. Forensic Architecture kommt zu dem Ergebnis, der Verfassungsschützer habe gelogen. Das Video wurde später im Untersuchungsausschuss zum NSU diskutiert, aber letztendlich als Beweismittel abgelehnt. Das Verfahren gegen Temme wurde eingestellt. Im Internetcafé war er wegen einer Dating-Plattform gewesen, wo er sich *wildman70* nannte, die Nummer 69 war wohl schon vergeben.

Ist ein solches Videoprojekt noch Kunst oder schon Journalismus? Meine Antwort: Für mich gehört es zur Kunst dazu, unangenehme Fragen zu stellen und Techniken aus anderen Bereichen kreativ einzusetzen. Durch das Ausstellen im Kunstbereich bekommt diese Recherche noch mal eine andere Art von Aufmerksamkeit als etwa durch eine TV-Ausstrahlung. Kunstschaffende im Team von Forensic Architecture können dabei helfen, die Ermittlungen bestmöglich zu inszenieren und wahrnehmbar zu machen. Die Grenzen zwischen Detektivarbeit, Wissenschaft und Kunst sind fließend, aber der gemeinsame Nenner ist der Drang, etwas zu verändern.

Wegen einer künstlerischen Arbeit hagelte es 2017 sogar Morddrohungen: Der AfD-Politiker Björn Höcke hatte in einer Rede das Holocaust-Mahnmal in Berlin als »Denkmal der Schande« bezeichnet. Also baute das Kunstkollektiv Zentrum für politische Schönheit das Mahnmal nach, aber nicht irgendwo, sondern direkt vor Höckes Wohnhaus. Das sorgte nicht nur für öffentliche Debatten über das rechtsextreme Gedankengut der AfD, es brachte die Leute vom Zentrum für politische Schönheit auch ernsthaft in die Gefahr, dass die im Shitstorm geäußerten Todesdrohungen auch wahr gemacht werden.

EIN LANGER WEG ZUR GLEICHBERECHTIGUNG

Könnt ihr spontan fünf berühmte Künstlerinnen nennen? Ich glaube, das dürfte den meisten von euch auf Anhieb schwerfallen, obwohl ich schon von einigen erzählt habe. Fünf Künstler wären hingegen gar kein Problem, vier hat man ja schon, wenn man die Namen der *Teenage Mutant Ninja Turtles* aufzählt. Bei der Recherche für dieses Buch fiel mir erneut auf, wie einseitig geprägt auch mein Kunstwissen ist. Die großen Namen der Kunst sind fast alles Männer. Ein guter Gegenentwurf ist das Buch *The Story of Art without Men* von Katy Hessel, das unter diesem Titel auch auf Deutsch erschienen ist. Die Autorin erzählt darin die Kunstgeschichte anhand von Künstlerinnen und nimmt unter anderem *Die Geschichte der Kunst* von Ernst Gombrich näher unter die Lupe. Dieser Klassiker zählt nämlich bis heute zu den Standardwerken der Kunstgeschichte. Gombrichs *Die Geschichte der Kunst* erschien 1950 und erklärt die gesamte Kunst von der Steinzeit bis in die Gegenwart, jedoch ohne eine einzige Künstlerin zu erwähnen. Irgendwann scheint man gemerkt zu haben, dass dieser Umstand geändert werden sollte. In der 16. Auflage von 1996 wurde das Buch daher grundlegend überarbeitet – nun war eine Frau vertreten. Eine!

Bis heute stellt diese Ungleichheit ein großes Problem dar. 2019 waren in 18 wichtigen Museen der USA 87 Prozent der Werke von Männern. Vielerorts sieht es nicht besser aus. Auch finanziell werden Frauen benachteiligt: Im Jahr 2022 verdienten Frauen in der Kunstbranche 20 Prozent weniger als Männer. Auktionsergebnisse spiegeln ebenfalls eine mangelnde Wertschätzung wider: Das teuerste Bild einer lebenden Künstlerin stammt von der englischen Malerin Jenny Saville und erzielte 10,8 Millionen Euro. Den Rekord unter den lebenden Künstlern hält der US-Amerikaner Jeff Koons mit 81,1 Millionen Euro – das ist fast das Achtfache. Und zwischen 1970 und 2013 brachten Werke von Frauen auf Auktionen nur gut halb so viel ein wie die von Männern.

Das sind alles wichtige Zahlen, Studien und Statistiken, von denen es noch viel mehr gibt. Leider lesen sie sich so spannend wie eine Textaufgabe im Matheunterricht. Doch zum Glück gibt es die Kunst, um diese trockenen Fakten kreativ erfahrbar zu machen. Die Künstlerin Sibylle Zeh hat zum Beispiel ein Künstlerlexikon von Reclam mit 5 200 Einträgen genommen. Alle Artikel zu männlichen Künstlern hat sie weiß übermalt, es blieben 169 Einträge und ein ernüchternd weißes Buch übrig. Zeh nannte ihr Werk *Künstlerinnenlexikon*. Bei der *Geschichte der Kunst* von Gombrich hätte sie sich die Arbeit sparen und einfach gleich ein leeres Notizbuch kaufen können.

Die Ungleichbehandlung liegt nicht darin, dass Frauen nicht malen könnten oder dass es in der Vergangenheit keine Künstlerinnen gegeben hätte. Der Grund ist die strukturelle Benachteiligung von Frauen. Das geht schon damit los, dass Frauen über Jahrhunderte eine ernst zu nehmende künstlerische Fähigkeit abgesprochen wurde. Der Kunstkritiker

Karl Scheffler bringt diese Haltung 1908 auf den Punkt: »Der Mann steigert seine Natur, wenn er Künstler wird, die Frau verrenkt sie.« Spielen Frauen beim Malen *Twister*, oder was?

Während Frauen auf Bauernhöfen und in Fabriken stets ganze Arbeit leisteten, wurden sie in bürgerlichen Gesellschaftskreisen meist auf die Rolle der Mutter und Ehefrau reduziert. Ein Leben als Künstlerin war in beiden Welten extrem beschwerlich und brach mit gesellschaftlichen Konventionen. Höhere Töchter erhielten zwar Kunstunterricht, doch um ernsthaft künstlerisch tätig zu werden, brauchte es eine akademische Ausbildung – und davon waren Frauen in Deutschland bis 1919 ausgeschlossen. Andere europäische Länder ließen Frauen ebenfalls erst Ende des 19. Jahrhunderts oder Anfang des 20. Jahrhunderts an Kunstakademien zu. Die Porträtmalerin Laura Herford bildete eine absolute Ausnahme, denn sie wurde 1860 an der Royal Academy in London angenommen. Hatte sie sich einen Schnurrbart angeklebt und als Mann verkleidet? Fast. Sie überlistete das System noch geschickter: 1860 bewarb sie sich mit einigen Zeichnungen, die sie mit »L. Herford« signierte. An der Akademie ging man davon aus, es könne sich bei »L.« nur um einen Mann handeln, und winkte sie durch. Damit war Herford die erste Frau an der Royal Academy.

Viele Künstlerinnen haben seitdem in ihren Werken für mehr Gleichberechtigung gekämpft. Die US-Amerikanerin Mierle Laderman Ukeles entwickelte Anfang der 1970er-Jahre ihre Performance-Reihe *Wartungskunst*. Darin schrubbte sie unter anderem die Stufen vor dem Kunstmuseum in Hartford, Connecticut. Die häuslichen Aufgaben, die sonst im Verborgenen stattfinden, machte sie sichtbar und kritisierte althergebrachte Rollenbilder. Laderman Ukeles thematisiert in ihrer Arbeit immer wieder die Doppelbelastung als Hausfrau und Künstlerin. Babysitting oder Bilder malen? Ihre clevere Lösung: Hausarbeit zur Kunst erklären und zwei Fliegen mit einer Klappe schlagen. Mittlerweile sind ihre Arbeiten in den Museen angekommen. Die Stufen ihrer Karriereleiter hätten sauberer nicht sein können.

LASS DIE AFFEN AUS DEM ZOO

Eine Gang mit Gorillamasken: So tritt das Kunstkollektiv Guerilla Girls öffentlich auf und deshalb weiß niemand, wer alles dabei ist. Ihr bekanntestes Werk stammt aus dem Jahr 1989 und ist eine Plakataktion, die sich auf das renommierte Metropolitan Museum in New York bezieht.

Die Guerilla Girls hatten recherchiert, dass dort weniger als fünf Prozent Künstlerinnen ausgestellt wurden, aber 85 Prozent der Aktgemälde Frauenkörper zeigten. Sie stellten auf dem Plakat daher die Frage: »Müssen Frauen nackt sein, um ins Metropolitan Museum zu kommen?« Das Poster zeigte dazu ein Gemälde von Jean-Auguste-Dominique Ingres von 1814, nur jetzt mit Gorillakopf. So wurde aus dem Rückenakt ein Silberrücken. Die Kunstaktion wurde nicht in einem Museum präsentiert, sondern in der ganzen Stadt New York. Die Guerilla Girls mieteten nämlich Werbeflächen auf Stadtbussen. Allerdings wurde die Aktion bald eingestellt, weil die Verkehrsgesellschaft den Griff des Fächers in der Hand der Frau als zu phallisch empfand. Anscheinend war die Haltung: »Nackte Frau? Kein Problem, aber dieser Griff ist einfach zu sexy!«

Die Forderung, mehr Künstlerinnen in Museen zu zeigen, hat an ihrer Aktualität nichts verloren. 2020 immerhin hat das Baltimore Museum of Art den Spieß umgedreht und ausschließlich Bilder von Frauen angekauft. Damit bildet es aber die absolute Ausnahme. Der Weg zu einer wirklichen Gleichberechtigung bleibt lang.

Egal ob Dosensuppen, Wandteller, Schildkröten oder Anzeigen auf Bussen: Das alles sind Formen des kreativen Protests. Wenn Kunstschaffende sich gegen politische Missstände oder für eine bessere Welt einsetzen, kann das lustig, plakativ oder subtil daherkommen. Andere Werke treffen uns direkt dort, wo es weh tut – und auch das ist eine Kunst.

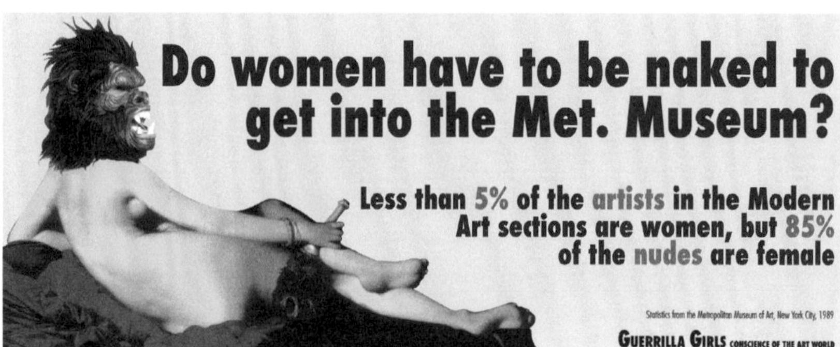

Guerilla Girls: *Müssen Frauen nackt sein, um ins Metropolitan Museum zu kommen?*, 1989

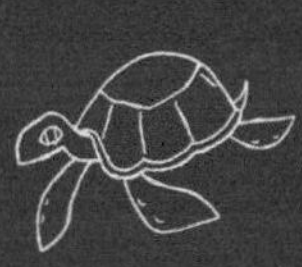

10/
KUNST MACHT DAS LEBEN BESSER

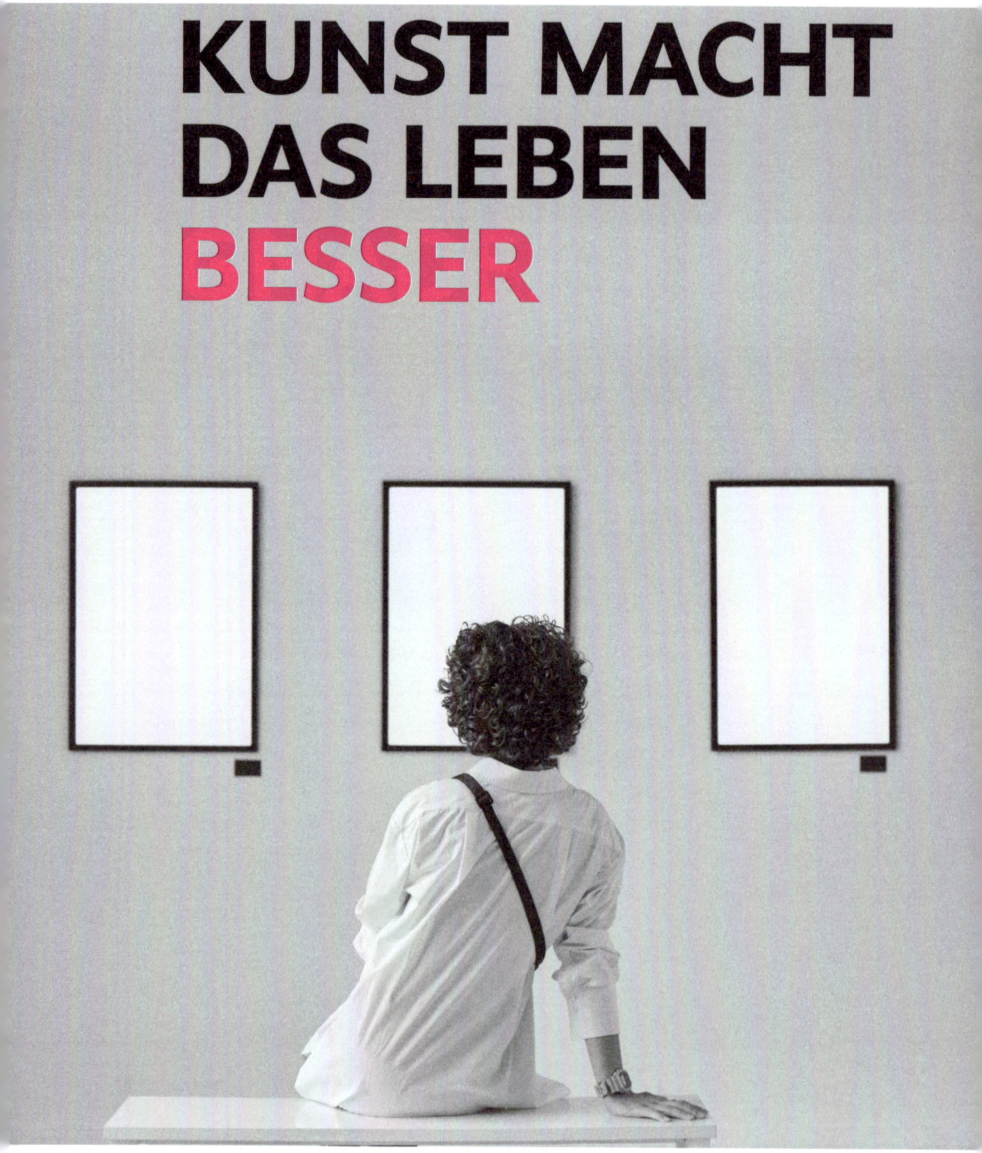

1841 entwickelte der Künstler John G. Rand die Farbtube, was Malern und Malerinnen die Arbeit enorm erleichterte. Lustigerweise gäbe es ohne diese Erfindung auch keine Zahnpastatube. Wenn das kein gutes Argument dafür ist, wie Kunst unser Leben verbessert, dann weiß ich auch nicht. Leider schrecken viele Menschen vor Kunst zurück, weil sie oft so elitär und abgedreht erscheint. Doch damit ist jetzt Schluss! Ich liefere euch zehn gute Gründe, euch mehr mit Kunst zu beschäftigen. Plus einen Crashkurs in Sachen Galeriegeschwätz, sodass ihr von nun an easy auf jeder Kunstveranstaltung mitreden könnt. Nach diesem Schlusskapitel wollt ihr nur noch in die nächste Ausstellung!

UNSER ALLTAG IST VOLLER KUNST

Menschen lieben es, ihre Umgebung zu gestalten. Es gibt Wandtattoos mit Sprüchen wie »Zu Hause ist, wo das Herz ist« und dann hängt das bei Leuten auf dem Klo. In jedem Hotelzimmer werden wir von Bildern begrüßt, auch wenn die ästhetisch oft so ansprechend sind wie das Sitzmuster in Reisebussen. Sogar ICE-Zugtoiletten sind mit Blumenstillleben beklebt – nur fehlt leider der blumige Duft. Bilder sind ein essenzieller Bestandteil unseres Lebens, sonst gäbe es bei Ikea keine eigene Abteilung dafür. Wir alle haben zu Hause irgendetwas an unseren Wänden hängen, nicht selten sind das Reproduktionen großer Meister. Claude Monets Seerosen sind dermaßen beliebt, als Kalendermotiv machen sie mittlerweile sogar Katzenfotos Konkurrenz.

Kunst umgibt uns im Alltag, auf gefühlt jedem Kreisverkehr steht irgendeine Skulptur. Es ist gut, dass ich nie Auto fahre, weil ich bei schönen Werken sofort ein paar Extrarunden im Kreisel drehen würde. Kunst im öffentlichen Raum kann identitätsstiftend sein, besonders wenn es sonst nicht viele Sehenswürdigkeiten gibt. Ich komme aus Hannover, ich weiß, wovon ich rede. Die *Nanas* von Niki de Saint Phalle sind der ganze Stolz dieser Stadt. Zwar gab es bei der Aufstellung 1974 über 18 000 Protestunterschriften, weil das Werk als »Stadtverschandelung« angesehen wurde. Doch heutzutage gehören die *Nanas* fest zu Hannover, sogar eine Eisbärin im dortigen Zoo wurde Nana getauft.

Die farbenfrohen großen Plastiken machen ihre Umgebung viel beschwingter, gegen all das Grau der Städte setzt Kunst kreative Akzente.

»Ein Mensch besteigt einen Berg, weil es ihn gibt. Ein Künstler erschafft Kunst, weil es sie noch nicht gibt.«

Carl Andre

Der dänische Bildhauer Jeppe Hein versucht, urbane Orte weniger anonym zu machen, dafür hat er seine *Sozialen Bänke* entworfen. Das sind Sitzbänke, die ineinander verdreht sind und ein bisschen aussehen wie der Looping einer Minigolfbahn. Durch die verschlungenen Formen sitzt man einander gegenüber, es entstehen automatisch angenehme Situationen, um mit Fremden oder Freunden ins Gespräch zu kommen. Manchmal werden öffentliche Kunstwerke auch unfreiwillig zur Sitzgelegenheit, wie in Münster, wo es zwei riesige Betonkreise von dem Bildhauer Donald Judd gibt. Bei meinem Besuch wurde mir schnell klar, dass die Kunst hier offenbar Jugendlichen als Treffpunkt zum Rumhängen dient. So nah sind sich minimalistische Kunst und billiger Wodka noch nie gekommen.

Urbane Kunst kann sogar am Times Square in New York auftauchen. 2017 dürften die Leute sehr irritiert gewesen sein, als auf den Werbetafeln plötzlich ein kurzer Clip der Videokünstlerin Pipilotti Rist lief. Die Künstlerin presst sich darin gegen eine Glasscheibe, sodass es aussieht, als wäre sie in den Bildschirmen gefangen. Die Tower wirkten mit einem Mal wie ein Gefängnis, eine Arbeit zwischen Humor und Beklemmung.

Für kurze Momente kann Kunst uns aus unserem Alltagstrott reißen. In jeder deutschen Stadt gibt es inzwischen die sogenannten *Stolpersteine*, kleine Messingtafeln im Boden, die an all die verfolgten und ermordeten Menschen im Nationalsozialismus erinnern. Sie sind heute so verbreitet, dass kaum noch jemand weiß, wer auf die Idee mit den *Stolpersteinen* kam. Es ist der politische Künstler Gunter Demnig. Seit 1996 versucht er mit dieser Aktion die Namen der NS-Opfer ins Gedächtnis zu rufen, die in Konzentrationslagern zu Nummern entmenschlicht und vernichtet wurden. Die *Stolpersteine* liegen oft mitten in Wohngebieten, vor den ehemaligen Wohnhäusern der Opfer. Damit wird der Mythos infrage gestellt, niemand habe damals etwas von den Deportationen mitbekommen. Das zeigt, wie wichtig solch ein Mahnmal gegen das Vergessen ist.

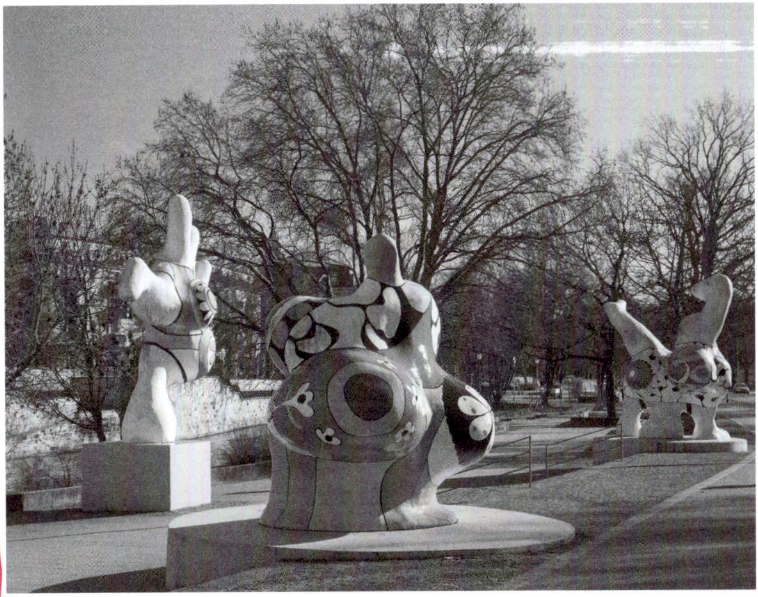

Niki de Saint Phalle: *Nanas*, 1974

Kunst löst viel in mir aus, jeden Tag. Jahrelang hatte ich ein Kunstwerk als Desktophintergrund, das ich im Büro immer wieder ausführlich angeguckt habe, wenn ich keine Lust hatte zu arbeiten. Es ist eine Aufnahme der Fotokünstlerin Candida Höfer, das einen Tiger in einem Zoogehege zeigt. Er hängt am Rand eines Wasserbeckens, als hätte er gerade sein Seepferdchen gemacht. Alles um den Tiger herum ist Beton, nur ein kleiner Bereich besteht aus Gras und Gestrüpp. Die Gefangenschaft und Einsamkeit sind allgegenwärtig. Ich will gar nicht wissen, was es über mich aussagt, dass ich dieses Foto so mag. Vielleicht berührt es mich, weil ich als Kind viel im Hannoveraner Zoo war, der ähnlich aussah. Vielleicht fasziniert mich die Absurdität, so ein mächtiges Tier in so ein lebensfeindliches Areal zu sperren. Vielleicht habe ich mich im Büro manchmal selbst wie dieser Tiger gefühlt. Andere Leute zitieren dann den *Panther* von Rilke, das Gedicht mit den tausend Stäben und so weiter. Für mich reicht die Fototristesse von Höfer. Es muss also nicht das millionenschwere Meisterwerk sein, ein Desktophintergrund kann schon viel bewirken.

BOB ROSS UND BRITNEY SPEARS

Wir umgeben uns nicht nur mit Kunst, viele Menschen malen selbst – als Hobby, zum Abschalten oder weil sie Fans von Bob Ross sind, der mit seinen Fernsehmalkursen internationalen Kultstatus erlangt hat. 1983 ging seine Sendung *The Joy of Painting* in den USA an den Start und hielt sich länger als zehn Jahre. Man kann über die immer gleichen Landschaftsbilder von Bob Ross sagen, was man will, aber er hat Kunst in den Mainstream katapultiert und viele Menschen glücklich gemacht. Er gibt uns alles, was wir uns von Kunst erhoffen: völlige Versenkung in die eigene Tätigkeit, pure Entschleunigung und ein schnelles, vorzeigbares Ergebnis. Seine Videos verursachen in mir ein wohliges Kribbeln, kaum jemand hatte so eine meditative Märchenonkelausstrahlung. Zum Glück sind die deutschen Sendungen von *The Joy of Painting* nie synchronisiert worden, denn wenn Bob Ross sprach, klang das wie die stimmliche Mischung aus George Clooney und Jürgen von der Lippe. Er hätte auch sämtliche Pokémons alphabetisch aufsagen können und ich wäre gebannt drangeblieben.

Ich freue mich über alle Leute, die sich künstlerisch austoben. Es gibt nur ein Problem: Wenn Bekannte, Freunde und Familie malen und einem Bilder schenken, ist man leider gesellschaftlich dazu verpflichtet, sich diese Werke zu Hause aufzuhängen. Ich habe schon überlegt, einen extra Nagel anzubringen, um je nach Besuch spontan die geschenkten Bilder an der Wand zu haben. Auch in der Welt der Stars ist Kunst als Zeitvertreib sehr beliebt. Die Sängerin Britney Spears pinselt Blumen, der Rapper Cro hält sich motivisch eher an nackte Frauen und der Ex-Fußballer

FUNFACT

Der Sänger Robbie Williams ist ebenfalls unter die Künstler gegangen, allerdings komplett undercover. Laut eigener Aussage übernachtete er 2022 in einem Hamburger Hotel. Dort zeichnete er ein abstraktes Bild auf seinem iPad, ließ es rahmen und signierte es. Einige Monate später war Williams wieder in dem Zimmer, wo sein Werk weiterhin hing, obwohl er auf die Vorderseite geschrieben hatte: »Hotels hängen jeden alten Mist auf und nennen ihn Kunst.« Hotelkunst ist ein Thema für sich. Ich war mal in Essen in einem Hotel mit einer Tapete im Banksy-Stil auf dem Flur. Dort stand: »Kill your Television.« Und dann war in meinem Zimmer ein großer Fernseher.

Stefan Effenberg malt Herzen. Seine erste Ausstellung hatte Effenberg in einem Fachgeschäft für Wasserpflanzen. Wie will man dieser Kunst das Wasser reichen?

> *»Es gibt keine Fehler, nur glückliche Zufälle.«*
>
> Bob Ross

WENN EIN GEMÄLDE ZUM EMOJI WIRD

Wusstet ihr, dass Kunst sogar *WhatsApp* beeinflusst? Ihr alle kennt das Horror-Emoji mit dem schockierten Gesichtsausdruck, das in bestürzter Geste die Hände an die Wangen presst. Wir benutzen es in schlimmen Situationen, wenn wir zum Beispiel unser Ladegerät irgendwo vergessen haben. Dieses Emoji ist angelehnt an das berühmte Gemälde *Der Schrei* von Edvard Munch. Darauf ist eine Figur abgebildet, Augen und Mund sind weit aufgerissen, pure Panik springt uns an. *Der Schrei* von Edvard Munch lässt niemanden kalt. Offenbar hat Munch hier einen sehr packenden Ausdruck für Angst gefunden, der so universell wirkt, dass er sogar als Emoji funktioniert. Meine Lieblingsbeschreibung des Bildes stammt aus der Hörspielserie *Die drei Fragezeichen*. Dort wird die Figur sehr passend als »hysterische Glühbirne« bezeichnet.

Vermutlich wollte Munch mit diesem Bild eine Angstattacke verarbeiten. Er malt keine normale Landschaft, sondern eher einen anstrengenden Drogentrip. Alle Formen zerfließen. Überall sind Wellenlinien, auch die Figur wabert wie eine Kaulquappe. Das Meer und der Himmel wirken

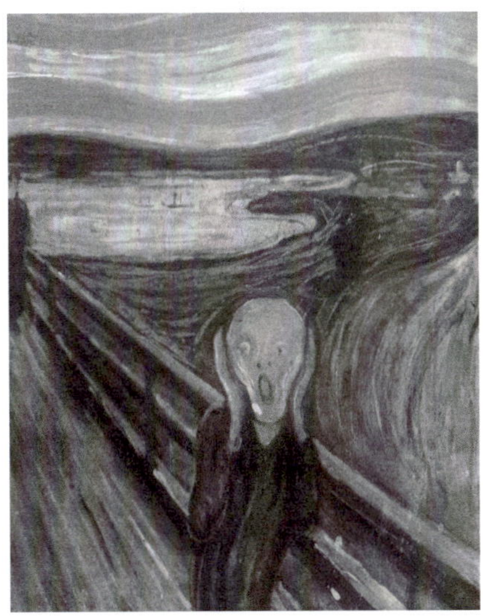

Edvard Munch: *Der Schrei*, 1893

FUNFACT

Ein so bedeutendes Werk wie *Der Schrei* lockt natürlich auch Kriminelle an. 1994 stiegen Diebe mit einer Leiter in die Nationalgalerie in Oslo ein und klauten das Bild, das drei Monate später wieder auftauchte. Es handelte sich um sehr höfliche Bösewichte, denn sie hinterließen am Tatort extra eine Grußkarte. Darauf stand: »Danke für die schlechte Sicherung.« Über das Feedback hat sich das Museum sicher gefreut.

apokalyptisch, eine Mischung aus Ölkatastrophe, Waldbrand und Batikshirt. Das Gemälde hat vielfach Eingang in die Popkultur gefunden. Die beliebte *Scream*-Maske zu Halloween wurde dem *Schrei* nachempfunden, ebenso das Filmplakat von *Kevin allein zu Haus*. In der Netflix-Serie *Squid Game* wird das Gemälde ebenfalls zitiert. Es gibt sogar eine Actionfigur des Motivs. Wer will seinem Kind nicht die personifizierte Angst schenken? Ich finde, Reproduktionen vom *Schrei* sollten häufiger in Zahnarztpraxen hängen. Besser kann man den Leuten doch gar nicht zeigen, wie weit man den Mund aufmachen soll.

Heutzutage gestalten Künstlerinnen und Künstler Handtaschen für Louis Vuitton oder Limousinen von BMW. Kunst erstreckt sich bis zu jedem Kiosk. Was viele nämlich nicht wissen: Salvador Dalí hat das Logo der Süßigkeitenmarke Chupa Chups designt. Angeblich skizzierte er es spontan auf einer Zeitung. Ihr merkt, Kunst durchströmt unseren Alltag mehr, als wir denken.

LASST EUCH NICHT ABSCHRECKEN! DAS GEHABE DER KUNSTWELT

Das folgende Textbeispiel beschreibt perfekt, was in der Kunstwelt grundlegend schiefläuft:

»Im Zentrum der Ausstellung steht der amerikanische Präzisionismus dem sowjetischen Konstruktivismus und dem deutschen Verismus gegenüber. Neben neusachlicher Gegenstandsmagie (Carl Grossberg) und sozialen Realismen sind auch konstruktivistisch-abstrahierende und analytische Tendenzen zu beobachten.«

Das ist kein Ausschnitt aus einer kunsthistorischen Doktorarbeit oder Fachzeitschrift. Nein, das war der Wandtext einer Ausstellung, die ich besucht habe. Es handelt sich also um eine Erklärung für Laien. Wie kann jemand so etwas schreiben und sich denken: »Herrlich, das habe ich schön simpel und griffig erklärt.« Wer, bitte schön, kennt Begriffe wie Verismus oder Konstruktivismus? Es gibt nichts, was mich in Museen oder Galerien mehr auf die Palme bringt als das elitäre Rumgeschwafel. Wenn Leute nicht in der Lage sind, sich verständlich auszudrücken, sind sie nicht schlau, sondern einfach nur nervig.

»Wenn's zur Malerei was zu sagen gibt, dann ist die Malerei scheiße.«

Lydia Balke

Besonders auf Ausstellungseröffnungen (im Kunstjargon »Vernissage«) findet man diese hochgestochene Ausdrucksweise, häufig bei Menschen, die Sakkos mit Lederflicken an den Ellenbogen tragen. Die Eröffnungsreden werden dort gerne begonnen mit der Floskel »wie Sie ja alle wissen …« und dann folgt garantiert etwas, das niemand weiß. Der Rapper Kolja Goldstein hat in einem Podcast mal sehr treffend über Ausstellungseröffnungen gesagt: »Jeder kann sich Weißwein reinschütten, kann sagen, was er will, und hat nie unrecht.« Lasst euch von all diesem Gehabe nicht abschrecken! Das meiste sind nur rhetorische Blendgranaten.

Wie weit man es in der Kunstwelt mit der richtigen Attitüde bringen kann, beweist Dr. Dr. Anna Castberg. 1996 leitete sie für ein halbes Jahr das Kunstmuseum Arken in Dänemark. Castberg flog für das Museum durch die Welt und tätigte fleißig Ankäufe. Bei einer Ausstellungseröffnung schüttelte sie sogar der dänischen Königin die Hand und unterhielt sich mit ihr über Kunst. Dann kam raus: Castberg hatte alle verarscht. Ihre beeindruckende Biografie inklusive der beiden Doktortitel war erstunken und erlogen. Es war wie in dem Film *Catch Me If You Can*. Dafür, dass Castberg keine Ahnung von Kunst hatte, konnte sie sich erstaunlich lange halten, vielleicht hatte sie einfach möglichst oft Begriffe wie Verismus und Konstruktivismus benutzt.

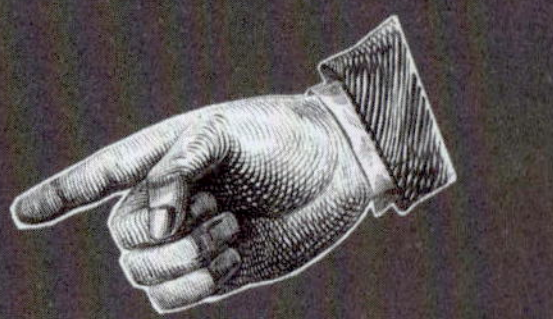

PERFEKTES PHRASENDRESCHEN

Hier sind ein paar Begriffe und Phrasen, mit denen ihr beim Kunstgelaber easy mitspielen könnt und Eindruck schindet:

»ambivalent« Dieses Wort ist ein echter Joker, denn es heißt »mehrdeutig«. Da genau diese Mehrdeutigkeit Kunst ausmacht, könnt ihr das Wort bei jedem Werk fallen lassen. »Ich mag, wie ambivalent dieses Bild daherkommt« und ihr seid aus dem Schneider.

»kafkaesk« Niemand weiß, was dieser Begriff eigentlich genau bedeutet. Er soll die ungreifbare, bedrohliche Stimmung von Franz Kafkas Literatur beschreiben, aber nur wenige haben seine Bücher gelesen. Alle düsteren Bilder könnt ihr also locker als »kafkaesk« bezeichnen.

»Reminiszenz« Das ist ein schlaues Wort für »Ähnlichkeit«. Ihr könnt Bilder mit allem Möglichen vergleichen, ihr müsst es nur richtig machen: »Das Grün sieht aus wie Kermit der Frosch« wirkt plump, außer ihr sagt danach »spannende Reminiszenz«.

»Duktus« Egal welches Bild, Duktus geht immer, weil es einfach nur »Pinselstrich« heißt. »Dieser Duktus ist wirklich einzigartig« könnt ihr über wirklich jedes Bild sagen.

»Chiaroscuro« Dieses Wort klingt wie ein guter Rotwein, beschreibt allerdings Hell-Dunkel-Malerei. Wenn es auf einem Gemälde Lichtkontraste gibt, könnt ihr es bedenkenlos raushauen.

»Die Künstlerin ist eine wahre Seismographin ihrer Zeit« Das ist eine sehr beliebte kunsthistorische Phrase, wenn man gar nichts zu sagen hat. Da alle Kunstschaffenden zwangsläufig die Zeit einfangen, in der sie leben, ist dieser Satz so gut wie immer einsetzbar.

»Das würde hier zu weit führen« Diese Floskel ist sehr hilfreich, wenn ihr euch verrannt habt und droht aufzufliegen. Niemand hakt nach, wenn ihr damit droht, noch weiter auszuholen.

ZEHN GUTE GRÜNDE, INS MUSEUM ZU GEHEN

Ich bin so oft im Museum, wenn es dort Treuepunkte gäbe, hätte ich sicher schon 70 Pfannensets von WMF. Vor ein paar Jahren haben mich zwei Freunde sogar ganz böse mit meiner Kunst-Liebe auflaufen lassen. Die beiden sind nach New York geflogen und haben mir etliche Selfies geschickt – vor dem Museum of Modern Art, vor dem Metropolitan Museum oder vor dem Guggenheim, jedes Mal mit einem breiten Grinsen. Darunter stand immer derselbe Satz: »Guck mal, wir sind NICHT reingegangen.« Besser hätte man mich nicht treffen können. Dabei gäbe es doch so viele Gründe, in Museen reinzugehen. Hier sind meine zehn persönlichen Favoriten:

1. MUSEEN STECKEN VOLLER ABENTEUER

Der Film *Nachts im Museum* hat für viele Menschen etwas Erstaunliches eröffnet: Abenteuer erleben mitten zwischen Ausstellungsstücken. Dafür muss man sich aber gar nicht nach Feierabend einschleichen, Abenteuer im Museum gibt es jeden Tag. Ich weiß noch, wie ich im Frankfurter Museum für Moderne Kunst vor den Toiletten auf meine Mutter gewartet habe und sie mich plötzlich aufs Damenklo gezerrt hat. Ich wusste gar nicht, was los war. Völlig aus dem Häuschen zeigte sie mir ein künstlerisches Video, die in einer der Kabinen auf den Boden projiziert wurde. Dort tanzte eine Frau zu leiser Musik. Auf dem Herrenklo gab es das nicht zu sehen. Im Nachhinein bin ich sehr froh, dass ich mit meiner Mutter zusammen in der Damentoilette war. Wäre ich allein dort reinmarschiert, hätte das einen deutlich schlechteren Eindruck gemacht.

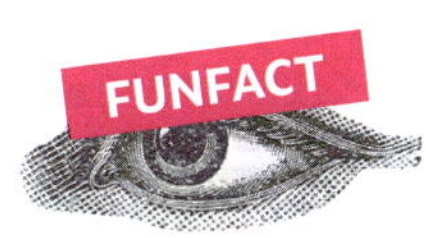

Wenn ihr bei Ausstellungseröffnungen umsonst Wein abgreifen möchtet, empfehle ich euch Galerien. Museen sind mittlerweile knauserig geworden, aber Galerien buhlen um ihre Kundschaft. Und wenn ihr Glück habt, gibt's sogar Häppchen.

2. KUNST IST DER BESTE ICEBREAKER

Vor Bildern zu stehen, ist wie mit einem Hund Gassi zu gehen – man kommt direkt ins Gespräch mit anderen Menschen. Ich hatte schon so viele spannende Begegnungen im Museum, vor allem mit den Aufsichten. Ein Sicherheitsmann meinte mal sehr treffend zu mir: »Auf Kunst aufpassen fühlt sich an wie Warten auf den Bus … nur ohne Bus.« Sprecht ruhig mal von euch aus das Sicherheitspersonal an. Viele von ihnen haben irre Storys parat und kennen spannende Details in den Werken. Eine Aufsicht hat mir mal ganz begeistert erzählt, dass ihn die Kunst um ihn herum so angeregt habe, dass er selbst mit dem Malen anfing und sich ein eigenes Atelier mietete.

3. MUSEEN HOLEN UNS AUS DER KOMFORTZONE

Wir dürfen die Werke in Museen nicht anfassen, im Gegenzug können sie uns aber richtig nahegehen. Kunst konfrontiert uns mit unbequemen Themen, manchmal ist sie wie ein Schlag in die Magengrube. So ging es mir bei der Künstlerin Catherine Opie: In ihrem Selbstporträt hinterfragt sie das klassische Familienbild, mit dem die meisten von uns aufgewachsen sind. Sie zeichnet sich und ihre Lebenspartnerin Hand in Hand als Strichfiguren vor einem Haus mit Wolken. Der Stil ist kindlich-naiv und erzeugt genau dadurch eine krasse Wirkung, denn die Zeichnung ist in ihren eigenen Rücken geritzt. Die Künstlerin zeigt den Wunsch nach einem idyllischen Leben als lesbisches Paar und gleichzeitig die Schmerzen, die immer noch mit der Stigmatisierung von Homosexualität einhergehen. Opie lässt uns die Welt durch ihre Augen sehen, leider ist ihr Blick nicht ungetrübt. Kunst ist nicht immer eitel Sonnenschein und genau das macht Museumsbesuche so vielfältig und bereichernd.

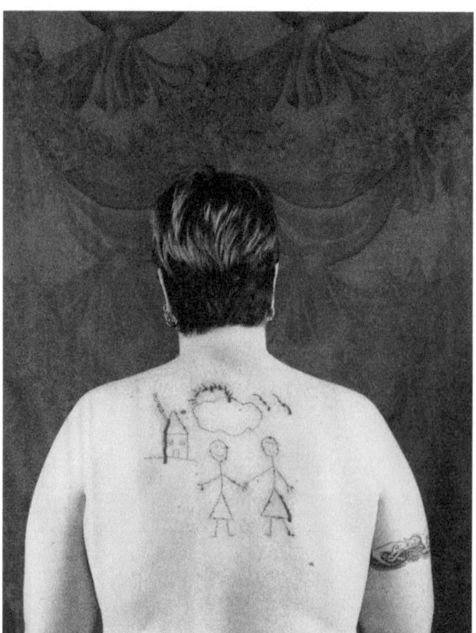

Catherine Opie:
Self-Portrait/Cutting, 1993

4. KUNST IST EIN ÜBERRASCHUNGSEI FÜR ERWACHSENE

Was genau einen im Museum erwartet, ist oft unvorhersehbar. Es ist nicht lange her, dass ich im Bremer Weserburg Museum für moderne Kunst war und die Schnauze gestrichen voll hatte. Überall waren Werke, die ich nicht verstanden habe, und die Erklärtexte lasen sich so geschmeidig wie Adorno. Im vorletzten Raum habe ich komplett die Krise gekriegt. Dort stand ein großer weißer Sockel und darauf lag ein winziges, abgebranntes Streichholz. Sofort meinte ich zu meinem Kumpel: »Wow, wie unkreativ kann man sein?! Alltagskram auf 'nem Sockel, schon tausendmal gesehen.« Ich war dabei, mich richtig in Rage zu reden, bis ich auf dem Schild daneben sah: Das Streichholz war aus Bronze und unglaublich realistisch bemalt. Auf einmal stand ich wie gebannt vor dem Sockel und war ein glühender Streichholzfan. Wie viel Zeit und Mühe der Künstler Gavin Turk in dieses Verwirrspiel investiert hatte und wie diese Info meinen Blick schlagartig verändern konnte, war Wahnsinn! Im Nachhinein muss ich sagen: Hoffentlich war es einfach ein normales Streichholz. Ich hätte es verdient.

5. KUNST IST WIE THERAPIE

Es gibt Momente im Leben, die sind zum Kotzen: Beziehungskrise, Jobkündigung, Deutschland beim Eurovision Song Contest. Manche Leute gehen dann joggen, um sich abzureagieren, oder starten eine Schlägerei, andere malen ein Bild. Im Museum findet ihr Werke zu jeder Art von Krise und wie man damit umgehen kann. Die Künstlerin Sophie Calle beispielsweise erlebte 2007 eine Trennung per E-Mail. Die Nachricht von ihrem Ex-Freund überforderte sie, daher ließ Calle die Mail von 107 Frauen, die alle verschiedene Jobs hatten, professionell interpretieren. Eine Grafikdesignerin machte aus der Nachricht Origami, eine Musikerin komponierte daraus einen Song, eine Richterin fällte ihr Urteil, eine Scharfschützin feuerte auf die ausgedruckte Mail und eine Korrektorin suchte nach Rechtschreibfehlern. Wie ihr Ex-Freund darauf reagiert hat, ist leider nicht überliefert. Aber wir können daraus lernen: Macht lieber nicht schriftlich Schluss.

6. JEDE MENGE FUN, FUN, FUN!

In jedem Werk lässt sich eine tiefere Bedeutung finden, aber manchmal macht Kunst Angucken auch einfach nur Spaß. Auf einer Kunstmesse bin ich mal zufällig in ein Video des Kunstkollektivs Superflex gestolpert.

Darin wird eine 1:1 nachgebaute McDonald's-Filiale komplett geflutet. Langsam steigt das Wasser, bald hüpfen Big Macs und ein Floß aus Fritten über die kleinen Wellen. Ronald McDonald treibt winkend vorbei, als wäre er in einem Wellnessbad. Es ist die pure Lust an der Zerstörung. Je höher der Pegel steigt, desto bedrohlicher wirkt das Hochwasser. Ich hätte nie gedacht, dass die Apokalypse als schwimmendes Happy Meal daherkommt. Am Ende des Videos ist die McDonald's-Filiale von einem dichten Müllteppich überschwemmt – und vielleicht war exakt das die Botschaft.

7. MUSEEN SIND ZEITMASCHINEN

Wer hat sich das nicht schon mal vorgestellt? Einfach eine futuristische Maschine zusammenzuschrauben und ein bisschen durch die Weltgeschichte zu reisen. Was hatte das Mittelalter zu bieten außer Gestank in den Gassen? Und wie war die Stimmung in den Pariser Künstlercafés vor hundert Jahren? Museen können genau das: uns in vergangene Zeiten versetzen und uns einen Eindruck vom damaligen Leben geben. Nehmen

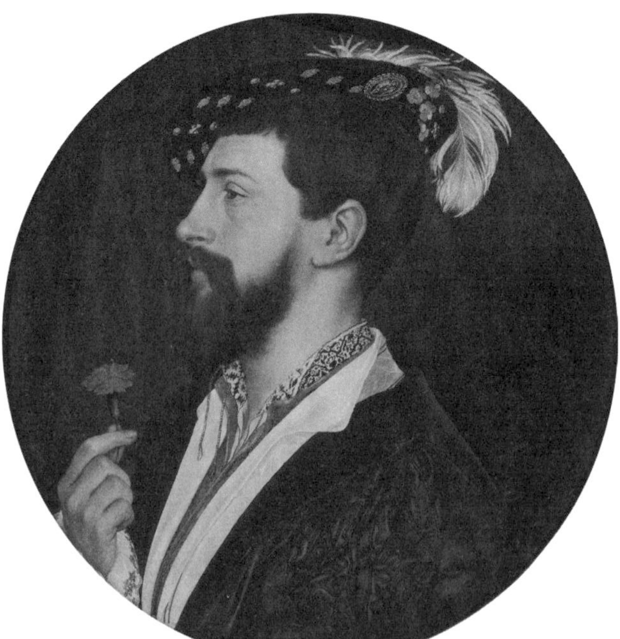

Hans Holbein d. J.:
Bildnis des Simon George of Cornwall, ca. 1535–1540

wir das 16. Jahrhundert, schon damals gab es so etwas wie Tinder. Statt Fotos nach links und rechts zu wischen, wurden Gemälde mit vorteilhaften Porträts verschickt – so etwa das runde Bildnis von Simon George of Cornwall. Mit perfekt getrimmtem Bart und Nelke in der Hand präsentiert sich der Edelmann möglichen Partnerinnen. Das Bild diente der sogenannten Brautwerbung.

Die Frauen konnten sich anhand des Gemäldes einen ersten Eindruck verschaffen und hoffen, dass der Mann auch in Realität aussah wie gemalt.

8. KUNST IST EIN ANDERER LIFESTYLE

Ein geregeltes Leben ist schön und gut, aber wir alle träumen manchmal davon auszubrechen. Künstlerinnen und Künstler machen uns vor, wie das geht. Denn die spannendsten Lebensläufe findet ihr nicht in Bewerbungsschreiben oder bei LinkedIn, sondern im Museum. Biografien von Kunstschaffenden gehen gerne gegen die Norm und zeigen, wie anders man sein Leben gestalten kann. Ein Beispiel ist der Maler Karl Wilhelm Diefenbach, der war Ende des 19. Jahrhunderts eine absolute Ausnahmeerscheinung. Er lebte als Prophet, der in Kutte und Sandalen seine Lehren von einer naturgemäßen Lebensweise verkündete. Heutzutage hätte man etwas Sorge, dass er auf Telegram abrutschen könnte. Diefenbach lebte zeitweise in einem verlassenen Steinbruch, gründete eine Kommune und wurde wegen seiner vegetarischen Lebensweise als »Kohlrabi-Apostel« bezeichnet. Er löste den ersten FKK-Prozess Deutschlands aus und kam anderthalb Monate in Haft. Diefenbach ging anschließend nach Ägypten und plante dort einen größenwahnsinnigen Tempel mit Werkstätten, Schwimmbad und Gruft für seine Bestattung. Zurück in Wien hatte er etliche Jünger, denen er Keuschheit abverlangte, während er wechselnde Partnerinnen hatte. Von einem spießigen Leben war Diefenbach weit entfernt. Ach ja, nebenbei hat er ziemlich abgedrehte Bilder gemalt.

9. KUNST IST COOL

Falls euch all diese Argumente noch nicht überzeugt haben, tut es vielleicht dieses Detail: Die Durchschnittstemperatur im Museum wird auch im Sommer auf circa 20 Grad gehalten. Das ist kühler als die meisten Einkaufszentren. Und die Bilder von Schneelandschaften bieten eine zusätzliche Erfrischung bei Hitzewellen.

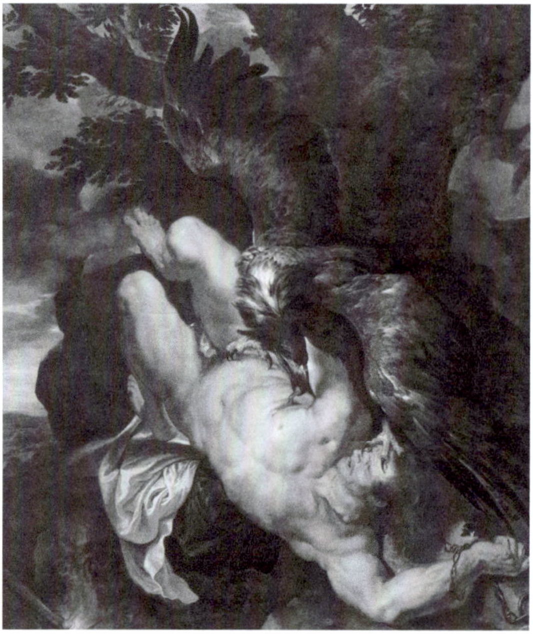

Peter Paul Rubens:
Der gefesselte Prometheus, ca. 1611–1618

10. KUNST VERÄNDERT UNSER LEBEN

Der Schauspieler Sylvester Stallone ist das perfekte Beispiel dafür, wie nachhaltig Kunst unser Leben verändern kann. Mit zwölf Jahren besuchte Stallone das Philadelphia Museum of Art und sah dort ein Bild des flämischen Malers Peter Paul Rubens. Der junge Sylvester war dermaßen beeindruckt von dem muskulösen Körper, dass er beschloss, trainieren zu gehen, um genauso auszusehen. Es war die Initialzündung zum Bodybuilding, Stallones Markenzeichen. Also, ohne Rubens kein Rocky und kein Rambo!

Ich glaube, mehr Argumente für Kunst braucht es nicht. Viel Spaß in den Museen und Ausstellungen dieser Welt!

DANK

Ich danke Vincent van Gogh und meinem Opa Stefan, weil ich beide mal in einem Satz erwähnen wollte und sie mir die Welt der Kunst eröffnet haben. Danke an meine ganze Familie für all die prägenden Gespräche über Kunst und dafür, dass ihr nie gefragt habt, was zur Hölle ich später mal mit Kunstgeschichte machen will. Ich danke Felix Krämer, der mir viele Türen geöffnet und vor allem gezeigt hat, dass Museen die besten Orte der Welt für Aprilscherze sind. Danke an meine Agentin Susanne Herbert, die nicht will, dass ich sie Agentin nenne, und die an die Kombination von Humor und Kunst von Anfang an geglaubt hat. Ich danke Michael Gries für das Lektorat. Ich weiß deine Ruhe und dein Feingefühl sehr zu schätzen und dass du meine eine Haftbefehl-Anspielung nicht gestrichen hast.

Dani Muno und Dirk von Manteuffel vielen Dank für die wunderbare Gestaltung des Buches und eure Geduld mit mir, wenn ich mal wieder meine Meinung gewechselt habe. Danke an das gesamte Team von Herbert Management, das mir dauerhaft den Rücken freihält und weiter vorausdenkt, als ich es tue. Großer Dank geht an alle Beteiligten von dtv (insbesondere Barbara Laugwitz, Moritz Schuller und Laura Weber), die dieses Buch auch noch mit mir machen wollten, nachdem sie meine Comedyshow gesehen haben. Ich danke außerdem Mees Salome, dessen Musik ich viel zu lange auf Repeat beim Schreiben gehört habe. Und zu guter Letzt ein riesiges Dankeschön an Lara Ermer, die mich den gesamten Schreibprozess über seelisch und kreativ so sehr unterstützt hat. Danke, dass du dieselben Bilder schön findest wie ich. Du hältst mich im Innersten zusammen.

ABBILDUNGSNACHWEIS

WILLKOMMEN IN MEINER AUSSTELLUNG!

- Aufmacher Vorwort, Foto Jakob Schwerdtfeger in der Galerie Rundgænger by Schierke Seinecke, Frankfurt, 2023 (© Michael Gries)
- Julian Charrière: The Blue Fossil Entropic Stories (III), 2013 (© VG Bild-Kunst, Bonn 2023)
- Peter Fischli / David Weiss: Wurstserie: Im Teppichladen, 1980 (Courtesy Sprüth Magers, © Peter Fischli David Weiss, Zurich 2023)

1/ OHNE HYPE KEIN MEISTERWERK

- Aufmacher Kapitel 1, © Adobe Stock 65302647
- Leonardo da Vinci: Mona Lisa, 1503–1506 (Dennis Jarvis via Wikimedia Commons)
- Maximilian Prüfer: Mona Lisa (La Gioconda) 2, 2019, © Maximilian Prüfer
- Benvenuto Cellini: Salzfass (orig. Saliera), 1540–1543 (Oleksiy Mustafin via Wikimedia Commons)

2/ KUNST MUSS PROVOZIEREN

- Aufmacher Kapitel 2, © Adobe Stock 58053303
- Marcel Duchamp: Fountain, 1917 (Foto: Alfred Stieglitz via Wikimedia Commons / © Association Marcel Duchamp / VG Bild-Kunst, Bonn 2023)
- Unbekannter Fotograf: Baroness Elsa von Freytag-Loringhoven, um 1920–1925 (Bain News Service photograph collection Library of Congress Prints and Photographs Division Washington, D.C. 20540 USA)
- *Stuttgart sichten* in den Deichtorhallen Hamburg, 2018. Plastik von Rudolf Belling: Weiblicher Kopf in Messing, 1925 (picture alliance / dpa / Daniel Reinhardt / © VG Bild-Kunst, Bonn 2023)
- Tracey Emin: Mein Bett (orig. My Bed), 1998 (picture alliance / REUTERS | PAUL HACKETT / © Tracey Emin. All rights reserved / VG Bild-Kunst, Bonn 2023)
- Thomas Bayrle: Glücksklee, 1969 (Städel Museum, Frankfurt am Main – ARTOTHEK / © VG Bild-Kunst, Bonn 2023)
- Peter Fischli / David Weiss: Raum unter der Treppe, 1993 (Museum MMK für Moderne Kunst / © Peter Fischli and the estate of David Weiss / Foto: Axel Schneider, Frankfurt am Main)
- Supreme Backstein (© Supreme)

3/ KUNST IST KOPFKINO

- Aufmacher Kapitel 3, © Adobe Stock 93830222
- Salvatore Garau: Ich bin (orig. Io sono), 2021 (YouTube, © Salvatore Garau)

- Harry Shunk / János Kender: Der Künstler Yves Klein übergibt im Januar 1962 in Paris einen »Immateriellen Ort malerischer Empfindsamkeit« an Dino Buzzati (Getty Research Institute, Los Angeles [2014.R.20]; Foto: Shunk-Kender © J. Paul Getty Trust / © The Estate of Yves Klein / VG Bild-Kunst, Bonn 2023)
- Roman Opałka: 1965/1–oo, 1463237–1482938 (akg-images / André Held / © VG Bild-Kunst, Bonn 2023)

4/ GENIE UND WAHNSINN IST QUATSCH

- Aufmacher Kapitel 4, © Adobe Stock 21053206
- Carl Spitzweg: Der arme Poet, 1839 (Yelkrokoyade via Wikimedia Commons)
- Roger Higgins: Salvador Dalí mit Ozelot, 1965 (World Telegram & Sun photo by Roger Higgins / Library of Congress Prints and Photographs Division Washington, D.C. 20540 USA)
- Vincent van Gogh: Blick auf Auvers, 1890 (Van Gogh Museum, Amsterdam [Vincent van Gogh Stiftung]; Wikimedia Commons)
- Vincent van Gogh: Sternennacht, 1889 (Wikimedia Commons)
- Vincent van Gogh: Zwölf Sonnenblumen in einer Vase, 1888 (Wikimedia Commons)

5/ MUSEEN SIND VOLLER MÜLL

- Aufmacher Kapitel 5, © Adobe Stock 64112759
- Daniel Spoerri: Hahns Abendmahl, 1964 (Foto © mumok – Museum moderner Kunst Stiftung Ludwig Wien, ehemals Sammlung Hahn, Köln / © VG Bild-Kunst, Bonn 2023)
- Maurizio Cattelan: Comedian, 2019 (EPA-EFE / RHONA WISE / © Maurizio Cattelan)
- Karin Sander: Banane, 2012, aus der Serie Kitchenpieces (© VG Bild-Kunst, Bonn 2023)
- Sue Webster und Tim Noble: Dreckiger weißer Abschaum (mit Möwen), 1998 (DACS Artimage, Foto: Andy Keate 2023 / © VG Bild-Kunst, Bonn 2023)
- Rembrandt Harmenszoon van Rijn: Die Nachtwache, 1642 (Wikimedia Commons)

6/ ABSTRAKTE KUNST MUSS MAN NICHT VERSTEHEN

- Aufmacher Kapitel 6, © Adobe Stock 209091035
- Nike-Logo (Justcreativestock / Pixabay)
- Lee Krasner: Das Auge ist der erste Kreis (orig. The Eye is the First Circle), 1960 (picture alliance / Photoshot / © Pollock-Krasner Foundation / VG Bild-Kunst, Bonn 2023)
- Stefan Schwerdtfeger: Ohne Titel, 1963 (© privat)
- Jackson Pollock: Nummer 32, 1950 (akg-images / © Pollock-Krasner Foundation / VG Bild-Kunst, Bonn 2023)

- Niki de Saint Phalle: Schießbild, 1963 (picture alliance / Keystone Pressedienst / Joachim von Vietinghoff / © Niki Charitable Art Foundation / VG Bild-Kunst, Bonn 2023)
- Lucio Fontana: Räumliche Vorstellung – Erwartung (orig. Concetto spaziale – Attese), 1962–1963 (bpk / Städel Museum / © Lucio Fontana by SIAE / VG Bild-Kunst, Bonn 2023)
- Kasimir Malewitsch: Schwarzes Quadrat auf weißem Grund, 1915 (Foto: Wikipedia / Shakko)
- Jenny Holzer: Top Secret, 2012 (akg / van Ham / Saša Fuis, Köln / © VG Bild-Kunst, Bonn 2023)

7/ ES GEHT NUR UMS GELD

- Aufmacher Kapitel 7, © Adobe Stock 292908528
- Banksy: Die Liebe ist im Eimer (orig. Love is in the Bin), 2018 (picture alliance / Photoshot)
- David Hammons: Bliz-aard Ball Sale, 1983 (Foto: Dawoud Bey, Courtesy Tilton Gallery, New York)
- Marina Abramović: Rhythmus 0, Neapel, 1974 (© Courtesy of the Marina Abramović Archives / VG Bild-Kunst, Bonn 2023)
- Leonardo da Vinci (?): Salvator mundi, um 1500 (Wikimedia Commons)
- Christa Sommerer und Laurent Mignonneau: Der Wert der Kunst – Schafskopf (orig. The Value of Art – Sheep's Head), 2010 (© Christa Sommerer und Laurent Mignonneau / Foto: Jakob Zoche)
- Han van Meegeren: Christus und die Jünger in Emmaus, 1936–1937 (Fälschung, als Jan Vermeer ausgegeben) (picture alliance / dpa / Museum Boijmans Van Beuningen)
- Wolfgang Beltracchi: Rotes Bild mit Pferden, angeblich 1914 (Fälschung, als Heinrich Campendonk ausgegeben) (picture alliance / dpa / Simon Vogel)

8/ PORTRÄTS SIND GNADENLOS

- Aufmacher Kapitel 8, © Adobe Stock 384788894
- Jakob Schwerdtfeger: Mittagsschlaf, 2009 (© privat)
- Thomas Struth: Die Familie Schäfer, Meerbusch 1990 (© Thomas Struth)
- Otto Dix: Die Familie des Malers Adalbert Trillhaase, 1923 (akg-images / © VG Bild-Kunst, Bonn 2023)
- Grant Wood: American Gothic, 1930 (Wuselig via Wikimedia Commons)
- Giuseppe Arcimboldo: Kaiser Rudolf II. als Vertumnus, 1591 (Wikimedia Commons)
- Jan Vermeer: Dienstmagd mit Milchkrug, 1658–1660 (Wikimedia Commons)
- Albrecht Dürer: Selbstbildnis im Pelzrock, 1500 (Fooh2017 via Wikimedia Commons)

- Albrecht Dürer: Selbstbildnis als Dreizehnjähriger, 1484 (Wikimedia Commons)
- Franz Xaver Messerschmidt: Ein absichtlicher Schalksnarr, 1770–1783 (Österreichische Galerie Belvedere)
- Paula Modersohn-Becker: Selbstbildnis am 6. Hochzeitstag, 1906 (Wikimedia Commons)
- Frida Kahlo: Selbstbildnis mit Dornenhalsband und Kolibri, 1940 (Fine Art Images – ARTOTHEK / © Banco de México Diego Rivera Frida Kahlo Museums Trust / VG Bild-Kunst, Bonn 2023)
- Unbekannt: Sulawesi-Warzenschwein, ca. 45 500 Jahre alt (Maxime Aubert / Griffith University / AFP)

9/ KUNST KANN DIE WELT VERÄNDERN

- Aufmacher Kapitel 9, © Adobe Stock 21053182
- Swaantje Güntzel: Discounter Still Life, 2013 (© VG Bild-Kunst, Bonn 2023)
- Osman Hamdi Bey: Der Schildkrötenerzieher, 1906 (akg-images)
- Francisco de Goya: Große Heldentat! Mit Toten! (orig. Grande Hazaña! Con muertos!), aus: Die Schrecken des Krieges (orig. Los Desastres de la Guerra), Blatt 39, 1810–1815 (akg-images)
- Elizabeth Southerden, Lady Butler: Der Appell (orig. The Roll Call), 1874 (Royal Collection Trust / © His Majesty King Charles III, 2023 / Bridgeman Images)
- Nikita Kadan: Verfahrensraum, 2009–2010 (© Nikita Kadan)
- Guerilla Girls: Müssen Frauen nackt sein, um ins Metropolitan Museum zu kommen?, 1989, Copyright © Guerrilla Girls, courtesy guerrillagirls.com

10/ KUNST MACHT DAS LEBEN BESSER

- Aufmacher Kapitel 10, © Adobe Stock 537580493
- Niki de Saint Phalle: Nanas, 1974 (akg-images / Stefan Ziese / © Niki Charitable Art Foundation / VG Bild-Kunst, Bonn 2023)
- Edvard Munch: Der Schrei, 1893 (ullstein bild – United Archives / World History Archive)
- Catherine Opie: Self-Portrait/Cutting, 1993 (Solomon R. Guggenheim Museum, New York Purchased with funds contributed by the Collections Council, with additional funds from Mr. and Mrs. Aaron M. Tighe and the Robert Mapplethorpe Foundation, 2012)
- Hans Holbein d. J.: Bildnis des Simon George of Cornwall, ca. 1535–1540 (Städel Museum, Frankfurt am Main via Wikimedia Commons)
- Peter Paul Rubens: Der gefesselte Prometheus, ca. 1611–1618 (akg-images)

BUCHUMSCHLAG

Kunstwerke

- Jan Vermeer: Dienstmagd mit Milchkrug (Wikimedia Commons)
- Grant Wood: American Gothic, 1930 (Wuselig via Wikimedia Commons)
- Edvard Munch: Der Schrei, 1893 (Wikimedia Commons)
- Sandro Botticelli: Die Geburt der Venus, um 1490 (Wikimedia Commons)
- Leonardo da Vinci: Vitruvianischer Mensch, um 1490 (Luc Viatour via Wikimedia Commons)
- Leonardo da Vinci: Mona Lisa, 1503–1506 (Wikimedia Commons)
- Vincent van Gogh: Sternennacht, 1889 (Wikimedia Commons)
- Maria Sibylla Merian: Granatapfel und Schmetterlinge, Kupferstich, aus: Metamorphosis insectorum Surinamensium; Ofte verandering der surinaamsche insecten, Amsterdam 1705 (Wikimedia Commons)
- Albrecht Dürer: Rhinocerus, 1515 (Wikimedia Commons)

Foto Jakob Schwerdtfeger

- © Pierre Jarawan, 2019

Texturen und Hintergründe

- © INTHEBLVCK / Adobe Stock (AdobeStock_560473374)
- © Azahara Marcos De Leon / Adobe Stock (AdobeStock_421029384)
- © TextureFabrik.com (Torn Paper_4_06)

ZITATNACHWEIS

KAPITEL 1

- **S. 23:** *Ich möchte Wunder erschaffen.* Leonardo da Vinci in: *Trattato della Pittura*, abrufbar unter: https://ia800501.us.archive.org/4/items/trattatodellapit00leon_0/trattatodellapit00leon_0.pdf.
- **S. 24:** *Ich glaube, wenn man genügend übt, kann man die Mona Lisa auch mit einem groben Borstenpinsel malen.* Bob Ross in: Bob Ross und Michelle Witte, *Happy little accidents: The Wit and Wisdom of Bob Ross*, Running Press Adult, 2017.

KAPITEL 2

- **S. 33:** *Wenn ich sage, es ist Kunst, dann ist es Kunst.* Marcel Duchamp in: »Dada at MOMA«, Newsweek, 8. April 1968, New York.

KAPITEL 3

- **S. 53:** *Mein Arbeitsmaterial ist die Aufmerksamkeit.* Tino Sehgal in: Charlotte Higgins, *Tino Sehgal's Turbine Hall commission: ›Attention is what I work with‹*, The

Guardian, 16.07.2012, abrufbar unter: https://www.theguardian.com/artanddesign/2012/jul/16/tino-sehgal-turbine-hall-tate.

KAPITEL 4

- **S. 63:** *Ich kann mir nicht jeden Tag ein Ohr abschneiden.* Martin Kippenberger in: Christiane Hoffmans, *Ein Künstler am Abgrund,* Welt am Sonntag, 04.06.2006, abrufbar unter: https://www.welt.de/print-wams/article143116/Ein-Kuenstler-am-Abgrund.html.
- **S. 68:** *Ich nehme keine Drogen. Ich bin eine Droge.* Salvador Dalí, zitiert nach: https://www.thedaliuniverse.com/es/frases-celebres-de-salvador-dali.

KAPITEL 5

- **S. 75:** *Wenn alle Künste untergehn, die edle Kochkunst bleibt bestehn.* Daniel Spoerri in: Ausstellungskatalog Nr. 4, Stedelijk Museum Amsterdam, 1971, S. 267.

KAPITEL 6

- **S. 95:** *Jeder will Kunst verstehen. Aber warum will keiner den Gesang der Vögel verstehen? Warum lieben wir die Nacht, eine Blume und alles, was uns umgibt, ohne es zu begreifen? Nur Kunst, die wollen wir unbedingt verstehen.* Pablo Picasso in: Antonio D. Olano, *Picasso íntimo*, Dagur, Madrid, 1971.
- **S. 95:** *Malen ist eine Offenbarung, ein Liebesakt … als Malerin kann ich das gar nicht anders wahrnehmen.* Lee Krasner zitiert nach: *Lee Krasner. Katalog zur Ausstellung in der Schirn Kunsthalle Frankfurt.* Hirmer Verlag, München, 2019, S. 129.
- **S. 99:** *Ich schoss, weil ich fasziniert war zu sehen, wie das Gemälde blutet und stirbt.* Niki de Saint Phalle zitiert nach einem Digitorial zur Ausstellung »Niki de Saint Phalle« in der Schirn Kunsthalle, Frankfurt, 2023. Abrufbar unter: http://schirn.de/digitorial/niki/.

KAPITEL 7

- **S. 111:** *Gut im Geschäft zu sein ist das Faszinierendste an Kunst. Geld verdienen ist Kunst, arbeiten ist Kunst, und gute Geschäfte sind die größte Kunst.* Andy Warhol in: Blake Gopnik, *»He gets me really upset when the only thing he can talk about is money.«* ARTnews, Frühjahrsausgabe 2020, abrufbar unter: https://www.artnews.com/art-news/market/andy-warhol-business-art-blake-gopnik-biography-excerpt-1202684403/.
- **S. 116:** *Das Kunstpublikum ist das Schlimmste der Welt. Es ist übermäßig gebildet, es ist konservativ, es kritisiert bloß, versteht nichts und hat niemals Spaß. Warum sollte ich meine Zeit mit so einem Publikum verschwenden?* David Hammons in: Thomas Hirschhorn, *David Hammons' Quote (2016)*, abrufbar unter: http://www.thomashirschhorn.com/david-hammons-quote/.

KAPITEL 8

- **S. 135:** *Lächelnde Gesichter mag ich nicht. Davon gibt es allzu viele Beispiele in den Magazinen.* Thomas Struth in: Helga Meister, *Fotografie: Die erzählten Familienbilder*, Westdeutsche Zeitung, 09.01.2008, abrufbar unter: https://www.wz.de/kultur/kunst/fotografie-die-erzaehlten-familienbilder_aid-31398687.
- **S. 136:** *Der Maler ist das Auge der Welt.* Otto Dix in: Uta Baier, *Das Auge der Welt*, Die Welt, 24.12.2007, abrufbar unter: https://www.welt.de/kultur/article1491155/Das-Auge-der-Welt.html.
- **S. 146:** *Ich porträtiere mich selbst, weil ich viel Zeit allein verbringe und weil ich das Motiv bin, das ich am besten kenne.* Frida Kahlo zitiert nach: https://www.universia.net/mx/actualidad/vida-universitaria/15-frases-recordadas-pintora-frida-kahlo-1127770.html.

KAPITEL 9

- **S. 158:** *Nein, die Malerei dient nicht dazu, Wohnungen auszuschmücken. Sie ist eine Waffe zum Angriff und zur Verteidigung gegen den Feind.* Pablo Picasso in: Elena Bellido-Pérez, *El día que la CIA utilizó a Pollock en la batalla cultural de la Guerra Fría*, El Grito, abrufbar unter: https://www.elconfidencial.com/el-grito/2022-08-25/pollock-batalla-cultural-guerra-fria_3479953/.
- **S. 160 (Literaturhinweis):** Katy Hessel, *The Story of Art without Men: Große Künstlerinnen und ihre Werke*. Piper Verlag, München, 2007.
- **S 161:** *Der Mann steigert seine Natur, wenn er Künstler wird, die Frau verrenkt sie. Carl Scheffler in: Carl Scheffler, Die Frau und die Kunst.* Verlag Julius Bard, Berlin, 1900, S. 41. Abrufbar unter: https://archive.org/details/diefrauunddiekun00sche/page/40/mode/2up.

KAPITEL 10

- **S. 166:** *Ein Mensch besteigt einen Berg, weil es ihn gibt. Ein Künstler erschafft Kunst, weil es sie noch nicht gibt.* Carl Andre in: *Carl Andre. (a man climbs a mountain because it is there / a man makes a work of art because it is not there)*, Ausstellungskatalog, Städtisches Museum, Mönchengladbach, 1968.
- **S. 169:** *Es gibt keine Fehler, nur glückliche Zufälle.* Bob Ross in: Bob Ross und Michelle Witte, *Happy little accidents: The Wit and Wisdom of Bob Ross*, Running Press Adult, 2017.
- **S. 171:** *Wenn's zur Malerei was zu sagen gibt, dann ist die Malerei scheiße.* Lydia Balke in: Thomas Kliemann, *Maler müssen mutig sein: Kunstmuseum Bonn zeigt die großartige Schau »Jetzt!«*, General-Anzeiger, 18.09.2019, abrufbar unter: https://ga.de/news/kultur-und-medien/regional/kunstmuseum-bonn-zeigt-die-schau-jetzt_aid-45905293.

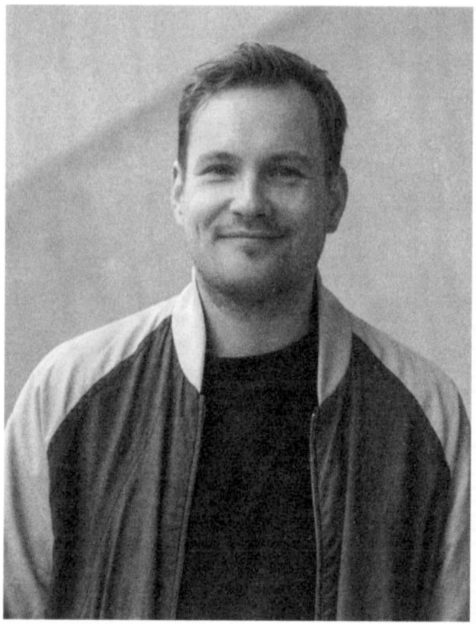

© Pierre Jarawan

Jakob Schwerdtfeger, geboren 1988 in Hannover, ist Stand-up-Comedian, Autor und Moderator. Er studierte Kunstgeschichte und arbeitete mehrere Jahre im renommierten Städel Museum in Frankfurt am Main.

Mit Kunstcomedy hat Schwerdtfeger ein eigenes Genre geschaffen und tourt mit seinem Bühnenprogramm durch Deutschland. Für ARD-Kultur moderiert er das TV-Format *Ich sehe was, was du nicht siehst.* Außerdem hostet er für die Staatliche Kunsthalle Karlsruhe den Podcast *Kunstsnack.* Schwerdtfeger produziert regelmäßig Videos über Kunst, in denen er kunsthistorisches Wissen mit abwegigen Funfacts verbindet. Auf Instagram, YouTube und TikTok werden die Clips millionenfach geklickt.

Auf der Bühne, als TV-Moderator, Autor oder im Webformat: Jakob Schwerdtfegers Blick auf Kunst ist energiegeladen, leidenschaftlich und humorvoll. Schwerdtfeger lebt in Frankfurt am Main.